Mi L

Adolf

CW01494959

PAGES PLANET PUBLISHING

Publié par
PAGES PLANÈTE ÉDITION
Courriel : pagesplanetpublishing@gmail.com

Publié pour la première fois par Pages Planet Publishing en 2024

Introducción

«**MI LUCHA**» («Mein Kampf»), de Adolfo Hitler, es un libro de palpitante actualidad y sin duda una de las obras de política más sensacionales que se conoce en la postguerra. Circula por el mundo traducido a ocho idiomas diferentes y hace tiempo que la edición alemana ha alcanzado una cifra de millones.

Si hasta antes del 30 de enero de 1933, fecha en que Hitler asumió el gobierno del Reich, se consideraba a «Mein Kampf» como el catecismo del movimiento nacionalsocialista, en la larga lucha que éste sostuviera para llegar a imponerse, ahora que Alemania está saturada de la ideología hitleriana, bien se podría afirmar que «Mein Kampf» constituye la carta magna por excelencia de este poderoso Estado que, en el corazón de Europa, rige hoy el conjunto armónico de la vida de un gran pueblo de 67 millones de habitantes.

El carácter de autobiografía que tiene la obra, aumenta su interés, perfilando, a través de hechos realmente vividos, la recia personalidad del hombre a quién sus conciudadanos han consagrado con el nombre único de FÜHRER.

En las páginas de «Mi Lucha», el lector encontrará enunciados todos los problemas fundamentales que afectan a la Nación Alemana y cuya solución viene abordando sistemáticamente el gobierno nacionalsocialista. Quien juzgue sin ofuscamientos doctrinarios la obra renovadora del Tercer Reich, habrá de convenir en que Hitler fue dueño de la verdad de su causa al impulsar un vigoroso movimiento de exaltación nacional llamado a aniquilar el marxismo que estaba devorando el alma popular de Alemania. El nacionalsocialismo llegó al gobierno por medios legales, fiel a la norma que Hitler proclamara desde la oposición: «El camino del Poder nos lo señala la ley». Bien ganado tiene por eso el galardón de haber batido en trece años de lucha a sus adversarios políticos en el campo de las lides democráticas.

El socialismo nacional que practica el actual régimen en Alemania, revela, en hechos tangibles, la acción del Estado a favor de las clases desvalidas; es un socialismo realista y humano, fundado en la moral del trabajo, que nada tiene en común con la vonciglería del marxismo internacional que explota en el mundo la miseria de las masas. Hitler, que nación en esfera modesta y forjó su personalidad en la experiencia de una vida de lucha y de privaciones, sabe que dentro de la estructura de un pueblo y de su economía no caben preferencias odiosas, sino un espíritu de mutua comprensión y de justa valoración del rol de cada uno y de su esfuerzo en el conjunto de la nacionalidad. La ideología hitleriana, en este orden, es una elevada ética, porque busca en el individuo la ponderación del mérito por el trabajo. El campesino y el obrero, así como el trabajador mental, todos tienen su lugar y ni a uno ni a otro puede menospreciárseles, como factores eficientes de la colectividad que integran. El Estado nacionalsocialista no es dictadura del proletariado ni puede serlo, puesto que repudia los privilegios.

Uno de los órganos representativos de la prensa inglesa —el «Daily Mail»— editorializaba hace poco sobre la situación de la nueva Alemania en los siguientes términos: «El gobierno de Hitler promete ser el más duradero de cuantos haya visto Alemania y Europa mismo. En él nada hay inestable como ocurre en el gobierno de los países de régimen parlamentario, donde un partido intriga contra el otro y donde el Premier no representa sino una parte de la nación dividida. Hitler ha probado no ser un demagogo, sino un estadista y un verdadero reformador. Europa no deberá olvidar que gracias a él fue rechazado de una vez para todas el comunismo, que con su horda sangrienta amenazaba en 1932 avasallar a todo el Continente. Que los críticos digan lo que quieran, pero no podrán negar que el gobierno nacionalsocialista ha llevado a la práctica muchas de las ideas de Platón y que lo anima una pasión altruista al servicio de miras elevadas: la grandeza de la patria, el establecimiento de la justicia social y una lealtad inmutable en el cumplimiento del deber, además del enorme progreso material que Alemania ha logrado en los dos últimos años. El número de desocupados que en 1933 llegaba a 6.014.000 ha quedado reducido a 2.604.000».

La ideología del nacionalsocialismo alemán —opuestamente a lo que propagan sus detractores— es constructiva y, por tanto, pacifista, pero no pacifista en el sentido de aceptar la imposición de violencias internacionales contrarias a la dignidad y al honor de un pueblo soberano. ¿Habrá nación alguna que, desde su propio punto de vista, sea capaz de admitir condiciones de vida diferentes a las que le corresponden en el plano general de la igualdad jurídica de los Estados, dentro del concierto internacional? El pacifismo nacionalsocialista se inspira, pues, en principios elementales del Derecho y descansa sobre la unidad moral del pueblo alemán.

En una interview publicada en «Le Matín» decía Hitler en noviembre de 1933 a propósito del espíritu bélico que se le atribuía: «Tengo la convicción de que cuando el problema del territorio del Sarre —que es suelo Alemán— haya sido resuelto, nada habrá ya que pueda ser motivo de discordia entre Alemania y Francia. Alsacia y Lorena no constituyen una causa de disputa». Y añadía: «En Europa no existe un solo caso de conflicto que justifique una guerra. Todo es susceptible de arreglo entre los gobiernos, si es que éstos tienen conciencia de su honor y de su responsabilidad. Me ofenden los que propalan que quiero la guerra. ¿Soy loco acaso? ¿Guerra? Una nueva guerra nada solucionaría y no haría más que empeorar la situación mundial: significaría el fin de las razas europeas y, en el transcurso del tiempo, el predominio del Asia en nuestro Continente y el triunfo del bolchevismo. Por otra parte, ¿cómo podría yo desear la guerra cuando sobre nosotros pesan aún las consecuencias de la última, las cuales se dejarán sentir todavía durante 30 ó 40 años más? No pienso sólo en el presente, ¡pienso en el porvenir! Tengo una inmensa labor de política interior a realizar. Ahora estamos afrontando la miseria. Ya hemos conseguido detener el aumento del numero de desocupados; pero aspiro a hacer todavía mucho más. Y para lograr esto, necesito largos años de trabajo arduo. ¿Cómo ha de creerse, entonces, que yo mismo quiera destruir mi obra mediante una guerra?

El problema del Sarre acaba de ser solucionado pacíficamente con la reincorporación de este territorio a la soberanía alemana, y el Führer del Reich, volviendo a sus declaraciones de 1933, ha expresado, en su discurso del 1.º de marzo de 1935 en Sarrebruck, estas memorables palabras: «El día de hoy, en que el Sarre vuelve a Alemania, no es un día de felicidad sólo para nosotros; creo que lo es también para toda Europa. Confiamos que con este hecho mejorarán definitivamente las relaciones entre Alemania y Francia. Tiene que ser posible que dos grandes pueblos se den la mano para afrontar en común esfuerzo las calamidades que amenazan aplastar a Europa».

Estos antecedentes son de singular trascendencia en los anales de la historia europea de la postguerra, porque provienen de la figura contemporánea más discutida de Europa en cuanto a los verdaderos fines de su política, que significa la creación de una nueva forma de Estado y el triunfo de una nueva concepción de gobierno; aspectos por cierto, de enorme interés para la ciencia de la Política y para las enseñanzas que de ellos deduzcan, adaptándolos a sus propias necesidades, los pueblos amantes de su nacionalidad y ávidos de progreso y de renovaciones sociales.

El libro «Mi Lucha» comprende dos partes. Para la mejor comprensión de la obra, conviene tener en cuenta que la primera parte fue escrita en 1924 y la segunda en 1926.

EL TRADUCTOR

Prólogo del Autor

En cumplimiento del fallo dictado por el Tribunal Popular de Munich el 1.° de abril de 1924, debía comenzar aquel día mi reclusión en el presidio de Landsberg, sobre el Lech.

Así se me presentaba por primera vez, después de muchos años de ininterrumpida labor la oportunidad de iniciar una obra reclamada por muchos y que yo mismo consideraba útil a la causa nacionalsocialista. En consecuencia, me había decidido a exponer, no sólo los fines de nuestro movimiento, sino a delinear también un cuadro de su desarrollo, del cual será posible aprender más que de cualquier otro estudio puramente doctrinario.

He querido asimismo dar a estas páginas un relato de mi propia evolución en la medida necesaria a la mejor comprensión del libro y también destruir al mismo tiempo las tendenciosas leyendas sobre mi persona propagadas por la prensa judía.

Al escribir esta obra no me dirijo a los extraños, sino a aquellos que adheridos de corazón al movimiento, ansían penetrar más hondamente la ideología nacionalsocialista.

Bien sé que la viva voz gana más fácilmente las voluntades que la palabra escrita y que asimismo el progreso de todo movimiento trascendental debióse generalmente en el mundo más a grandes oradores que a grandes escritores.

Sin embargo, es indispensable que de una vez para siempre quede expuesta, en su parte esencial, una doctrina, para poder después sostenerla y propagarla uniforme y homogéneamente. Partiendo de esta consideración, el presente libro constituye la piedra fundamental que aporto a la obra común.

Adolf Hitler

Adolf Hitler,

Escrito en el presidio de Landsberg Am Lech, el 16 de octubre de 1924

PRIMERA PARTE

En el hogar paterno

Considero una predestinación feliz haber nacido en la pequeña ciudad de Braunau sobre el Inn; Braunau, situada precisamente en la frontera de esos dos Estados alemanes, cuya fusión se nos presenta —por lo menos a nosotros los jóvenes— como un cometido vital que bién merece realizarse a todo trance.

La Austria germana debe volver al acervo común de la patria alemana, y no por razón alguna de índole económica. No, de ningún modo, pues, aun en el caso de que esa unión considerada económicamente fuese indiferente o resultase incluso perjudicial, debería llevarse a cabo, a pesar de todo. Pueblos de la misma sangre corresponden a una patria común. Mientras el pueblo alemán no pueda reunir a sus hijos bajo un mismo Estado, carecerá de un derecho, moralmente justificado, para aspirar a una acción de política colonial. Sólo cuando el Reich abarcando la vida del último alemán no tenga ya la posibilidad de asegurar a éste la subsistencia, surgirá de la necesidad del propio pueblo, la justificación moral de adquirir posesión sobre tierras en el extranjero. El arado se convertirá entonces en espada y de las lágrimas de la guerra brotará para la posteridad el pan cotidiano.

La pequeña población fronteriza de Braunau me parece constituir el símbolo de una gran obra. Aun en otro sentido se yergue también hoy ese lugar como una advertencia al porvenir. Cuando esta insignificante población fue —hace más de cien años— escenario de un trágico suceso que conmovió a toda la nación alemana, su nombre quedó inmortalizado por los menos en los anales de la historia de Alemania. En la época de la más terrible humillación impuesta a nuestra patria rindió allá su vida por su adorada Alemania el librero de Nüremberg, Johannes Philipp Palm, obstinado «nacionalista» y enemigo de los franceses[1]. Se había negado rotundamente a delatar a sus cómplices, jejor dicho a los verdaderos culpables. Murió, igual que Leo Schlagetter, y como éste, Johannes Philip Palm fue también denunciado a Francia por un funcionario. Un director de la policía de Augsburgo cobró la triste fama de la denuncia y creó con ello el tipo que las nuevas autoridades alemanas adoptaron bajo la égida del señor Severing[2].

En esa pequeña ciudad sobre el Inn, bávara de origen, austríaca políticamente y ennoblecida por el martirologio alemán vivieron mis padres allá por el año 1890. Mi padre era un leal y honrado funcionario, mi madre, ocupada en los quehaceres del hogar, tuvo siempre para sus hijos invariable y cariñosa solicitud. Poco retiene mi memoria de aquel tiempo, pues, pronto mi padre tuvo que abandonar ese pueblo que había ganado su afecto, para ir a ocupar un nuevo puesto en Passau, es decir, en Alemania.

En aquellos tiempos la suerte del aduanero austríaco era «peregrinar» a menudo; de ahí que mi padre tuviera que pasar a Linz, donde acabó por jubilarse. Ciertamente que esto no debió significar un descanso para el anciano. Mi padre, hijo de un simple y pobre campesino, no había podido resignarse en su juventud a quedar en la casa paterna. No tenía todavía trece años, cuando lió su morral y se marchó del terruño. Iba a Viena, desoyendo el consejo de aldeanos de experiencia, para aprender allí un oficio. Ocurría esto el año 50 del pasado siglo. ¡Grave resolución la de lanzarse en busca de lo desconocido sólo provisto de tres florines! Pero cuando el adolescente cumplía los diez y siete años y había realizado ya su examen de oficial de taller para llegar a ser «algo mejor». Si cuando niño, en la aldea, le parecía el señor cura la expresión de lo más alto que humanamente podía alcanzarse, ahora —dentro de su esfera enormemente ampliada por la gran urbe— lo era el funcionario público. Con la tenacidad propia de un hombre, ya casi envejecido en la adolescencia por las penalidades de la vida, se aferró el muchacho a su resolución de llegar a ser funcionario y lo fue. Creo que poco después de cumplir los 23 años, consiguió su propósito.

Cuando finalmente a la edad de 56 años se jubiló, no habría podido conformarse a vivir como un desocupado. Y he ahí que en los alrededores de la población austríaca de Lambach, adquirió una pequeña propiedad agrícola; la administró personalmente y así volvió después de una larga y trabajosa vida a la actividad originaria de sus mayores.

Fue sin duda en aquella época cuando forjé mis primeros ideales. Mis ajetreos infantiles al aire libre, el largo camino a la escuela y la camaradería que mantenía con muchachos robustos, que era frecuentemente motivo de hondos cuidados para mi madre, pudieron haber hecho de mí cualquier cosa menos un poltrón.

Si bien por entonces no me preocupaba seriamente la idea de mi profesión futura, sabía en cambio que mis simpatías no se inclinaban en modo alguno a la carrera de mi padre. Creo que ya entonces mis dotes oratorias se ejercitaban en altercados más o menos violentos con mis condiscípulos. Me había hecho un pequeño caudillo que aprendía bien y con facilidad en la escuela, pero que se dejaba tratar difícilmente.

En el estante de libros de mi padre encontré diversas obras militares, entre ellas una edición popular de la guerra franco-prusiana de 1870-71. Se trataba de dos tomos de una revista ilustrada de aquella época e hice de ellos mi lectura predilecta. Desde entonces me entusiasmó cada vez más todo aquello que tenía alguna relación con la guerra o con la vida militar.

Pero también en otro sentido debió esto tener significación para mí. Por primera vez —aunque en forma poco precisa— surgió en mi mente el interrogante de si realmente existía y, caso de existir, cuál podría ser, la diferencia entre los alemanes que combatieron en la guerra del 70 y los otros alemanes —los austríacos—. Me preguntaba ¿por qué Austria no tomó también parte en esa guerra al lado de Alemania? ¿Acaso no somos todos lo mismo?, me decía yo. Este problema comenzó a preocupar mi mente juvenil. A mis cautelosas preguntas debí oír con íntima emulación la respuesta de que no todo alemán tenía la suerte de pertenecer al Reich de Bismark.

Esto era para mi inexplicable.

***

Se había decidido que estudiase.

Por primera vez en mi vida, cuando apenas contaba once años, debí oponerme a mi padre. Si él en su propósito de realizar los planes que había previsto, era inflexible, no menos implacable y porfiado era su hijo para rechazar una idea que nada o poco le agradaba.

¡Yo no quería llegar a ser funcionario!

Aun hoy mismo no me explico como un buen día me di cuenta de que tenía vocación para la pintura. Mi talento para el dibujo se hallaba tan fuera de duda, que fue uno de los motivos que indujeron a mi padre a inscribirme en un colegio de enseñanza secundaria; pero jamás con el propósito de permitirme una preparación profesional en ese sentido.

Mis certificados escolares de aquella época registraban calificaciones extremas, según la materia de mi afición. Mis mejores notas correspondían al ramo de geografía y aún más todavía al de historia universal; en estos ramos predilectos era yo el sobresaliente en mi clase. Cuando ahora, después de transcurridos tantos años, hago un balance retrospectivo de aquella época, dos hechos resaltan como los más importantes:

1.º ME HICE NACIONALISTA.

2.º APRENDÍ A COMPRENDER Y A APRECIAR LA HISTORIA EN SU VERDADERO SENTIDO.

La antigua Austria era un Estado de nacionalidades diversas.

En realidad —por lo menos en aquel tiempo— un súbdito alemán del Reich no penetraba la significación que este hecho tenía para la vida

16

cotidiana del individuo bajo la égida de un Estado semejante. Al tratarse del elemento austroalemán, solíase confundir con suma facilidad la dinastía degenerada de los Habsburgo con el núcleo sano del pueblo mismo.

La generalidad no se daba cuenta de que si en Austria no hubiese existido un núcleo alemán de sangre pura, jamás habría tenido el germanismo la energía suficiente para imprimirle su sello a un Estado de 52 millones de habitantes de diverso origen, y esto en un grado de influencia tan grande, que en Alemania mismo llegó a formarse el errado concepto de que Austria era un Estado Alemán. Un absurdo de graves consecuencias, pero al mismo tiempo un brillante testimonio para los 10 millones de alemanes que habitaban en la Marca del Este. En Alemania, sólo muy pocos sabían de la eterna lucha por el idioma, por la escuela alemana y por el carácter alemán. Como en toda lucha (en todas partes y en todos los tiempos), también en la pugna por la lengua que existía en la antigua Austria, habían tres sectores; los beligerantes, los indiferentes y los traidores. Claro está que yo entonces no me contaba entre los indiferentes y pronto debí convertirme en un fanático nacionalista alemán.

Esta evolución en mi modo de sentir hizo muy rápidos progresos, de tal manera que ya a la edad de quince años puede comprender la diferencia entre el «patriotismo» dinástico y el «nacionalismo» popular y desde aquel momento sólo el segundo existió para mí.

¿Acaso no sabíamos ya desde la adolescencia que el Estado austríaco no tenía ni podía tener afección hacia nosotros, los alemanes? La experiencia diaria confirmaba la realidad histórica de la acción de los Habsburgo. En el Norte y en el Sur, el veneno de las razas extrañas carcomía el organismo de nuestra nacionalidad y hasta la misma Viena fue visiblemente convirtiéndose, cada vez más, en un centro anti-alemán. La casa de los Habsburgo tendía por todos los medios a una chequización y fue la mano de la diosa de la Justicia eterna y de la ley de compensación inexorable la que hizo que el enemigo más encarnizado del germanismo en Austria, el Archiduque Francisco Fernando, cayera precisamente bajo el plomo que él mismo ayudó a fundir. Francisco Fernando era nada menos que el símbolo de la tendencia ejercitada desde el mando para lograr la eslavización de Austria.

En la desgraciada alianza del joven Imperio alemán con el ilusorio Estado austríaco, radicó el germen de la guerra mundial y también de la ruina.

A lo largo de este libro, habré de ocuparme con detenimiento del problema, Por ahora, bastará establecer que ya en mi primera juventud había llegado a una convicción que después jamás deseché y que más bien se ahondó con el tiempo: era la convicción de que la seguridad inherente a la vida del germanismo suponía la destrucción de Austria y que, además, el sentir nacional no coincidía en nada con el patriotismo dinástico, finalmente, que la Casa de los Habsburgo estaba predestinada a hacer la desgracia de la nación alemana.

Ya entonces deduje las consecuencias de aquella experiencia: amor ardiente para mi patria austro-alemana y odio profundo contra el Estado austríaco.

***

La cuestión de mi futura profesión debió resolverse más pronto de lo que yo esperaba.

A la edad de 13 años perdí repentinamente a mi padre. Un ataque de apoplejía tronchó la existencia del hombre, todavía vigoroso, dejándonos sumidos en el más hondo dolor.

Al principio nada cambió exteriormente.

Mi madre, siguiendo el deseo de mi difunto padre, se sentía obligada a fomentar mi instrucción, es decir, mi preparación para la carrera de funcionario. Yo personalmente me hallaba decidido, entonces más que nunca, a no seguir de ningún modo esa carrera.

Y he aquí que una enfermedad vino en mi ayuda. Mi madre, bajo la impresión de la dolencia que me aquejaba, acabó por resolver mi salida del colegio para hacer que ingresara en una academia.

Felices días aquéllos, que me parecieron un bello sueño. En efecto, no debieron ser más que un sueño, pues dos años después, la muerte de mi madre vino a poner un brusco fin a mis acariciados planes.

Este amargo desenlace cerró un largo y doloroso período de enfermedad que desde el comienzo había ofrecido pocas esperanzas de curación; con todo, el golpe me afectó profundamente. A mi padre le veneré, pero por mi madre había sentido adoración.

La miseria y la dura realidad me obligaron a adoptar una pronta resolución. Los escasos recursos que dejara mi padre fueron agotados en su mayor parte durante la grave enfermedad de mi madre y la pensión de huérfano que me correspondía no alcanzaba ni para subvenir a mi sustento; me hallaba, por tanto, sometido a la necesidad de ganarme de cualquier modo el pan cotidiano.

Con una maleta con ropa en la mano y con una voluntad inquebrantable en el corazón, salí rumbo a Viena. Tenía la esperanza de obtener del Destino lo que hacía 50 años le había sido posible a mi padre; también yo quería llegar a ser «algo», pero en ningún caso funcionario.

Las experiencias de mi vida en Viena

Al morir mi madre fui a Viena por tercera vez y permanecí allí algunos años.

Quería ser arquitecto, y como las dificultades no se dan para capitular ante ellas, sino para ser vencidas, mi propósito fue vencerlas, teniendo presente el ejemplo de mi padre que, de humilde muchacho aldeano, lograra hacerse un día funcionario del Estado. Las circunstancias me eran desde luego más propicias y lo que entonces me pareciera una rudeza del destino, lo considero hoy una sabiduría de la Providencia. En brazos de la «diosa miseria» y amenazado más de una vez de verme obligado a claudicar, creció mi voluntad para resistir hasta que triunfó esa voluntad. Debo a aquellos tiempos mi dura resistencia y también toda mi fortaleza. Pero más que a todos eso, doy todavía más valor al hecho de que aquellos años me sacaran de la vacuidad de una vida cómoda para arrojarme al mundo de la miseria y de la pobreza, donde debí conocer a aquéllos por los cuales lucharía después.

***

En aquella época abrí los ojos ante dos peligros que antes apenas si conocía de nombre, y que nunca pude pensar que llegasen a tener tan espeluznante trascendencia para la vida del pueblo alemán: el marxismo y el judaísmo.

Viena, la ciudad que para muchos simboliza la alegría y el medio-ambiente de gentes satisfechas, tienen sensiblemente para mí solo, el sello del recuerdo vivo de la época más amarga de mi vida. Hoy mismo Viena me evoca tristes pensamientos. Cinco años de miseria y de calamidad encierra esa ciudad para mí, cinco largos años en cuyo transcurso trabajé primero como peón y luego como pequeño pintor para ganarme el miserable sustento diario, tan verdaderamente miserable que nunca alcanzaba a mitigar el hambre; el hambre, mi más fiel camarada que casi nunca me abandonaba, compartiendo conmigo inexorable, todas las circunstancias de la vida. Si compraba un libro, exigía ella su tributo; adquirir un billete para la Opera, significaba también días de privación. ¡Que constante era la lucha con tan despiadada compañera! Y sin embargo en esa época aprendí más que en todos los tiempos pasados. Mis libros me deleitaban. Leía mucho y concienzudamente en todas mis horas de descanso. Así pude en pocos años cimentar los fundamentos de una preparación intelectual de la cual hoy mismo me sirvo.

Pero hay algo más que todo esto: En aquellos tiempos me formé un concepto del mundo, concepto que constituyó la base granítica de mi proceder de aquella época. A mis experiencias y conocimientos adquiridos entonces, poco tuve que añadir después; nada fue necesario modificar. Por el contrario, hoy estoy firmemente convencido de que en general todas las ideas constructivas se manifiestan, en principio, ya en la juventud, si es que existen realmente.

Yo establezco diferencia entre la sabiduría de la vejez y la genialidad de la juventud; la primera solo puede apreciarse por su carácter más minuciosa y previsor, como resultado de las experiencias de una larga vida, en tanto que la segunda se caracteriza por una inagotable fecundidad en pensamientos e ideas, las cuales por su cúmulo tumultuoso, no son susceptibles de elaboración inmediata. Esas ideas y esos pensamientos permiten la concepción de futuros proyectos y dan los materiales de construcción, de entre los cuales la sesuda vejez toma los elementos y los forja para llevar a cabo la obra, siempre que la llamada sabiduría de la vejez no haya ahogado la genialidad de la juventud.

***

Mi vida en el hogar paterno se diferenció poco o nada de la de los demás. Sin preocupaciones podía esperar todo nuevo amanecer y no existían para mí los problemas sociales. El ambiente que rodeó mi juventud era el de los círculos de la pequeña burguesía, es decir, un mundo que muy poca conexión tenía con la clase netamente obrera, pues, aunque a primera vista resulte paradójico, el abismo que separaba a estas dos categorías sociales, que de ningún modo gozan de una situación económica desahogada, es a menudo más profundo de lo que uno pueda imaginarse. El origen de esta —llamémosle belicosidad-radica en que el grupo social que no hace mucho saliera del seno de la clase obrera, siente el temor de descender a su antiguo nivel de gente poco apreciada, o que se le considere como perteneciente todavía a él. A esto hay que añadir que para muchos es agrio el recuerdo de la miseria cultural de la clase proletaria y del trato grosero de esas gentes entre sí, lo cual, por insignificante que sea su nueva posición social, llega a hacerles insoportable todo contacto con gente de un nivel cultural ya superado por ellos.

Así ocurre que, apenas considera posible el «parvenu» aquello que es frecuente entre personas de elevada situación que, descendiendo de su rango, se acercan hasta el último prójimo. No se olvide que «parvenu» es todo aquel que por propio esfuerzo sale de la clase social en que vive para situarse en un nivel superior. Ese batallar, con frecuencia muy rudo, acaba por destruir el sentimiento de conmiseración. La propia dolorosa lucha por la existencia anula toda comprensión para la miseria de los relegados.

En este orden quiso el destino ser magnánimo conmigo, constriñéndome a volver a ese mundo de pobreza y de incertidumbre que mi padre abandonara en el curso de su vida. El destino apartó de mis ojos el fantasma de una educación limitada propia de la pequeña burguesía. Empezaba a conocer a los hombres y aprendía a distinguir los valores aparentes o los caracteres exteriores brutales, de lo que constituía su verdadera mentalidad.

Al finalizar el siglo XIX, Viena se contaba ya entre las ciudades de condiciones sociales más desfavorables. Riqueza fastuosa y repugnante miseria caracterizaban el cuadro de la vida en Viena. En los barrios centrales se sentía manifiestamente el pulsar de un pueblo de 52 millones de habitantes con toda la dudosa fascinación de un Estado de nacionalidades diversas. La vida de la Corte, con su boato deslumbrante, obraba como un imán sobre la riqueza y la clase del resto del Imperio. A tal estado de cosas se sumaba la fuerte centralización de la monarquía de los Habsburgo y en ello radicaba la única posibilidad de mantener compacta esa promiscuidad de pueblos, resultando, por consiguiente, una concentración extraordinaria de autoridades y oficinas públicas en la capital y sede del Gobierno. Sin embargo, Viena no era sólo el centro político e intelectual de la vieja monarquía del Danubio, sino que constituía también su centro económico. Frente al enorme conjunto de oficiales de alta graduación, funcionarios, artistas y científicos, había un ejército mucho más numeroso de proletarios y frente a la riqueza de la aristocracia y del comercio reinaba una sangrante miseria. Delante de los palacios de la Ringstrasse, pululaban miles de desocupados y en los trasfondos de esa vía triunphalis de la antigua Austria, vegetaban vagabundos en la penumbra y entre el barro de los canales. En ninguna ciudad alemana podía estudiarse mejor que en Viena el problema social. Pero no hay que confundir. Ese «estudio» no se deja hacer «desde arriba», porque aquel que no haya estado al alcance de la terrible serpiente de la miseria jamás llegará a conocer sus fauces ponzoñosas. Cualquier otro camino lleva tan sólo a una charlatanería banal o a una mentida sentimentalidad. Ambas igualmente perjudiciales, una porque nunca logra penetrar el problema en su esencia y la otra porque no llega ni a rozarlo. No sé qué sea más funesto: si la actitud de no querer ver la miseria, como lo hace la mayoría de los favorecidos por la suerte o encumbrados por propio esfuerzo, o la de aquéllos no menos arrogantes y a menudo faltos de tacto, pero dispuestos siempre a dignarse a aparentar que comprenden la miseria del pueblo. Esas gentes hacen siempre más daño del que puede concebir su comprensión desarraigada de instinto humano; de ahí que ellas mismas se sorprendan ante el resultado nulo de su acción de «sentido social» y hasta sufran la decepción de un airado rechazo, que acaban por considerar como una prueba de la ingratitud del pueblo.

NO CABE EN EL CRITERIO DE TALES GENTES COMPRENDER QUE UNA ACCIÓN SOCIAL NO PUEDE EXIGIR EL TRIBUTO DE LA GRATITUD PORQUE ELLA NO PRODIGA MERCEDES, SINO QUE ESTÁ DESTINADA A RESTITUIR DERECHOS.

Impelido por las circunstancias al escenario real de la vida, no debí conocer el problema social en aquella forma. Lejos de prestarse éste a que yo lo «conociese» pareció querer más bien experimentar su prueba en mí mismo, y si de ella salí airoso, no fue por cierto, mérito de la prueba.

***

El propósito de reproducir aquí el cúmulo de mis impresiones de entonces nunca podrá dar, ni aproximadamente, un cuadro completo; junto a las experiencias adquiridas en aquella época, he de concretarme a exponer en este libro solamente mis impresiones más culminantes, es decir, aquéllas que más de una vez conmovieron mi espíritu.

En Viena me di cuenta de que siempre existía la posibilidad de encontrar alguna ocupación, pero que esta se perdía con la misma facilidad con que era conseguida. La inseguridad de ganarse el pan cotidiano me pareció una de las más graves dificultades de mi nueva vida. Bien es cierto que el obrero perito no es despedido de su trabajo tan llanamente como uno que no lo es, más, tampoco está libre de correr igual suerte.

También yo debí en la gran urbe experimentar en carne propia los defectos de ese destino y saborearlos moralmente. Algo más me fue dado observar todavía: la brusca alternativa entre la ocupación y la falta de trabajo y la consiguiente eterna fluctuación entre las entradas y los gastos, que en muchos destruye, a la larga, el sentimiento de economía, así como la noción para un sistema razonable de vida. Parece como si el organismo humano se acostumbrara paulatinamente a vivir en la abundancia en los buenos tiempos y a sufrir hambre en los malos. Así se explica que aquél que apenas ha logrado conseguir trabajo, olvide toda previsión y viva tan desordenadamente que hasta el pequeño presupuesto semanal de gastos domésticos resulta alterado; al principio el salario alcanza en lugar de para siete, sólo para cinco días, después únicamente para tres y por último escasamente para un día, despilfarrándolo todo en la primera noche.

A menudo la mujer y los hijos se contaminan de esa vida, especialmente si el padre de familia es en el fondo bueno con ellos y los quiere a su manera. Resulta entonces que en dos o tres días se consume en casa, en común, el salario de toda la semana. Se come y se bebe mientras el dinero alcanza, para después soportar hambre también conjuntamente durante los últimos días. La mujer recurre entonces a la vecindad y contrae pequeñas deudas para pasar los malos días del resto de la semana. A la hora de la cena se reúnen todos en torno a una paupérrima mesa, esperan impacientes el pago del nuevo salario y sueñan ya con la felicidad futura, mientras el hambre arrecia… Así se habitúan los hijos desde su niñez a este cuadro de miseria.

Pero el caso acaba siniestramente cuando el padre de familia desde un comienzo sigue su camino solo, dando lugar a que la madre, precisamente por amor a sus hijos, se ponga en contra. Surgen disputas y escándalos en una medida tal, que cuando más se aparta el marido del hogar, más se acerca al vicio del alcohol. Se embriaga casi todos los sábados y entonces la mujer, por espíritu de propia conservación y por la de sus hijos, tiene que arrebatarle unos pocos céntimos, y esto muchas veces en el trayecto de la fábrica a la taberna; y sí por fin el domingo o el lunes llega el marido a casa, ebrio y brutal, después de haber gastado el último céntimo, se suscitan con frecuencia escenas… ¡de las que Dios nos libre!

En cientos de casos observé de cerca esa vida, viéndola al principio con repugnancia y protesta, para después comprender en toda su magnitud la tragedia de semejante miseria y sus causas fundamentales. ¡Víctimas infelices de las malas condiciones de vida!

Cuánto agradezco hoy a la Providencia haberme hecho vivir esa escuela; en ella ya no me fue posible prescindir de aquello que no era de mi complacencia. Esa escuela me educó pronto y con rigor.

Para no desesperar de la clase de gentes que por entonces me rodeaban fue necesario que aprendiese a diferenciar entre su manera de ser y su vida y las causas del proceso de su desarrollo. Sólo así se podía soportar ese estado de cosas y comprender que el resultado de tanta miseria, inmundicia y degeneración no eran ya seres humanos, sino el triste producto de unas leyes más tristes todavía. En medio de ese ambiente mi propia y dura suerte me libró de capitular en quejumbroso sentimentalismo ante los resultados de un proceso social semejante.

Ya en aquellos tiempos llegué a la conclusión de que sólo un doble procedimiento podía conducir a modificar la situación existente:

ESTABLECER MEJORES CONDICIONES PARA NUESTRO DESARROLLO A BASE DE UN PROFUNDO SENTIMIENTO DE RESPONSABILIDAD SOCIAL APAREJADO CON LA FERREA DECISIÓN DE ANULAR A LOS DEPRAVADOS INCORREGIBLES.

Del mismo modo que la Naturaleza no concentra su mayor energía en el mantenimiento de lo existente, sino más bien en la selección de la descendencia como conservadora de la especie, así también en la vida humana no puede tratarse de mejorar artificialmente lo malo subsistente —cosa de suyo imposible en un 99% de casos, dada la índole del hombre— sino por el contrario debe procurarse asegurar bases más sanas para un ciclo de desarrollo venidero.

Durante mi lucha por la existencia, en Viena, me di cuenta de que la obra de acción social jamás puede consistir en un ridículo e inútil lirismo de beneficencia, sino en la eliminación de aquellas deficiencias que son fundamentales en la estructura económico-cultural de nuestra vida y que constituyen el origen de la degeneración del individuo o por lo menos de su mala inclinación.

El Estado austríaco desconocía prácticamente una legislación social humna y de ahí su ineptitud patente para reprimir ni las más crasas transgresiones.

$$***$$

No sabría decir lo que más me horrorizó en aquel tiempo: si la miseria económica de mis compañeros de entonces, su rudeza moral o su ínfimo nivel cultural.

¡Con qué frecuencia se exalta la indignación de nuestra burguesía cuando se oye decir a un vagabundo cualquiera que le es lo mismo ser alemán a no serlo y que el hombre se siente igualmente bien en todas partes con tal de tener para su sustento! Esta falta de «orgullo nacional» es lamentada entonces hondamente y se vitupera con acritud semejante modo de pensar.

¿Reflexionan acaso nuestros estratos burgueses en que mínima escala se le dan al «pueblo» los elementos inherentes al sentimientos de orgullo nacional? Ven tranquilamente cómo en el teatro y en el film y mediante literatura obscena y prensa inmunda se vacía en el pueblo día por día veneno a borbotones. Y sin embargo se sorprenden esos ambientes burgueses de la «falta de moral» y de la «indiferencia nacional» de la gran masa del pueblo, como si de esa prensa inmunda, de esos films disparatados y de otros factores semejantes, surgiese para el ciudadano el concepto de la grandeza patria. Todo esto sin considerar la educación ya recibida por el individuo en su primera juventud.

EL PROBLEMA DE LA «NACIONALIZACIÓN» DE UN PUEBLO CONSISTE, EN PRIMER TÉRMINO, EN CREAR SANAS CONDICIONES SOCIALES COMO BASE DE LA EDUCACIÓN INDIVIDUAL. PORQUE SOLO AQUEL QUE HAYA APRENDIDO EN EL HOGAR Y EN LA ESCUELA A APRECIAR LA GRANDEZA CULTURAL Y ECONÓMICA Y ANTE TODO LA GRANDEZA POLÍTICA DE SU PROPIA PATRIA, PODRA SENTIR Y SENTIRA EL INTIMO ORGULLO DE SER SUBDITO DE ESA NACIÓN, SOLO SE PUEDE LUCHAR POR AQUELLO QUE SE QUIERE, SE QUIERE LO QUE SE RESPETA Y SE PUEDE RESPETAR ÚNICAMENTE LO QUE POR LO MENOS, SE CONOCE.

Apenas se despertó mi interés por la cuestión social me dediqué a estudiar a fondo el problema. ¡Se me descubrió un mundo nuevo!

En los años de 1909 y 1910 se había producido también un pequeño cambio en mi vida: ya no necesitaba ganarme el pan diario actuando como peón. Por entonces trabajaba ya independientemente como modesto dibujante y acuarelista. Pintaba para ganarme la vida y al mismo tiempo aprendía con satisfacción. De este modo me fue también posible lograr el complemento teórico necesario para mi apreciación íntima del problema social. Estudiaba con ahínco casi todo lo que podía encontrar en libros sobre esta compleja materia, para después engolfarme en mis propias meditaciones.

Era poco y muy erróneo lo que yo sabía en mi juventud acerca de la socialdemocracia. Me entusiasmaba que proclamase el derecho de sufragio universal secreto; además, mi ingenua concepción de entonces, me hacía creer también que era mérito suyo empeñarse en mejorar las condiciones de vida del obrero. Pero lo que me repugnaba era su actitud hostil en la lucha por la conservación del germanismo.

Hasta la edad de los 17 años la palabra «marxismo» no me era familiar, y los términos «socialdemocracia» y «socialismo» parecíanme ser idénticos. Fue necesario que el destino obrase también sobre este concepto aquí abriéndome los ojos ante un engaño tan inaudito para la humanidad.

Si antes había yo conocido el partido socialdemócrata sólo como espectador en algunos de sus mítines, sin penetrar no obstante en la mentalidad de sus adeptos o en la esencia de sus doctrinas, bruscamente debía entonces ponerme en contacto con los productos de aquella «ideología». Y lo que quizás después de decenios hubiese ocurrido, se realizó en el curso de pocos meses, permitiéndome comprender que bajo la apariencia de virtud social y amor al prójimo se escondía una pobredumbre de la cual ojalá la humanidad libre a la tierra cuanto antes, porque de lo contrario posiblemente sería la propia humanidad la que de la tierra desapareciese.

Fue durante mi trabajo cotidiano en el solar donde tuve el primer roce con elementos socialdemócratas. Ya desde un comienzo me fue poco agradable aquello. Mi vestido era aún decente, mi lenguaje no vulgar y mi actitud reservada. Mucho tenía que hacer con mi propia suerte para que hubiese concentrado mi atención en lo que me rodeaba. Buscaba únicamente trabajo a fin de no perecer de hambre y poder así, a la vez, procurarme los medios necesarios a la lenta prosecución de mi instrucción personal. Probablemente no me habría preocupado de mi nuevo ambiente a no ser porque al tercero o cuarto día de iniciarme en el trabajo, se produjo un incidente que me indujo a asumir una determinada actitud. Se me había propuesto que ingresase en la organización sindicalista. Por entonces nada conocía aún acerca de las organizaciones obreras y me habría sido imposible comprobar la utilidad o inconveniencia de su razón de ser. Cuando se me dijo que debía hacerme socio, rechacé de plano la proposición, expresando que no tenía idea de lo que se trataba y que por principio no me dejaba imponer nada.

En el curso de las dos semanas siguientes alcancé a empaparme mejor del ambiente, de tal suerte que poder alguno en el mundo me hubiese compelido a ingresar en una agrupación sindicalista, sobre cuyos dirigentes había llegado a formarme entre tanto el más desfavorable concepto.

A mediodía, una parte de los trabajadores acudía a las fondas de la vecindad y el resto quedaba en el solar mismo consumiendo su exigua merienda. Yo, ubicado en un aislado rincón, bebía de mi frasco de leche y comía mi ración de pan, pero sin dejar de observar cuidadosamente el ambiente o reflexionando sobre la miseria de mi suerte. Mientras tanto, mis oídos escuchaban más de o necesario y a veces me parecía que intencionadamente aquellas gentes se aproximaban hacia mí como para inducirme a adoptar una actitud precisa. De todos modos, aquello que alcanzaba a oír bastaba para irritarme en sumo grado. Allá se negaba todo: la nación no era otra cosa que una invención de los «capitalistas»; la patria, un instrumento de la burguesía destinado a explotar a la clase obrera; la autoridad de la ley, un medio de subyugar el proletariado; la escuela, una institución para educar esclavos y también amos; la religión, un recurso para idiotizar a la masa predestinada a la explotación; la moral, signo de estúpida resignación, etc. Nada había pues, que no fuese arrojado en el lodo más inmundo.

Al principio traté de callar, pero a la postre me fue imposible. Comencé a manifestar mi opinión, comencé por objetar; más, tuve que reconocer que todo sería inútil mientras yo no poseyese por lo menos un relativo conocimiento acerca de los puntos en cuestión. Y fue así como empecé a investigar en las mismas fuentes de las cuales procedía la pretendida sabiduría de los adversarios. Leía con atención libro por libro, folleto por folleto, y día tras día pude replicar a mis contradictores, informado como estaba mejor que ellos de su propia doctrina, hasta que un momento dado debió ponerse en práctica aquel recurso que ciertamente se impone con más facilidad a la razón: el terror, la violencia. Algunos de mis impugnadores me conminaron a abandonar inmediatamente el trabajo amenazándome con tirarme desde el andamio. Como me hallaba solo, consideré inútil toda resistencia y opté por retirarme.

¡Que penosa impresión dominó mi espíritu al contemplar cierto día las inacabables columnas de una manifestación proletaria en Viena! Me detuve casi dos horas observando pasmado aquel enorme dragón humano que se arrastraba pesadamente. Lleno de desaliento regresé a casa. En el trayecto vi en una cigarrería el diario «Arbeiterzeitung» órgano central de la antigua democracia austríaca. En un café popular, barato, que solía frecuentar con el fin de leer periódicos, encontraba también esa miserable hoja, pero sin que jamás hubiera podido resolverme a dedicarle más de dos minutos, pues, su contenido obraba en mi ánimo como si fuese vitriolo. Aquel día, bajo la depresión que me había causado la manifestación que acababa de ver, un impulso interior me indujo a comprar el periódico, para leerlo esta vez minuciosamente. Por la noche me apliqué a ello, sobreponiéndome a los ímpetus de cólera que me provocaba aquella solución concentrada de mentiras.

A través de la prensa socialdemócrata diaria, pude, pues, estudiar mejor que en la literatura teórica el verdadero carácter de esas ideas. ¡Que contraste! ¡Por una parte las rimbombantes frases de libertad, belleza y dignidad, expuestas en esa literatura locuaz, de moral humana hipócrita, reflejando trabajosamente una honda sabiduría —todo esto escrito con profética seguridad— y por el otro lado, la prensa diaria, brutal, capaz de toda villanía y de una virtuosidad única en el arte de mentir en pro de la doctrina salvadora de la nueva humanidad! Lo primero destinado a los necios de las «esferas intelectuales» medias y superiores y lo segundo — la prensa— para la masa.

Penetrar el sentido de esa literatura y de esa prensa tuvo para mí la trascendencia de inclinarme más fervorosamente a mi pueblo. Conociendo el efecto de semejante obra de envilecimiento, sólo un loco sería capaz de condenar a la víctima. Por fin comprendí la importancia de la brutal imposición de subscribirse únicamente a la prensa roja, concurrir con exclusividad a mítines de filiación roja y también de leer libros rojos solamente. La Psiquis de las multitudes no es sensible a lo débil ni a lo mediocre; guarda semejanza con la mujer, cuya emotividad obedece menos a razones de orden abstracto que al ansia instintiva e indefinible hacia una fuerza que la integre, y de ahí que prefiera someterse al fuerte a dominar al débil. Del mismo modo, la masa se inclina más fácilmente hacia el que domina que hacia el que implora, y se siente más íntimamente satisfecha de una doctrina intransigente que no admita paralelo, que del roce de una libertad que generalmente de poco le sirve.

SI FRENTE A LA SOCIALDEMOCRACIA SURGIESE UNA DOCTRINA SUPERIOR EN VERACIDAD, PERO BRUTAL COMO AQUELLA EN SUS MÉTODOS, SE IMPONDRÍA LA SEGUNDA, SI BIEN CIERTAMENTE, DESPUÉS DE UNA LUCHA TENAZ.

Como la socialdemocracia conoce por propia experiencia la importancia de la fuerza, cae con furor sobre aquellos en los cuales supone la existencia de ese casi raro elemento, e inversamente, halaga a los espíritus débiles del bando opuesto, cautelosa o abiertamente, según la calidad moral que tengan o que se les atribuya. La socialdemocracia teme menos a un hombre de genio, impotente y falto de carácter, que a uno dotado de fuerza natural, aunque huérfano de vuelo intelectual. Esta es una táctica que responde al preciso cálculo de todas las debilidades humanas y que tiene que conducir casi matemáticamente al éxito, si es que el partido opuesto no sabe que el gas asfixiante se contrarresta sólo con el gas asfixiante. A los espíritus pusilánimes hay que recalcarles que en esto se trata del ser o del no ser.

EL METODO DEL TERROR EN LOS TALLERES, EN LAS FABRICAS, EN LOS LOCALES DE ASAMBLEAS Y EN LAS MANIFESTACIONES EN MASA, SERÁ SIEMPRE CORONADO POR EL ÉXITO MIENTRAS NO SE LE ENFRENTE OTRO TERROR DE EFECTOS ANÁLOGOS.

***

COMO CONSECUENCIA DEL HECHO DE QUE LA BURGUESIA EN INFINIDAD DE CASOS, PROCEDIENDO DEL MODO MAS DESATINADO E INMORAL, OPONIA RESISTENCIA HASTA A LAS EXIGENCIAS MAS HUMANAMENTE JUSTIFICADAS, AUN SIN ALCANZAR O SIN ESPERAR SIQUIERA PROVECHO ALGUNO DE SU ACTITUD, EL MAS HONESTO OBRERO RESULTABA IMPELIDO DE LA ORGANIZACIÓN SINDICALISTA A LA LUCHA POLÍTICA.

El rechazo rotundo de toda tentativa hacia el mejoramiento de las condiciones de trabajo para el obrero, tales como la instalación de dispositivos de seguridad en las máquinas, la prohibición del trabajo para menores, así como también la protección para la mujer —por lo menos en aquellos meses en los cuales lleva en sus entrañas al futuro ciudadano— contribuyó a que la socialdemocracia, que recibía complacida todos esos casos de despiadado proceder, cogiese a las masas en su red. Nunca podrá reparar nuestra «burguesía política» esos errores, pues negándose a dar paso a todo propósito tendente a eliminar anomalías sociales, sembraba odios y justificaba aparentemente las aseveraciones de los enemigos mortales de toda la nacionalidad en el sentido de ser el partido socialdemócrata el único defensor de los intereses del pueblo trabajador.

En mis años de experiencia en Viena me ví obligado, queriendo o sin quererlo, a definir mi posición en lo relativo a los sindicatos obreros.

El hecho de que la socialdemocracia supiera apreciar la enorme importancia del movimiento sindicalista le aseguró el instrumento de su acción y con ello el éxito. No haber comprendido aquello le costó a la burguesía su posición política.

Había creído que con una «negativa» impertinente podría anular un desarrollo lógico inevitable.

Es absurdo y falso afirmar que el movimiento sindicalista sea en sí contrario al interés patrio. Si la acción sindicalista tiende y logra el mejoramiento de las condiciones de vida de aquella clase social que constituye una de las columnas fundamentales de la nación, obra no sólo como noenemiga de la patria o del Estado, sino «nacionalistamente» en el más puro sentido de la palabra .

Mientras existan entre los patrones individuos de escasa comprensión social o que incluso carezcan de sentimiento de justicia y equidad, no solamente es un derecho, sino un deber el que sus dependientes, representando una parte de la nacionalidad, velen por los intereses del conjunto frente a la codicia o el capricho de uno solo.

MIENTRAS EL TRATO ASOCIAL O INDIGNO DADO AL HOMBRE PROVOQUE RESISTENCIAS, Y MIENTRAS NO SE HAYAN INSTITUIDO AUTORIDADES JUDICIALES ENCARGADAS DE REPARAR DAÑOS, SIEMPRE EL MAS FUERTE VENCERA EN LA LUCHA, POR ELLO ES NATURAL QUE LA PERSONA QUE CONCENTRA EN SÍ TODA LA FUERZA DE LA EMPRESA, TENGA AL FRENTE A UN SOLO INDIVIDUO EN

REPRESENTACIÓN DEL CONJUNTO DE TRABAJADORES.

De ese modo la organización sindicalista podrá lograr un afianzamiento de la idea social en su aplicación práctica de la vida diaria, eliminando con ello motivos que son causa permanente de descontento y quejas.

La socialdemocracia jazz pensó mantener el programa inicial del movimiento corporativo que había abarcado. Y en efecto fue así. Bajo su experta mano, en pocos decenios supo hacer de un medio auxiliar creado para defensa de derechos sociales, un instrumento destructor de la economía nacional. Los intereses del obrero no debían obstaculizar los propósitos de la socialdemocracia en lo más mínimo.

Ya a principios del presente siglo, el movimiento sindicalista había dejado de servir a su idea inicial; año tras año fue cayendo cada vez más en el radio de acción de la política socialdemócrata para ser a la postre sólo un ariete de la lucha de clases. Debía a fuerza de constantes arremetidas demoler los fundamentos de la economía nacional laboriosamente cimentada y con ello prepararle la misma suerte al edificio del Estado. La defensa de los verdaderos intereses del se hacía cada vez más secundaria, hasta que por último la habilidad política acabó por establecer la inconveniencia de mejorar las condiciones sociales y el nivel cultural de las masas, so pena de correr el peligro de que una vez satisfechos sus deseos, esas muchedumbres no pudieran ser ya utilizadas indefinidamente como una fuerza autómata de lucha.

***

A medida que fui formando criterio sobre el carácter exterior de la socialdemocracia, aumentó en mí el ansia de penetrar la esencia de su doctrina. De poco podía servirme en este orden la literatura propia del partido porque cuando trata de cuestiones económicas es errónea en asertos y demostraciones, y es falaz en lo que a sus fines políticos se refiere.

SOLO EL CONOCIMIENTO DEL JUDAÍSMO DA LA CLAVE PARA LA COMPRENSIÓN DE LOS VERDADEROS PROPÓSITOS DE LA SOCIALDEMOCRACIA.

Me sería difícil, sino imposible, precisar en qué época de mi vida la palabra judío fue para mí por primera vez motivo de reflexiones. En el hogar paterno, cuando aún vivía mi padre, no recuerdo siguiera haberla oído. Creo que el anciano habría visto un signo de retroceso cultural en la sola acentuada pronunciación de aquel vocablo. Durante el curso de su vida, mi padre había llegado a concepciones más o menos universalistas, conservándolas aún en medio de un convencido nacionalismo, de modo que hasta en mí debieron tener su influencia.

Tampoco en la escuela se presentó motivo alguno que hubiese podido determinar un cambio del criterio que formé en el seno de mi familia.

Fue a la edad de catorce o quince años cuando debí oír a menudo la palabra «judío», especialmente en conversaciones de tema político, y sentía cierta repulsión cuando me tocaba presenciar pendencias de índole confesional. La cuestión por entonces no tenía pues para mí otras características.

En la ciudad de Linz vivían muy pocos judíos que en el curso de los siglos se habían europeizado exteriormente y yo hasta los tomaba por alemanes. Lo absurdo de esta suposición me era poco claro, ya que por entonces veía en el aspecto religioso la única diferencia peculiar. El que por eso se persiguiese a los judíos, como creía yo, hacía que muchas veces mi desagrado frente a exclamaciones deprimentes para ellos subiese de punto. De la existencia de un odio sistemático contra el judío no tenía todavía idea en absoluto.

Después estuve en Viena.

Sobrecogido por el cúmulo de mis impresiones de las obras arquitectónicas de aquella capital y por las penalidades de mi propia suerte no pude en el primer tiempo de mi permanencia allí darme cuenta de la conformación interior del pueblo en la gran urbe; y fue así que no obstante existir en Viena alrededor de 200.000 judíos, entre sus dos millones de habitantes, yo no me había dado cuenta de ellos.

Mal podría afirmar que me hubiera parecido particularmente grata la forma en que debí llegar a conocerlos. Yo seguía viendo en el judío sólo la cuestión confesional y por eso, fundándome en razones de tolerancia humana mantuve aún entonces mi antipatía por la lucha religiosa. De ahí que considerase indigno de la tradición cultural de un gran pueblo el tono de la prensa antisemita de Viena. Me impresionaba el recuerdo de ciertos hechos de la Edad Media, que no me habría agradado ver repetirse.

Como esos periódicos carecían de prestigio —el motivo no sabía yo explicármelo entoncesveía la campaña que hacían más como un producto de exacerbada envidia que como resultado de un criterio de principio, aunque éste fuese errado. Corroboraba tal modo de pensar el hecho de que los grandes órganos de prensa respondían a esos ataques en forma infinitamente más digna o bien optaban por no mencionarlos siquiera, lo cual me parecía aún más laudable.

Leía asiduamente la llamada prensa mundial («Neue freie Presse», «Wiener Tageblatt», etc.) y me asombraba siempre su enorme material de información, así como su objetividad en el modo de tratar las cuestiones; pero lo que frecuentemente me chocaba era la forma servil en que adulaban a la Corte. Casi no había suceso de la vida cortesana que no fuese presentado la público con frases de desbordante entusiasmo o de plañidera aflicción, según el caso. Otra cosa que me llegaba a los nervios era el repugnante culto que esa prensa rendía a Francia.

De vez en cuando leía también el «Volksblatt», por cierto periódico mucho más pequeño, pero que en estas cosas me parecía más sincero. No estaba de acuerdo con su recalcitrante antisemitismo, bien que algunas veces encontraba razonamientos que me movían a reflexionar. En todo caso a través de esas incidencias fue como llegué a conocer paulatinamente al hombre y al movimiento político que por entonces influían en los destinos de Viena: El Dr. Karl Lueger y el partido cristiano-social.

Cuando llegué a Viena era contrario a ambos porque los consideraba «reaccionarios». Empero, una elemental noción de equidad hizo variar mi opinión a medida que tuve oportunidad de conocer al hombre y su obra. Poco a poco se impuso en mí la apreciación justa para luego convertirse en un sentimiento de franca admiración. Hoy, más que entonces, veo en el Dr. Lueger al más grande de los burgomaestres alemanes de todos los tiempos.

¡Cuántas ideas preconcebidas tuvieron también que modificarse en mí al cambiar mi modo de pensar respecto al movimiento cristianosocial! Y si con ello cambió igualmente mi criterio acerca del antisemitismo, ésta fue sin duda la más trascendental de las transformaciones que experimenté entonces; ella me costó una intensa lucha interior entre la razón y el sentimiento, y sólo después de largos meses, la victoria empezó a ponerse del lado de la razón. Dos años más tarde, el sentimiento había acabado por someterse a ésta, para, en adelante, ser su más leal guardián y consejero.

Debió, pues, llegar el día en que ya no peregrinaría por la gran urbe hecho un ciego, como en los primeros tiempos, sino con los ojos abiertos, contemplando las obras arquitectónicas y las gentes. Cierta vez, al caminar por los barrios del centro, me vi de súbito frente a un hombre de largo caftán y de rizos negros. ¿Será un judío?, fue mi primer pensamiento. Los judíos en Linz no tenían ciertamente esa apariencia. Observé al hombre sigilosamente y a medida que me fijaba en su extraña fisonomía, estudiándola rasgo por rasgo, fue transformándose en mi menta la primera pregunta en otra inmediata. ¿Será también un alemán?

Como siempre en casos análogos, traté de desvanecer mis dudas, consultando libros. Con pocos céntimos adquirí por primera vez en mi vida algunos folletos antisemitas. Todos, lamentablemente, partían de la hipótesis de que el lector tenía ya un cierto conocimiento de causa o que por lo menos comprendía la cuestión; además, su tono era tal, debido a razonamientos superficiales y extraordinariamente faltos de base científica, que me hizo volver a caer en nuevas dudas. La cuestión me parecía tan trascendental y las acusaciones de tal magnitud que yo —torturado por el temor de ser injusto— me sentía vacilante e inseguro.

Naturalmente que ya no era dable dudar de que o se trataba de elementos alemanes de una creencia religiosa especial, sino de un pueblo diferente en sí; pues desde que me empezó a preocupar la cuestión judía, cambió mi primera impresión sobre Viena. Por doquier veía judíos y cuanto más los observaba, más se diferenciaban a mis ojos de las demás gentes. Y si aún hubiese dudado, mi vacilación hubiera tenido que tocar definitivamente a su fin, debido a la actitud de una parte de los judíos mismos.

Se trataba de un gran movimiento que tendía a establecer claramente el carácter racial del judaísmo; el sionismo.

Aparentemente apoyaba esa actitud sólo un grupo de los judíos, en tanto que la mayoría la condenaba; sin embargo, al analizar las cosas de cerca, esa apariencia se desvanecía, descubriéndose un mundo de subterfugios de pura conveniencia, por no decir mentiras. Porque los llamados judíos liberales rechazaban a los sionistas, no porque ellos no fuesen judíos, sino únicamente porque éstos hacían una pública confesión de su judaísmo que aquellos consideraban improcedente y hasta peligrosa. En el fondo se mantenía inalterable la solidaridad de todos.

Aquella lucha ficticia entre sionistas y judíos liberales, debió pronto causarme repugnancia porque era falsa en absoluto y porque no respondía al decantado nivel cultural del pueblo judío.

¡Y qué capítulo especial era aquel de la pureza material y moral de ese pueblo! Nada me había hecho reflexionar tanto en tan poco tiempo como el criterio que paulatinamente fue incrementándose en mí acerca de la forma cómo actuaban los judíos en determinado género de actividades. ¿Había por virtud un solo caso de escándalo o de infamia, especialmente en lo relacionado con la vida cultura, donde no estuviese complicado por lo menos un judío?

Un grave cargo más pesó sobre el judaísmo ante mis ojos cuando me di cuenta de sus manejos en la prensa, en el arte, la literatura y el teatro. Comencé por estudiar detenidamente los nombres de todos los autores de inmundas producciones en el campo de la actividad artística en general. El resultado de ello fue una creciente animadversión de mi parte hacia los judíos. Era innegable el hecho de que las nueve décimas partes de la literatura sórdida, de la trivialidad en el arte y el disparate en el teatro gravitaban en el debe de una raza que apenas si constituía una centésima parte de la población total del país.

Con el mismo criterio comencé también a apreciar lo que en realidad era aquella mi preferida «prensa mundial», y cuanto más sondeaba en este terreno, más disminuía el motivo de mi admiración de antes. El estilo se me hizo insoportable, el contenido cada vez más vulgar y por último la objetividad de sus exposiciones me parecía más mentira que verdad. ¡Eran, pues, judíos los autores!

Ahora vía bajo otro aspecto la tendencia liberal de esa prensa. El tono moderado de sus réplicas o su silencio de tumba ante los ataques que se le dirigía, debieron reflejárseme como un juego a la par hábil y villano. Sus críticas glorificantes de teatro estaban siempre destinadas al autor judío y jamás una apreciación negativa recaía sobre otro que no fuese un alemán. Precisamente por la perseverancia con que se zahería a Guillermo

II y por otra parte se recomendaba la cultura y la civilización francesas, podía deducirse lo sistemático de su acción. El sentido de todo era tan visiblemente lesivo al germanismo, que su propósito no podía ser sino deliberado.

¿Quién tenía interés en ello? ¿Era acaso todo obra de la casualidad?

En Viena, como seguramente en ninguna otra ciudad de la Europa occidental, con excepción quizá de algún puerto del sur de Francia, podía estudiarse mejor las relaciones del judaísmo con la prostitución y más aún, con la trata de blancas. Caminando de noche por el barrio de Leopoldo, a cada paso era uno —queriendo o sin quererlo— testigo de hechos que quedaron ocultos para la gran mayoría del pueblo alemán hasta que la guerra de 1914 dio a los combatientes alemanes en el frente oriental oportunidad de poder ver, mejor dicho, de tener que ver, semejante estado de cosas.

Sentí escalofríos cuando por primera vez descubría así en el judío al negociante, desalmado calculador, venal y desvergonzado de ese tráfico irritante de vicios de la escoria de la gran urbe.

Desde entonces no pude más y nunca volví a tratar de eludir la cuestión judía; por el contrario, me impuse ocuparme en delante de ella. De este modo, siguiendo las huellas del elemento judío a través de todas las manifestaciones de la vida cultural y artística, tropecé con él inesperadamente donde menos lo hubiera podido suponer:

¡Judíos eran los dirigentes del partido socialdemócrata!

Con esta revelación debió terminar en mi un proceso de larga lucha interior.

***

Gradualmente me fui dando cuenta que en la prensa socialdemócrata preponderaba el elemento judío; sin embargo, no di mayor importancia a este hecho puesto que la situación de los demás periódicos era la misma. Otra circunstancia sin embargo debió llamarme más la atención: no existía diario, donde interviniesen judíos, que hubiera podido calificarse, según mi educación y criterio, como un órgano verdaderamente nacional.

En cuanto folleto socialdemócrata llegaba a mis manos examinaba el nombre de su autor: siempre era un judío.

Examiné casi todos los nombres de los dirigentes del partido socialdemócrata; en su gran mayoría pertenecían igualmente al «pueblo elegido», lo mismo si se trataba de representantes en el Reichsrat que de los secretarios de las asociaciones sindicalistas, de los presidentes de las organizaciones del partido que de los agitadores populares. Era siempre el mismo siniestro cuadro y jamás olvidaré los nombres: Austerlitz, David, Adler, Ellenbogen, etc.

Claramente veía ahora que el directorio de aquel partido, a cuyos pequeños representantes combatía yo tenazmente desde meses atrás, se hallaba casi exclusivamente en manos de un elemento extranjero y al fin supe definitivamente que el judío no era alemán. Ahora sí que conocía íntimamente a los pervertidores de nuestro pueblo.

Un año de permanencia en Viena me había bastado para llevarme al convencimiento de que ningún obrero, por empecinado que fuera, no dejaría de acabar por rendirse ante conocimientos mejores y ante una explicación más clara. En el transcurso del tiempo me había convertido en un conocedor de su propia doctrina y yo mismo podía utilizarla ahora como un arma a favor de mis convicciones.

Casi siempre el éxito se inclinaba hacia el lado mío.

Se podía salvar a la gran masa aunque solamente a costa de enormes sacrificios de tiempo y de perseverancia.

Pero a un judío, en cambio, jamás se le podría liberar de su criterio. Cuando alguna vez se lograba reducir a uno de ellos, porque observado por los presentes no le había ya quedado otro recurso que asentir, y hasta se creía haber adelantado con ello por lo menos algo, grande debía ser la sorpresa que al día siguiente se experimentaba al constatar que el judío no recordaba ni lo más mínimo de lo acontecido la víspera y seguía repitiendo los dislates de siempre.

Muchas veces quedé atónito sin saber qué es lo que debía sorprenderme más: la locuacidad del judío o su arte de mistificar.

Me hallaba en la época de las más honda transformación ideológica operada en mi vida: De débil cosmopolita debí convertirme en antisemita fanático.

Una vez más —esta fue la última— vinieron a embargarme reflexiones abrumadoras. Estudiando la influencia del pueblo judío a través de largos períodos de la historia humana, surgió en mi mente la inquietante duda de que quizás el destino por causas insondables, le reservaba a este pequeño pueblo el triunfo final. ¿Se le adjudicará acaso la tierra como premio, a ese pueblo, que vive eternamente sólo para esta tierra? ¿Es que nosotros poseemos realmente el derecho de luchar por nuestra propia conservación o es que también esto tiene en nosotros sólo un fundamento subjetivo?

El destino mismo se encargó de darme la respuesta al engolfarme en la penetración de la doctrina marxista para de este modo estudiar minuciosamente la actuación del pueblo judío.

La doctrina judía del marxismo rechaza el principio aristocrático de la Naturaleza y coloca en lugar del privilegio eterno de la fuerza y del vigor, la masa numérica y su peso muerto. Niega así en el hombre el mérito individual e impugna la importancia del nacionalismo y de la raza abrogándose con esto a la humanidad la base de su existencia y de su cultura. Esa doctrina, como fundamento del universo, conduciría fatalmente al fin de todo orden natural concebible por la mente humana. Y del mismo modo que la aplicación de una ley semejante en la mecánica del organismo más grande que conocemos, provocaría el caos, sobre la tierra no significaría otra cosa que la desaparición de sus habitantes.

Si el judío con la ayuda de su credo marxista llegase a conquistar las naciones del mundo, su diadema sería entonces la corona fúnebre de la humanidad y nuestro planeta volvería a rotar desierto en el eter como hace millones de siglos.

La Naturaleza eterna venga inexorablemente la transgresión de sus preceptos.

ASI CREO AHORA ACTUAR CONFORME A LA VOLUNTAD DEL SUPREMO CREADOR: AL DEFENDERME DEL JUDÍO LUCHO POR LA OBRA DEL SEÑOR.

Reflexiones políticas de la época de mi permanencia en Viena

Tengo la evidencia de que en general el hombre, excepción hecha de casos singulares de talento, no debe actuar en política antes de los 30 años, porque hasta esa edad se está formando en su mentalidad una plataforma desde la cual podrá él analizar los diversos problemas políticos y definir su posición frente a ellos. Sólo entonces, después de haber adquirido una concepción ideológica fundamental y con ella logrado afianzar su propio modo de pensar acerca de los diferentes problemas de la vida diaria, debe o puede el hombre, conformado por lo menos así espiritualmente, participar en la dirección política de la colectividad en que vive.

De otro modo corre el peligro de tener que cambiar un día de opinión en cuestiones fundamentales o de quedar —en contra de su propia convicción— estratificado en un criterio ya relegado por la razón y el entendimiento. El primer caso resulta muy penoso para él personalmente, pues, si él mismo vacila no puede ya esperar le pertenezca en igual medida que antes la fe de sus adeptos, para quienes la claudicación del Führer[3], significa desconcierto y no pocas veces les provoca el sentimiento de una cierta vergüenza frente a sus adversarios políticos. En el segundo caso ocurre aquello que hoy se observa con mucha frecuencia: En la misma escala en que el Führer perdió la convicción sobre lo que sostenía, su dialéctica se hace hueca y superficial, en tanto que se deprava en la elección de sus métodos. Mientras él personalmente no piensa ya arriesgarse en serio en defensa de sus revelaciones políticas (no se inmola la vida por una causa que uno mismo no profesa) las exigencias que les impone a sus correligionarios se hacen sin embargo cada vez mayores y más desvergonzadas, hasta el punto de acabar por sacrificar el último resto del carácter que inviste al Führer y descender así a la condición del «político», es decir, a aquella categoría de hombres cuya única convicción es su falta de convicción, aparejada a una arrogante insolencia y un arte refinadísimo para el mentir. Si para desgracia de la humanidad honrada tal sujeto llega a ingresar en el Parlamento, entonces hay que tener por descontado el hecho de que la política para él se reduce ya sólo a una «heroica lucha» por la posesión perpétua de este «biberón» de su propia vida y de la de su familia. Y cuanto más pendientes estén de ese biberón la mujer y los hijos, más tenazmente luchará el marido por sostener su mandato parlamentario. Toda persona de instinto político es para él, por ese solo hecho, un enemigo personal; en cada nuevo movimiento cree ver el comienzo posible de su ruina; en todo hombre de prestigio otro amenazante peligro.

He de ocuparme detenidamente de esta clase de sabandijas parlamentarias.

También el hombre que haya llegado a los 30 años tendrá aún mucho que aprender en el curso de su vida, pero esto únicamente a manera de una complementación dentro del marco ya determinado por la concepción ideológica adoptada en principio. Los nuevos conocimientos que adquiera no significarán una innovación de lo ya aprendido, sino más bien un proceso de acrecentamiento de su saber, de tal modo que sus adeptos jamás tendrán la decepcionante impresión de haber sido mal orientados; por el contrario, el visible desarrollo de la personalidad del Führer provocará en ellos complacencia, en la convicción de que el perfeccionamiento de éste refluye a favor de la propia doctrina. Ante sus ojos esto constituye una prueba de la certeza del criterio hasta aquel momento sostenido.

Un Führer que se vea obligado a abandonar la plataforma de su ideología general por haberse dado cuenta de que esta era falsa, obrará honradamente sólo, cuando reconociendo lo erróneo de su criterio, se halle dispuesto a asumir todas las consecuencias. En tal caso deberá por lo menos renunciar a toda actuación política ulterior, pues, habiendo errado ya una vez en puntos de vista fundamentales, está expuesto por una segunda vez al mismo peligro. De todos modos ha perdido ya el derecho de requerir y menos aún el de exigir la confianza de sus conciudadanos.

El grado de corrupción de la plebe, que por ahora se siente habilitada para «actuar» en política, evidencia cuán rara vez se sabe responder en los tiempos actuales a una prueba tal de decoro personal.

Apenas si entre tantos puede uno tan sólo ser el predestinado.

Seguramente en aquellos tiempos, me había ocupado de política más que muchos otros, sin embargo, tuve el buen cuidado de no actuar en ella; me concretaba a hablar en círculos pequeños abordando temas que me subyugaban y que eran motivo de mi constante preocupación. Este modo de actuar en ambiente reducido tenía en sí mucho de provechoso, porque si bien es cierto que así aprendía menos a «discursear» en cambio, llegaba a conocer a las gentes en su moralidad y en sus concepciones, a menudo infinitamente primitivas. En aquella época continué ampliando mis observaciones sin perder tiempo ni oportunidad y es probable que, en este orden, en ninguna parte de Alemania se ofrecía entonces un ambiente de estudio más propicio que el de Viena.

***

Las preocupaciones de la vida política en la antigua monarquía del Danúbio abarcaban, en general, contornos más vastos de mayor espectativa que en la Alemania de esa misma época, excepción hecha de algunos distritos de Prusia, Hamburgo y la costa del Mar del Norte. Bajo la denominación «Austria» me refiero en este caso a aquel territorio del gran Imperio de los Habsburgo que, debido a sus habitantes de origen alemán, significó en todo orden no solamente la base histórica para la formación de tal Estado, sino que en el conjunto de su población representaba también aquella fuerza que a través de los siglos generó la vida cultural en ese organismo político de estructura tan artificial como era el Imperio Austro-Húngaro. Y a medida que el tiempo avanzaba, más dependía precisamente de la conservación de ese núcleo, la estabilidad de todo el Estado.

No quiero engolfarme aquí en detalles porque no es este el propósito de mi libro; quiero solamente consignar en el marco de una minuciosa apreciación aquellos sucesos que, siendo la eterna causa de la decadencia de pueblos y Estados, tienen también en nuestro tiempo su trascendencia, aparte de que contribuyeron a cimentar los fundamentos de mi ideología política.

***

Entre las instituciones que más claramente revelaban —aún ante los ojos no siempre abiertos del provinciano— la corrosión de la monarquía austríaca, encontrábase en primer término aquélla que más llamada estaba a mantener su estabilidad: el Parlamento o sea el Reichsrat, como en Austria se le denominaba.

Manifiestamente, al norma institucional de esta corporación radicaba en Inglaterra, el país de la «clásica democracia». De allá se copió toda esa dichosa institución y se la trasladó a Viena, procurando en lo posible no alterarla.

En la Cámara de diputados y en la Cámara alta celebraba su renacimiento el sistema inglés de la doble cámara; sólo los «edificios» diferían entre sí. Barry, al hacer surgir de las aguas del Támesis el palacio del Parlamento inglés, había recurrido a la historia del Imperio Británico con el fin de inspirarse para la ornamentación de los 1200 nichos, consolas y columnas de su monumental creación arquitectónica. Por sus esculturas y arte pictórico, el Parlamento inglés resultó así erigido en el templo de gloria de la nación.

Aquí se presentó la primera dificultad en el caso del Parlamento de Viena. Cuando el danés Hansen había concluido el último pináculo del palacio de mármol destinado a los representantes del pueblo, no le quedó otro recurso que el de apelar al arte clásico para adaptar motivos ornamentales. Figuras de estadistas y de filósofos griegos y romanos hermosean esta teatral residencia de la «democracia occidental» y a manera de simbólica ironía están representados sobre la cúspide del edificio cuadrigas que se separan partiendo hacia los cuatro puntos cardinales, como cabal expresión de lo que en el interior del Parlamento ocurría entonces.

Las «nacionalidades» habrían tomado como un insulto y como una provocación el que en esa obra se glorificase la historia austríaca. En Alemania mismo, reciente todavía el fragor de las batallas de la guerra mundial, se resolvió consagrar con la inscripción : «Al Pueblo Alemán», el edificio del Reichstag en Berlín, construido por Paul Ballot.

Sentimientos de profunda repulsión me dominaron aquel día en que, por primera vez, cuando aún no había cumplido los veinte años, visitaba el Parlamento austríaco para escuchar una sesión de la Cámara de diputados. Siempre había detestado el Parlamento, pero de ningún modo la institución en sí. Por el contrario, como hombre amante de las libertades, no podía imaginarme otra forma posible de gobierno. Y justamente por eso era ya un enemigo del Parlamento austríaco. Su forma de actuar la consideraba indigna del gran prototipo inglés. Además, a esto había que añadir el hecho de que el porvenir de la raza germana en el Estado austriaco dependía de su representación en el Reichsrat. Hasta el día en que se adopto el sufragio universal de voto secreto, existía en el Parlamento austríaco una mayoría alemana, aunque poco notable. Ya entonces la situación se había hecho difícil, porque el partido socialdemócrata, con su dudosa conducta nacional al tratarse de cuestiones vitales del germanismo, asumía siempre una actitud contraria a los intereses alemanes a fin de no despertar recelos entre sus adeptos de las otras «nacionalidades» representadas en el Parlamento. Tampoco ya en aquella época se podía considerar a la socialdemocracia como un partido alemán. Con la adopción del sufragio universal tocó a su fin la preponderancia alemana, inclusive desde el punto de vista puramente numérico. En adelante, no quedaba pues obstáculo alguno que detuviese la creciente desgermanización del Estado austriaco.

El instinto de conservación nacional me había hecho repugnar, ya entonces, por esa razón, aquel sistema de representación popular en la cual el germanismo, lejos de hallarse representado era más bien traicionado. Sin embargo, esta deficiencia, como muchas otras, no era atribuible al sistema mismo, sino al Estado austriaco.

Un año de paciente observación bastó para que yo cambiase radicalmente mi modo de pensar en cuanto al carácter del parlamentarismo. Una vez más el estudio experimental de la realidad me preservó de anegarme en una teoría que a primera vista, les parece seductora a muchos y que a pesar de ello no deja de contarse entre las manifestaciones de decadencia de la humanidad.

La democracia del mundo occidental de hoy es la precursora del marxismo, el cual sería inconcebible sin ella. Es la democracia la que en primer término proporciona a esta peste mundial el campo de nutrición de donde la epidemia se propaga después.

Cuánta gratitud le debo al destino por haber permitido que me adentrase también en esta cuestión cuando todavía me hallaba en Viena, pues, es probable que si yo hubiera estado en aquella época en Alemania, me la habría explicado de una manera demasiado sencilla. Si desde Berlín hubiese podido percatarme de lo grotesco de esa institución llamada «Parlamento», quizás habría caído en la concepción opuesta, colocándome —no sin una buena razón aparente— al lado de aquellos que veían el bienestar del pueblo y del Imperio, en el fomento exclusivista de la idea de la autoridad imperial, permaneciendo ciegos y ajenos a la vez a la época en que vivían y al sentir de sus contemporáneos.

Esto era imposible en Austria. Allá no se podía caer tan fácilmente de un error en otro, porque si el Parlamento era inútil, aun menos capacitados eran los Habsburgo. Lo que más me preocupó en la cuestión del parlamentarismo fue la notoria falta de un elemento responsable. Por funestas que pudieran ser las consecuencias de una ley sancionada por el Parlamento, nadie lleva la responsabilidad, ni a nadie es posible exigirle cuentas. ¿O es que puede llamarse asumir responsabilidades al hecho de que después de un fiasco sin precedentes, dimita el gobierno culpable o cambie la coalición existente o, por último, se disuelva el Parlamento? ¿Puede acaso hacerse responsable a una vacilante mayoría? ¿No es cierto que la idea de responsabilidad presupone la idea de la personalidad? ¿Puede prácticamente hacerse responsable al dirigente de un gobierno por hechos cuya gestión y ejecución obedecen exclusivamente a la voluntad y al arbitrio de una pluralidad de individuos?

¿O es que la misión del gobernante —en lugar de radicar en la concepción de ideas constructivas y planes— consiste más bien en la habilidad con que éste se empeñe en hacer comprensible a un hato de borregos lo genial de sus proyectos, para después tener que mendigar de ellos una bondadosa aprobación?

¿Cabe en el criterio del hombre de Estado poseer en el mismo grado el arte de la persuasión, por un lado, y por otro la perspicacia política necesaria para adoptar directivas o tomar grandes decisiones?

¿Prueba acaso la incapacidad de un Führer el solo hecho de no haber podido ganar a favor de una determinada idea el voto de mayoría de un conglomerado resultante de manejos más o menos honestos?

¿Fue acaso alguna vez capaz ese conglomerado de comprender una idea, antes de que el éxito obtenido por la misma, revelara la grandiosidad que ella encarnaba?

¿No es en este mundo toda acción genial una palpable protesta del genio contra la indolencia de la masa?

¿Qué debe hacer el gobernante que no logra granjearse la gracia de aquél conglomerado, para la consecución de sus planes?

¿Deberá sobornar? ¿O bien, tomando en cuenta la estulticia de sus conciudadanos, tendrá que renunciar a la realización de propósitos reconocidos como vitales, dimitir el gobierno o quedarse en él, a pesar de todo?

¿No es cierto que en un caso tal, el hombre de verdadero carácter se coloca frente a un conflicto insoluble entre su persuación de la necesidad y su rectitud de criterio, o mejor dicho su honradez?

¿Dónde acaba aquí el límite entre la noción del deber para con la colectividad y la noción del deber para con la propia dignidad personal?

¿No debe todo Führer de verdad rehusar a que de ese modo se le degrade a la categoría de traficante político?

¿O es que, inversamente, todo traficante deberá sentirse predestinado a «especular» en política, puesto que la suprema responsabilidad jamás pesará sobre él, sino sobre un anónimo e inaprensible conglomerado de gentes?

Sobre todo, ¿no conducirá el principio de la mayoría parlamentaria a la demolición de la idea-Führer?

Pero ¿es que aún cabe admitir que el progreso del mundo se debe a la mentalidad de las mayorías y no al cerebro de unos cuantos?

¿O es que se cree que tal vez en lo futuro se podría prescindir de esta condición previa inherente a la cultura humana?

¿No parece, por en contrario, que ella es hoy más necesaria que nunca?

Difícilmente podrá imaginarse el lector de la prensa judía, salvo que hubiese aprendido a discernir y examinar las cosas independientemente, qué estragos ocasiona la moderna institución del gobierno democrático-parlamentario; ella es ante todo la causa de la increíble proporción en que ha sido inundado el conjunto de la vida política por lo más descalificado de nuestros días. Así como un Führer de verdad renunciará a una actividad política, que en gran parte no consiste en obra constructiva, sino más bien en el regateo por la merced de una mayoría parlamentaria, el político de espíritu pequeño, en cambio, se sentirá atraído precisamente por esa actividad.

Pero pronto se dejarán sentir las consecuencias si tales mediocres componen el gobierno de una nación. Faltará entereza para obrar y se preferirá aceptar la más vergonzosa de las humillaciones antes que erguirse para adoptar una actitud resuelta, pues, nadie habrá allí que por sí solo esté personalmente dispuesto a arriesgarlo todo en pro de la ejecución de una medida radical. Existe una verdad que no debe ni puede olvidarse: es la de que tampoco en este caso una mayoría estará capacitada para sustituir a la personalidad en el gobierno. La mayoría no sólo representa siempre la ignorancia, sino también la cobardía. Y del mismo modo que de 100 cabezas huecas no se hace un sabio, de 100 cobardes no surge nunca una heroica decisión.

Cuanto menos grave sea la responsabilidad que pese sobre el Führer, mayor será el número de aquéllos que, dotados de ínfima capacidad, se creen igualmente llamados a poner al servicio de la nación sus imponderables fuerzas. De ahí que sea para ellos motivo de regocijo el cambio frecuente de funcionarios en los cargos que ellos apetecen y que celebren todo escándalo que reduzca la hilera de los que por delante esperan… La consecuencia de todo esto es la espeluznante rapidez con que se producen modificaciones en las más importantes jefaturas y repartos públicos de un organismo estatal semejante, con un resultado que siempre tiene influencia negativa y que muchas veces llega a ser hasta catastrófico.

La antigua Austria poseía el régimen parlamentario en grado superlativo. Bien es cierto que los respectivos «premiers» eran nombrados por el monarca, sin embargo, eso no significaba otra cosa que la ejecución de la voluntad parlamentaria. El regateo por las diferentes carteras ministeriales podía ya calificarse como propio de la más alta democracia occidental. Los resultados correspondían a los principios aplicados; especialmente la substitución de personajes representativos se operaba con intervalos cada vez más cortos, para al final convertirse en una verdadera cacería. En la misma proporción descendía el nivel de los «hombres de Estado» actuantes hasta no quedar de ellos, más que aquel bajo tipo del traficante parlamentario, cuyo mérito político se aquilataba tan sólo por su habilidad en urdir coaliciones, es decir, prestándose a realizar aquellos infames manejos políticos que son la única prueba de lo que en el trabajo práctico pueden realizar esos llamados representantes del pueblo.

Viena ofrecía un magnífico campo de observación en este orden.

Aquello que de ordinario denominamos «opinión pública» se basa sólo mínimamente en la experiencia personal del individuo y en sus conocimientos; depende más bien casi en su totalidad de la idea que el individuo se hace de las cosas a través de la llamada «información pública», persistente y tenaz. La prensa es el factor responsable de mayor volumen en el proceso de la «instrucción política», a la cual, en este caso se le asigna con propiedad el nombre de propaganda; la prensa se encarga ante todo de esta labor de «información pública» y representa así una especie de escuela para adultos, sólo que esa «instrucción» no está en manos del Estado, sino bajo las garras de elementos que en parte son de muy baja ley. Precisamente en Viena tuve en mi juventud la mejor oportunidad de conocer a fondo a los propietarios y fabricantes espirituales de esa máquina de instrucción colectiva. En un principio debí sorprenderme al darme cuenta del tiempo relativamente corto en que este pernicioso poder era capaz de crear cierto ambiente de opinión, y esto incluso tratándose de casos de una mixtificación completa de las aspiraciones y tendencias que, a no dudar, existían en el sentir de la comunidad. En el transcurso de pocos días, esa prensa sabía hacer de un motivo insignificante una cuestión de Estado notable e inversamente, en igual tiempo, relegar al olvido general problemas vitales o, más simplemente, sustraerlos a la memoria de la masa.

De este modo era posible en el curso de pocas semanas henchir nombres de la nada y relacionar con ellos increíbles expectativas públicas, adjudicándoles una popularidad que muchas veces un hombre verdaderamente meritorio no alcanza en toda su vida; y mientras se encumbran estos nombres que un mes antes apenas si se habían oído pronunciar, calificados estadistas o personalidades de otras actividades de la vida pública dejaban llanamente de existir para sus contemporáneos o se les ultrajaba de tal modo con denuestos, que sus apellidos corrían el peligro de convertirse en un símbolo de villanía o de infamia.

Esta es la chusma que en más de las dos terceras partes fabrica la llamada «opinión pública», de donde surge el parlamentarismo cual una Afrodita de la espuma.

Para pintar con detalle en toda su falacia el mecanismo parlamentario sería menester escribir volúmenes. Podrá comprenderse más pronto y más fácilmente semejante extravío humano, tan absurdo como peligroso, comparando el parlamentarismo democrático con una democracia germánica realmente tal.

La característica más remarcable del parlamentarismo democrático consiste en que se elige un cierto número, supongamos 500 hombres o también mujeres en los últimos tiempos, y se les concede a éstos la atribución de adoptar en cada caso una decisión definitiva. Prácticamente, ellos representan por sí solos el gobierno, pues, si bien designan a los miembros de un gabinete encargado de los negocios del Estado, ese pretendido gobierno no cubre sino una apariencia; en efecto, es incapaz de dar ningún paso sin antes haber obtenido la aquiescencia de la asamblea parlamentaria. Por esto es por lo que tampoco puede ser responsable, ya que la decisión final jamás depende de él mismo, sino del Parlamento. En todo caso un gabinete semejante no es otra cosa que el ejecutor de la voluntad de la mayoría parlamentaria del momento. Su capacidad política se podría apreciar en realidad únicamente a través de la habilidad que pone en juego para adaptarse a la voluntad de la mayoría o para ganarla en su favor.

Una consecuencia lógica de este estado de cosas fluye de la siguiente elemental consideración: la estructura de ese conjunto formado por los 500 representantes parlamentarios, agrupados según sus profesiones o hasta teniendo en cuenta sus aptitudes, ofrece un cuadro a la par incongruente y lastimoso. ¿O es que cabe admitir la hipótesis de que estos elegidos de la nación pueden ser al mismo tiempo brotes privilegiados de genialidad o siquiera de sentido común? Ojalá no se suponga que de las papeletas de sufragio, emitidas por electores que todo pueden ser menos inteligentes, surjan simultáneamente centenares de hombres de Estado. Nunca será suficientemente rebatida la absurda creencia de que del sufragio universal pueden salir genios; primeramente hay que considerar que no en todos los tiempos nace para una nación un verdadero estadista y menos aun de golpe, un centenar; por otra parte, es instintiva la antipatía que siente la masa por el genio eminente. Más probable es que un camello se deslice por el ojo de una aguja que no que un gran hombre resulte «descubierto» por virtud de una elección popular. Todo lo que de veras sobresale de lo común en la historia de los pueblos suele generalmente revelarse por sí mismo.

Dejando a un lado la cuestión de la genialidad de los representantes del pueblo, considérese simplemente el carácter complejo de los problemas pendientes de solución, aparte de los ramos diferentes de actividad en que deben adoptarse decisiones, y se comprenderá entonces la incapacidad de un sistema de gobierno que pone la facultad de la decisión final en manos de una asamblea, de entre cuyos componentes sólo muy pocos poseen los conocimientos y la experiencia requeridas en los asuntos que han de tratarse. Y es así cómo las más importantes medidas en materia económica resultan sometidas a un forum cuyos miembros en sus nueve décimas partes carecen de la preparación necesaria. Lo mismo ocurre con otros problemas, dejando siempre la decisión en manos de una mayoría compuesta de ignorantes e incapaces.

De ahí proviene también la ligereza con que frecuentemente estos señores deliberan y resuelven cuestiones que serían motivo de honda reflexión aun para los más esclarecidos talentos. Allí se adoptan medidas de enorme trascendencia para el futuro de un Estado como si no se tratase de los destinos de toda una nacionalidad sino solamente de una partida de naipes, que es lo que resultaría más propio entre tales políticos. Sería naturalmente injusto creer que todo diputado de un parlamento semejante se halla dotado de tan escasa noción de responsabilidad. No. De ningún modo. Pero es el caso que aquel sistema, forzando al individuo a ocuparse de cuestiones que no conoce, lo corrompe paulatinamente. Nadie tiene allí el coraje de decir: «Señores, creo que no entendemos nada de este asunto; yo a lo menos no tengo idea en absoluto». Esta actitud tampoco modificaría nada porque, aparte de que una prueba tal de sinceridad quedaría totalmente incomprendida, no por un tonto honrado se resignarían los demás a sacrificar su juego.

El parlamentarismo democrático de hoy no tiende a constituir una asamblea de sabios, sino a reclutar más bien una multitud de nulidades intelectuales, tanto más fáciles de manejar cuanto mayor sea la limitación mental de cada uno de ellos. Sólo así puede hacerse política partidista en el sentido malo de la expresión y sólo así también consiguen los verdaderos agitadores permanecer cautelosamente en la retaguardia, sin que jamás pueda exigirse de ellos una responsabilidad personal. Ninguna medida, por perniciosa que fuese para el país, pesará entonces sobre la conducta de un bribón conocido por todos, sino sobre la de toda una fracción parlamentaria. He aquí porque esta forma de la Democracia llegó a convertirse también en el instrumento de aquella raza, cuyos íntimos propósitos, ahora y por siempre, temerán mostrarse a la luz del día. Sólo el judío puede ensalzar una institución que es sucia y falaz como él mismo.

En oposición a ese parlamentarismo democrático está la genuina democracia germánica de la libre elección del Führer, que se obliga a asumir toda la responsabilidad de sus actos. Una democracia tal no supone el voto de la mayoría para resolver cada cuestión en particular, sino llanamente la voluntad de uno solo, dispuesto a responder de sus decisiones con su propia vida y hacienda.

Si se hiciese la objeción de que bajo tales condiciones difícilmente podrá hallarse al hombre resuelto a sacrificarlo personalmente todo en pro de una tan arriesgada empresa, habría que responder: «Dios sea loado, que el verdadero sentido de una democracia germánica radica justamente en el hecho de que no pueda llegar al gobierno de sus conciudadanos, por medios vedados, cualquier indigno arrivista o emboscado moral, sino que la magnitud misma de la responsabilidad a asumir, amedrenta a ineptos y pusilánimes».

Y si no obstante todo esto, un individuo de tales características intentase deslizarse, podrá fácilmente ser identificado y apostrofado sin consideración: «Apártate, cobarde, que tus pies no profanen las gradas del frontispicio del Panteón de la Historia, destinado a héroes y no a mojigatos».

***

Había llegado a estas conclusiones después de dos años de concurrir al Parlament austríaco. En adelante no volví a frecuentarlo.

El régimen parlamentario fue una de las principales causas de la progresiva decadencia del antiguo Estado de los Habsburgo. A medida que por obra de ese régimen se destruía la hegemonía del germanismo en Austria, intensificábase el sistema de explotar el antagonismo de las nacionalidades entre sí.

Después de la guerra franco-prusiana de 1870 la casa de los Habsburgo se lanzó con ímpetu máximo a exterminar lenta pero implacablemente el «peligroso2 germanismo de la doble monarquía austro-húngara. Este debía ser, pues, el resultado final de la política de eslavización. Empero, estalló la resistencia de la nacionalidad que estaba destinada al exterminio y esto en una forma sin precedentes en la historia alemana contemporánea. Hombres de sentir nacionalista y patriótico se hicieron rebeldes, pero no rebeldes contra el Estado mismo, sino rebeldes contra un sistema de gobierno del cual tenían el convencimiento de que conduciría a la ruina a su propia raza.

Por primera vez en la historia contemporánea alemana se hacía una diferenciación entre el patriotismo dinástico general y el amor por la patria y el pueblo.

Fue mérito del movimiento pangermanista operado en la parte alemana de Austria, allá por el año 1890, haber establecido en forma clara y terminante que la autoridad del Estado tiene el derecho de exigir respeto y cooperación sólo cuando responde a las necesidades de una nacionalidad o cuando por lo menos no es perniciosa para ésta.

La autoridad del Estado no puede ser un fin en sí misma, porque ello significaría consagrar la inviolabilidad de toda tiranía en el mundo.

Si por los medios que están al alcance de un gobierno se precipita una nacionalidad en la ruina, entonces la rebelión no sólo es un derecho, sino un deber para cada uno de los hijos de ese pueblo.

La pregunta: ¿Cuándo se presenta un tal caso? No se resuelve mediante disertaciones teóricas, sino por la acción y por el éxito.

Como todo gobierno, por malo que fuese y aun cuando hubiese traicionado una y mil veces los intereses de una nacionalidad, reclama para sí el deber que tiene de mantener la autoridad del Estado, el instinto de conservación nacional en lucha contra un gobierno semejante tendrá que servirse, para lograr su libertad o su independencia, de las mismas armas que aquel emplea para mantenerse en el mando. Según esto, la lucha será sostenida por medios «legales» mientras el poder que se combate no utilice otros; pero no habrá que vacilar ante el recurso de los medios ilegales si es que el opresor mismo se sirve de ellos.

En general, no debe olvidarse que la finalidad suprema de la razón de ser de los hombres no reside en el mantenimiento de un Estado o de un gobierno; su misión es conservar la raza. Y si esta misma se hallase en peligro de ser oprimida o hasta eliminada, la cuestión de la legalidad pasa a plano secundario. Entonces poco importará ya que el poder imperante aplique en su acción los mil veces llamados medios «legales»; el instinto siempre en grado superlativo, el empleo de todo recurso.

Solo así se explican en la Historia ejemplos edificantes de luchas libertarias contra la esclavitud —interna o externa— de los pueblos.

El derecho humano priva sobre el derecho político.

Si un pueblo sucumbe en la lucha por los derechos del hombre, es porque al haber sido pesado en la balanza del destino resultó demasiado liviano para tener la suerte de seguir subsistiendo en el mundo terrenal. Porque quién no está dispuesto a luchar por su existencia o no se siente capaz de ello es que ya está predestinado a desaparecer, y esto por la justicia eterna de la providencia.

El mundo no se ha hecho para los pueblos cobardes.

***

Debieron serme un objeto clásico de estudio y de honda trascendencia el proceso de la formación y el ocaso del movimiento pangermanista, por una parte, y por la otra el asombroso desarrollo del partido cristiano-social en Austria.

Comenzaré por establecer un paralelo entre los dos hombres considerados como fundadores y leaders de esos dos partidos: Georg von Schoenerer y el Dr. Karl Lueger.

Como personalidades, ambos sobresalían notoriamente entre las llamadas figuras parlamentarias. Su vida había sido limpia e intachable en medio de la corrupción política general. En un principio, mis simpatías estaban del lado del pangermanista Schoenerer y poco después fueron paulatinamente inclinándose también hacia el leader cristiano-social.

Comparando la capacidad de ambos, Schoenerer me parecía ser, en problemas fundamentales, un pensador más certero y profundo. Con mayor claridad y exactitud que ningún otro, previó el lógico fin del Estado Austriaco. Si se hubiese prestado oído a sus advertencias respecto de la monarquía de los Habsburgo, especialmente en Alemania, jamás hubiera sobrevenido la fatalidad de la guerra mundial. Pero, si bien Schoenerer penetraba la esencia de los problemas, erraba en cambio cuando se trataba de aquilatar el valor de los hombres.

Aquí radicaba lo ponderable del Dr. Lueger. Lueger era un extraordinario conocedor de los caracteres humanos, teniendo muy especial cuidado en no verlos mejor de lo que en realidad eran. Por eso él podía contar con las posibilidades efectivas de la vida mejor que Schoenerer, que para esto tenía poca comprensión.

En teoría era evidente cuanto sobre el pangermanismo sostenía, pero le faltaba la energía y la práctica indispensables para trasmitir sus conclusiones teóricas a la masa del pueblo, esto es, simplificándolas de acuerdo con la concepción limitada de esta masa. Sus conclusiones era, pues, meras profecías sin visos de realidad.

La ausencia de la capacidad de distinguir caracteres humanos debía lógicamente conducir también a errores en la apreciación de la fuerza que encierran los movimientos de opinión así como las instituciones seculares. Schoenerer había reconocido indudablemente que en aquel caso se trataba de concepciones fundamentales, pero no supo comprender que, en primer término, sólo la gran masa del pueblo podía prestarse a luchar en pro de tales convicciones de índole casi religiosa.

Infortundadamente, Schoenerer se dio cuenta sólo en muy escasa medida, de que el espíritu combativo de las llamadas clases «burguesas» era extraordinariamente limitado por depender de intereses económicos que infundían al individuo el temor de sufrir graves perjuicios, determinando así su inacción.

La falta de comprensión en lo tocante a la importancia de las capas inferiores del pueblo fue también la causa de una concepción totalmente deficiente del problema social.

En todo esto el Dr. Lueger era la antítesis de Schoenerer. Sabía hasta la saciedad que la fuerza política combativa de la alta burguesía era en nuestra época tan insignificante que no bastaba para asegurar el triunfo de un nuevo gran movimiento; por eso consagraba el máximo de su actividad política a la labor de ganar la adhesión de aquellas esferas sociales cuya existencia se hallaba amenazada, siendo esto más bien un acicate que un menoscabo para su espíritu combativo. El Dr. Lueger optó también por servirse de medios de influencia, ya existentes, para granjearse el apoyo de instituciones prestigiosas con el propósito de obtener de esas viejas fuentes de energía el mayor provecho posible a favor de su causa.

Fue de este modo que, en primer término, cimentó su partido sobre la clase media, amenazada de desaparecer, y con ello logró asegurarse un firme grupo de adictos animados de gran espíritu de lucha y también de sacrificio. Su actitud extraordinariamente sagaz con respecto de la iglesia católica, le había captado en corto tiempo las simpatías de la clerecía joven en una medida tal que el viejo partido clerical se vio forzado a ceder el campo, o bien, obrando más cuerdamente, a adherirse al nuevo movimiento para, de este modo, recuperar poco a poco sus antiguas posiciones.

Sin embargo, sería injusto en extremo considerar únicamente esto como lo esencial del carácter de Lueger; puesto que al lado de sus condiciones de táctico hábil estaban las de reformador grande y genial; por cierto, dentro del marco de un exacto conocimiento de su propia capacidad.

Era una finalidad de enorme sentido práctico la que perseguía aquel hombre verdaderamente meritorio. Quiso conquistar Viena. Viena era el corazón de la monarquía y de esta ciudad recibía los últimos impulsos de vida el cuerpo enfermo y envejecido de ya desfalleciente organismo del Estado. Cuanto más restablecía sus energías ese corazón, tanto más debía revivir el resto del cuerpo. En principio, la idea era naturalmente justa pero no podía surtir efectos sino durante un tiempo determinado.

Es aquí donde radicaba el punto débil de este hombre.

La obra que realizó como burgomaestre de Viena es inmortal en el mejor sentido de la palabra; pero con ella no pudo ya salvar la monarquía, era demasiado tarde.

Su adversario Schoenerer había visto esto con más claridad.

Todo lo que Lueger emprendió en el terreno práctico, lo logró admirablemente; en cambio no logró alcanzar lo que ansiaba como resultado.

Schoenerer no consiguió lo que deseaba, pero aquello que él temía se realizó en forma terrible.

Así ninguno de los dos llegó a coronar su suprema finalidad perseguida. Lueger no pudo salvar la monarquía austríaca, ni Schoenerer librar al germanismo en Austria de la ruina que le esperaba.

Hoy nos es infinitamente instructivo estudiar las causas que determinaron el fracaso de aquellos dos partidos. Esto es esencial ante todo para mis amigos, teniendo en cuenta que las circunstancias actuales se asemejan a las de entonces, para poder evitar el incurrir en errores que ya una vez condujeron, a uno de los movimientos, a la ruina y a la infructuosidad el otro.

***

La situación de los alemanes en Austria era ya desesperante al iniciarse el movimiento pangermanista. De año en año había ido convirtiéndose el Parlamento en un factor de lenta destrucción del germanismo. Todo intento salvador de última hora y aunque sólo de efecto pasajero, podía vislumbrarse únicamente en la eliminación del Parlamento.

¿Y cómo destruir el parlamento? ¿Entrando en él, para «minarlo por dentro», como corrientemente se decía, o combatirlo por fuera, atacando la institución misma del parlamentarismo?

Para empeñar la lucha desde afuera contra un poder semejante, era preciso revestirse de coraje indomable y hallarse dispuesto a cualquier sacrificio. Para esto, empero, era menester el concurso de los hijos del pueblo.

El movimiento pangermanista carecía precisamente del apoyo de las masas populares y no le quedaba por lo tanto otra solución que la de ir al parlamento mismo. Parecía también más factible dirigir el ataque a la raíz misma del mal, que no arremeter desde fuera. Por otra parte, creíase que la inmunidad parlamentaria reforzaría la seguridad de cada una de las personalidades pangermanistas, acrecentando la eficacia de su acción combativa.

En la realidad los hechos se produjeron de manera muy diferente.

El forum ante el cual hablaban los diputados pangermanistas no había aumentado, por el contrario, más bien había disminuido; pues el que habla lo hace sólo ante un público que quiere comprender al orador, oyéndole directamente o a través de la prensa que refleja lo que él haya expuesto.

El forum más amplio, de auditorio directo, no está en el hemiciclo de un parlamento. Hay que buscarlo en la asamblea pública, porque allí hay miles de gentes que se arremolinan con el exclusivo fin de escuchar lo que el orador ha de decirles, en tanto que en el plenario de una Cámara de diputados se reúnen sólo unos pocos centenares de personas, congregadas allí, en su mayoría, para cobrar dietas y de ningún modo para dejarse iluminar por la sabiduría de uno u otro de los señores «representantes del pueblo».

Los diputados pangermanistas podían quedarse roncos de tanto hablar; su esfuerzo resultaba siempre estéril. Y en cuanto a la prensa, guardaba un silencio de tumba o mutilaba los discursos hasta el punto de hacerlos incongruentes y llegando incluso a tergiversarlos en su sentido, proporcionando así a la opinión pública una pésima sinopsis de la esencia del nuevo movimiento.

Más grave que todo esto era el hecho de que el movimiento pangermanista había olvidado que para contar con el éxito, debía recapacitar desde el primer momento que en su caso no podía tratarse de un nuevo partido, sino más bien de una nueva concepción ideológica. Únicamente algo análogo habría sido capaz de imprimir la energía interior necesaria para llevar a cabo esa lucha gigantesca. Solamente los más calificados y los de mayor entereza eran los llamados a ser los leaders de esa ideología.

La desfavorable impresión que reflejaba la prensa no era contrarrestada en modo alguno mediante la acción personal de los diputados en mítines y la palabra «pangermanismo» acabó por adquirir pésima reputación ante los oídos del pueblo.

Desde tiempos inmemoriales la fuerza que impulsó las grandes avalanchas históricas de índole política y religiosa, no fue jamás otra que la magia de la palabra hablada.

La gran masa cede ante todo al poder de la oratoria. Todos los grandes movimientos son reacciones populares, son erupciones volcánicas de pasiones humanas y emociones afectivas aleccionadas, ora por la diosa cruel de la miseria, ora por la antorcha de la palabra lanzada en el seno de las masas, pero jamás por el almíbar de literatos estetas y héroes de salón.

Únicamente un huracán de pasiones ardientes puede cambiar el destino de los pueblos; más despertar pasión es sólo atributo de quien en sí mismo siente el fuego pasional.

Que cada escritor quede junto a su tintero ocupado de «teorías» si su saber y su talento le bastan para eso: que para Führer ni nació, ni fue elegido.

***

La grave controversia que el movimiento pangermanista tuvo que sostener con la iglesia católica, no respondía a otra causa que a falta de comprensión del carácter anímico del pueblo.

El establecimiento de parroquias checas, fue sólo uno de los muchos recursos puestos en práctica hacia el objetivo de la eslavización general de Austria. En distritos netamente alemanes se impusieron curas checos que comenzaron por subordinar los intereses de la iglesia a los de la nacionalidad checa, convirtiéndose así en células generadoras del proceso de la desgermanización austriaca.

Desgraciadamente la reacción de la clerecía alemana ante semejante proceder resultó casi nula, de suerte que el germanismo fue desalojado lenta pero persistentemente gracias al abuso de la influencia religiosa, por una parte, y debido a la insuficiente resistencia, por otra.

La impresión general no podía ser otra que la de tratarse de una brutal violación de los derechos alemanes por parte de la clerecía católica como tal. Parecía, pues, que la Iglesia no solamente era indiferente al sentir de la nacionalidad germana en Austria, sino que, injustamente, llegaba a colocarse al lado de sus adversarios. Como decía Schoenerer, el mal tenía su raíz en el hecho de que la cabeza de la iglesia católica se hallaba fuera de Alemania, lo cual, desde luego, motivaba una marcada hostilidad contra los intereses de la nacionalidad nuestra.

Georg Schoenerer no era hombre que hiciera las cosas a medias. Había asumido la lucha contra la Iglesia con el íntimo convencimiento de que sólo así se podía salvar la suerte del puebo alemán en Austria. El movimiento separatista contra Roma (Los-von-Rom Bewegung) tenía la apariencia de ser el más poderoso, pero a su vez el más difícil procedimiento de ataque destinado a vencer la resistencia del adversario.

Si la campaña resultaba victoriosa, entonces habría tocado también a su fin la infeliz división religiosa existente en Alemania y así habría ganado enormemente en fuerza interior la nacionalidad alemana.

Pero ni la premisa ni la conclusión de esa lucha estaban en lo cierto.

Mientras el sacerdote checo adoptaba una posición subjetiva con respecto a su pueblo y objetiva frente a la Iglesia, el sacerdote alemán se subordinaba subjetivamente a la Iglesia y permanecía objetivo desde el punto de vista de su nacionalidad; un fenómeno que podemos observar por desgracia en miles de otros casos. No se trata aquí de una herencia exclusivamente propia del catolicismo, sino de un mal que entre nosotros es capaz de corroer en poco tiempo casi toda institución estatal o del concepción idealista.

Comparemos, por ejemplo, la conducta observada por nuestros funcionarios del Estado frente al propósito de un resurgimiento nacional, con la actitud que asumirían en un caso semejante iguales elementos de otro país. ¿Y qué norma nos ofrece el criterio que hoy sustentan católicos y protestantes frente al semitismo, criterio que no responde ni a los intereses nacionales ni a las necesidades verdaderas de la religión? No hay pues paralelo posible entre el modo de obrar de un rabino en todos los aspectos que tienen una cierta importancia para el semitismo bajo el aspecto racial y la actitud observada por la mayoría de nuestros religiosos, sea cual fuere su confesión, frente a los intereses de su raza. Este fenómeno se repite siempre que se trate de defender una idea abstracta.

«Autoridad del Estado», «democracia», «pacifismo», «solidaridad internacional», etc., etc., son todas ideas que entre nosotros se convierten por lo general en conceptos tan netamente doctrinarios y tan inflexibles, que cualquier juicio respecto de las necesidades vitales de la nación resulta subordinado a ellas.

El protestantismo obrará siempre en pro del fomento de los intereses germanos toda vez que se trate de puridad moral o del acrecentamiento del sentir nacional, en defensa del carácter, del idioma y de la independencia alemanes, puesto que todas estas nociones se hallan hondamente arraigadas en el protestantismo mismo; pero al instante reaccionará hostilmente contra toda tentativa que tienda a salvar la nación de las garras de su más mortal enemigo, y esto porque el punto de vista del protestantismo con respecto al semitismo está más o menos dogmáticamente precisado.

Mientras el pueblo contó durante la guerra de 1914 con dirigentes resueltos, cumplió su deber en forma insuperable.

El pastor protestante como el sacerdote católico, ambos contribuyeron decididamente a mantener el espíritu de nuestra resistencia no sólo en el frente de batalla, sino ante todo, en los hogares. En aquellos años, especialmente al iniciarse la guerra, no dominaba en efecto, en ambos sectores religiosos otro ideal que el de un único y sagrado imperio alemán, por cuya existencia y porvenir elevaba cada uno sus votos de fervorosa devoción.

El movimiento pangermanista debió haberse planteado en sus comienzos una cuestión previa: ¿Era factible o no conservar el acervo germánico en Austria bajo la égida de la religión católica? Si se contestaba afirmativamente, este partido político jamás debió mezclarse en cuestiones religiosas o hasta de orden confesional, y sí, por el contrario, era negativa la respuesta, entonces debió haber surgido una reforma religiosa, pero nunca un partido político.

Los partidos políticos nada tienen que ver con las cuestiones religiosas mientras éstas no socaven la moral de la raza; del mismo modo, es impropio inmiscuir la religión en manejos de política partidista.

Cuando dignatarios de la Iglesia se sirven de instituciones y doctrinas para dañar los intereses de su propia nacionalidad, jamás debe seguirse el mismo camino ni combatírseles con iguales armas.

Las doctrinas e instituciones religiosas de un pueblo debe respetarlas el Führer político como inviolables; de lo contrario, debe renunciar a ser político y convertirse en reformador, si es que para ello tiene capacidad.

Un modo de pensar diferente, en este orden conduciría a una catástrofe, particularmente en Alemania.

Estudiando el movimiento pangermanista y su lucha contra Roma, llegué en aquellos tiempos, y aún más todavía en el transcurso de años posteriores, a la persuasión de que la poca comprensión revelada por el movimiento para el problema social, le hizo perder el concurso de la masa del pueblo de espíritu verazmente combativo. Ingresar en el parlamento significóle sacrificar su poderoso impulso y gravarlo con todas las taras propias de aquella institución; su acción contra la iglesia católica lo había desacreditado en numerosos sectores de la clase media y también de la clase baja, restándole así infinidad de los mejores elementos de la nación.

***

Allí donde el movimiento pangermanista cometía errores, la actitud del partido cristianosocial era precisa y sistemática.

Este conocía la importancia de las masas y logró asegurarse por lo menos el apoyo de una parte de ellas, subrayando públicamente desde un comienzo el carácter social de su tendencia. Evitaba toda controversia con las instituciones religiosas y así le fue posible asegurarse el apoyo de una organización tan poderosa como la Iglesia. También reconoció la importancia de una propaganda amplia e hízose especialista en el arte de influir en el ánimo de la gran masa de sus adeptos.

El hecho de que a pesar de su fuerza, este partido no fue capaz de alcanzar el anhelado propósito de salvar a Austria, se explica por los errores de método en su acción, y también por la falta de claridad en los fines que perseguía.

El anti-semitismo del partido cristiano-social se fundaba en concepciones religiosas y no en principios racistas. La misma causa determinante de este primer error constituía el origen del segundo. Si el partido cristiano-social quiere salvar a Austria —decían sus fundadores— no puede invocar el principio racista, porque eso significaría provocar en corto tiempo la disolución general del Estado. Según la opinión de los «leaders» del partido, la situación exigía, ante todo en Viena, evitar en lo posible incidencias disociadoras y más bien fomentar todos los motivos que tendían a la unificación.

Ya en aquella época, Viena estaba tan saturada de elementos extranjeros, especialmente de checos, que tratándose de problemas relacionados con la cuestión racial, sólo una marcada tolerancia podía mantenerlos adictos a un partido que no era antigermanista por principio. El propósito de salvar a Austria imponía no renunciar al concurso de esos elementos; así es cómo mediante una lucha de oposición contra el sistema liberalista de Manchester, se intentó ganar ante todo a los pequeños artesanos checos, representados en gran número en Viena; pensábase que de esta manera, por encima de todas las diferencias raciales de la vieja Austria, habríase encontrado un lema para la lucha contra el judaísmo desde el punto de vista religioso.

Es claro que una acción contra los judíos sobre una base semejante podía causarles a éstos sólo una relativa inquietud, pues, en el peor de los casos, un chorro de agua bautismal era siempre capaz de salvar al judío y su comercio.

Abordada la cuestión tan superficialmente, jamás podía llegarse a un serio y científico análisis del problema fundamental y sólo se conseguía apartar a muchos de los que no concebían un antisemitismo de esas características.

Este modo de hacer las cosas a medias anulaba el mérito de la orientación antisemita del partido cristiano-social. Era un pseudo antisemitismo de efectos más contraproducentes que provechosos; se adormecía despreocupadamente creyendo tener al adversario cogido por las orejas mientras en realidad era éste quien tenía al contrario sujeto por la nariz.

Si el Dr. Carl Lueger hubiese vivido en Alemania, se le habría colocado entre las primeras cabezas de nuestro pueblo, pero el hecho de haber actuado en un Estado imposible como era Austria constituyó la ruina de su obra y la suya propia. Cuando murió, ya empezaron a arreciar llamaradas en los balcanes, de modo que el destino clemente le ahorró ver aquello que él había creído poder evitar.

Empeñado en buscar las causas de la incapacidad de uno de los movimientos y las del fracaso del otro, llegué a la íntima persuasión de que a parte de la imposibilidad de poder aun lograr una consolidación del Estado austríaco, ambos partidos habían incurrido en los siguientes errores:

En principio, el movimiento pangermanista tenía, indudablemente razón en su propósito de regeneración alemana, pero fue infeliz en la elección de sus métidos. Había sido nacionalista, mas, por desgracia, no lo suficientemente social para ganar en su favor el concurso de las masas. Su antisemitismo descansaba sobre una justa apreciación de la trascendencia del problema racista y no sobre concepciones de índole religiosa. En cambio su lucha contra una determinada confesión — contra Roma— era errada en principio y falsa tácticamente.

El movimiento cristiano-social poseía una concepción vaga acerca de la finalidad de un resurgimiento alemán, pero como partido demostró habilidad y tuvo suerte en la selección de sus métodos; conocía la importancia de la cuestión social, pero erró en su lucha contra el judaísmo y no tenía la menor noción del poder que encarnaba la idea nacionalista.

**

Mi antipatía contra el Estado de los Habsburgo creció cada vez más en aquella época. Estaba convencido de que este Estado tenía que oprimir y poner obstáculo a todo representante verdaderamente eminente del germanismo y sabía también que, inversamente, favorecía toda manifestación anti-alemana.

Repugnante me era el conglomerado de razas reunidas en la capital de la monarquía austríaca; repugnante esa promiscuidad de checos, polacos, húngaros, rutenos, servios, croatas, etc. y, en medio de todos ellos, a manera de eterno bacilo disociador de la humanidad, el judío y siempre el judío.

Todas estas razones provocaron en mí el deseo cada vez más ferviente de llegar finalmente allí, adonde desde mi juventud me atraían anhelos secretos e íntimas afecciones.

Confiaba en hacerme más tarde un nombre como arquitecto y así ofrecerle a la nación leales servicios dentro del marco —pequeño o grande— que el destino me reservase. Finalmente, aspiraba a estar entre aquéllos que tenían la suerte de vivir y actuar allí donde debía cumplirse un día el más fervoroso de los anhelos de mi corazón: la anexión de mi querido terruño a la patria común: el Reich Alemán.

Pero Viena debió ser y quedar para mí simbolizando la escuela más dura y a la vez la más provechosa de mi vida.

Había llegado a esta ciudad cuando era todavía adolescente y me marchaba convertido en un hombre taciturno y serio.

Allí asimilé, en general, los fundamentos para una concepción ideológica y, en particular, un método de análisis político; posteriormente, jamás me abandonaron esos conocimientos, no haciendo después otra cosa más que completarlos. Por esto me he ocupado aquí más detalladamente de aquella época que me proporcionó el primer material de estudio, precisamente en aquellos problemas que son básicos dentro de nuestro partido, el cual surgiendo de los más modestos principios, tiene ya hoy[1] apenas transcurridos cinco años, las características de un gran movimiento popular. No sé cuál sería ahora mi modo de pensar respecto al judaísmo, la social-democracia —mejor dicho, todo el marxismo— el problema social, etc., si ya en mi juventud, debido a los golpes del destino y gracias a mi propio esfuerzo, no hubiese alcanzado a cimentar una sólida base ideológica personal.

Munich

En la primavera de 1912 me trasladé definitivamente a Munich.

¡Una ciudad alemana! ¡Qué diferencia de Viena! Me descomponía la sola idea de pensar lo que era aquella Babilonia de razas. En Munich el modo de hablar era muy parecido al mío y me recordaba la época de mi juventud, especialmente al conversar con gentes de la Baja Baviera. Había, pues, mil cosas que me eran o que se me hicieron queridas y apreciadas. Pero lo que más me subyugó fue el maravilloso enlace de fuerza nativa con el fino ambiente artístico de la ciudad, es decir, eso que se puede observar en la perspectiva única que se ofrece desde la Hofbräuhaus al Odeón y desde la pradera de la Oktoberfest a la Pinacoteca, etc. Y si hoy tengo predilección por Munich como en ningún otro lugar en el mundo, es sin duda porque esa ciudad está indisolublemente ligada a la evolución de mi propia vida.

Aparte de la práctica de mi trabajo cotidiano, en Munich volvió a interesarme, sobre todo, el estudio de los sucesos políticos de actualidad y, particularmente, aquéllos relacionados con la política externa. Estos últimos considerados a través de la política aliancista alemana con Austria e Italia, que ya desde mi permanencia en Viena era conceptuada por mi como un total error.

En Austria, los únicos partidarios de la idea de la alianza eran los Habsburgo y los austroalemanes. Los Habsburgo, por frío cálculo y necesidad, y los alemanes de allá por buena fe y por ingenuidad política; por buena fe, porque creían que con la Triple Alianza se le prestaría al Reich Alemán en sí un gran servicio, contribuyendo a garantizar su seguridad y su potencia; por ingenuidad política, porque no solamente su esperanza era irrealizable, sino porque, por el contrario, cooperaba más bien con ello a encadenar al Reich a un Estado ya cadavérico, que más tarde debía arrastrar al abismo a ambos países. Y era ingenuidad, ante todo, porque los austroalemanes, en virtud de aquella alianza, fueron cayendo cada vez más en el proceso de la desgermanización.

Si en Alemania se hubiese estudiado con mayor claridad la historia y la psicología de los pueblos, seguramente nunca se hubiera podido creer que un día llegasen a formar un frente común el Quirinal y la Corte de los Habsburgo. Italia se hubiese convertido en un volcán antes que un gobierno suyo se atreviera a movilizar —salvo que fuese como adversario— ni un solo italiano a favor del tan fanáticamente odiado Estado de los Habsburgo. Más de una vez fui en Viena mismo testigo del apasionado desprecio y del odio profundo con que el italiano se hallaba «ligado» al Estado Austríaco. Demasiado grande para olvidarlo —aunque se hubiese querido— era el pecado que la casa de los Habsburgo cometió en el curso de los siglos, atentando contra la libertad y la independencia italianas. La voluntad de olvidar aquello no existía ni en el ánimo del pueblo ni en el del Gobierno. Por eso para Italia existían sólo dos posibilidades de convivencia con Austria; o la alianza o la guerra. Eligiendo lo primero, podía Italia prepararse tranquilamente para lo segundo.

La política aliancista de Alemania resaltó como absurda y peligrosa sobre todo desde el momento en que las relaciones entre Rusia y Austria se aproximaban más y más a la posibilidad de un conflicto bélico.

¿Cuál fue por último la razón para concertar una alianza con Austria? Ciertamente no fue otra que la de velar por el futuro del Imperio alemán en condiciones distintas a lo que habría sido estando éste solo. Mas, ese futuro del Reich no podría ser otro que el mantenimiento de la posibilidad de subsistencia del pueblo alemán.

El problema, por lo tanto, se reducía a lo siguiente: ¿Cómo acondicionar la vida de la nación alemana hacia un futuro factible y cómo darle a ese proceso los fundamentos indispensables y la necesaria seguridad dentro del marco de las relaciones generales del poderío europeo?

Analizadas con claridad las condiciones inherentes a la actividad de la política externa alemana, se debía llegar a esta conclusión: Alemania cuanta anualmente con un aumento de población que asciende, más o menos, a 900.000 almas, de manera que la dificultad de abastecer la subsistencia de este ejército de nuevos súbditos tiene que ser año tras año mayor, para acabar un día catastróficamente si es que no se sabe encontrar los medios de prevenir a tiempo el peligro del hambre.

Cuatro era los caminos a elegir para contrarrestar un desarrollo de tan funestas consecuencias:

1.º Siguiendo el ejemplo de Francia, se podía restringir artificialmente la natalidad y de este modo evitar una superpoblación. La naturaleza misma suele también oponerse al aumento de población en determinados países o en ciertas razas, y esto en épocas de hambre o por condiciones climáticas desfavorables, así como tratándose de la escasa fertilidad del suelo. Por cierto que la naturaleza obra sabiamente y sin contemplaciones; no anula propiamente la capacidad de procreación, pero sí se opone a la conservación de la prole al someter a ésta a rigurosas pruebas y privaciones tan arduas, que todo el que no es fuerte y sano, vuelve al seno de lo desconocido. El que sobrevive a pesar de los rigores de la lucha por la existencia, es entonces mil veces experimentado, fuerte y apto para seguir generando, de tal suerte que el proceso de la selección puede empezar de nuevo. La disminución del número implica así la vigorización del individuo y con ello, finalmente, la consolidación de la raza.

Otra cosa es que el hombre por sí mismo se empeñe en restringir su descendencia y haga que, en lugar de la lucha por la vida —que solo deja en pie al más fuerte y al más sano-surja, en lógica consecuencia, el prurito de «salvar» a todo trance también al débil y hasta el enfermo, cimentando el germen de una progenie que irá degenerando progresivamente, mientras persista ese escarnio de la naturaleza y sus leyes.

Eso quiere decir que quien cree asegurar la existencia al pueblo alemán, por medio de una limitación voluntaria de la natalidad, le roba a éste automáticamente el porvenir.

2.º Un segundo camino era aquél que aún hoy oímos proponer y ensalzar con demasiada frecuencia: la colonización interior. Se trata aquí de una idea bien intencionada de muchos, pero al propio tiempo mal interpretada por los más y capaz de ocasionar el mayor de los daños imaginables.

Indudablemente, la productividad de un determinado suelo es susceptible de ser acrecentada hasta un cierto límite, pero no más que hasta un cierto límite y de ningún modo indefinidamente. Resultaría entonces, que durante un tiempo más o menos largo se podría compensar el aumento de la población alemana mediante una intensificación del cultivo agrícola y de la consiguiente mejora del rendimiento de nuestro suelo; mas, frente a esa posibilidad está el hecho de que generalmente las necesidades de la vida aumentan con más celeridad que la población misma. Las exigencia del hombre en lo que respecta a alimentación e indumentaria son mayores de año en año y no es posible establecer ya un paralelo con lo que fueron, por ejemplo, las necesidades de nuestros antepasados hace cien años. Es, pues, erróneo considerar que todo aumento de la producción supone un crecimiento de población.

La naturaleza no conoce fronteras políticas, sitúa nuevos seres sobre el globo terrestre y contempla el libre juego de las fuerzas que obran sobre ellos. Al que entonces se sobrepone por su empuje y carácter, le concede el supremo derecho a la existencia.

Un pueblo que se reduce al plan de colonización «interior», mientras otras razas abarcan extensiones territoriales cada vez más dilatadas sobre el globo, veráse obligado a recurrir a la voluntaria restricción de su natalidad, precisamente en una época en que los demás pueblos sigan multiplicándose permanentemente. Como sensiblemente por lo general, las naciones más capacitadas o mejor dicho las únicas que representan razas de valía cultural y que son conductoras de todo el progreso humano, renuncian, en su alucinación pacifista, a la adquisición de nuevos territorios, bastándoles con su «colonización interna», en tanto que otras naciones de nivel inferior saben asegurarse potestad sobre enormes dominios coloniales, tendría que llegarse a la lógica conclusión de que el mundo será un día dominado por aquella parte de la humanidad culturalmente rezagada, pero que es capaz de una mayor fuerza de acción.

Jamás podrá insistirse lo bastante en aquello de que toda colonización interna alemana está en primer término destinada sólo a corregir anomalías sociales y a evitar que el suelo sea objeto de la especulación general.

Con lo anteriormente anotado, quedarían todavía por mencionarse dos medios conducentes a garantizar pan y trabajo para la población alemana en continuo aumento.

3.º Podrían adquirirse nuevos territorios para ubicar allí anualmente el superávit de millones de habitantes y de este modo mantener la nación sobre la base de la propia subsistencia.

4.º O bien decidirse a hacer que nuestra industria y nuestro comercio produzcan para el consumo extranjero, dando la posibilidad de vivir a costa de los beneficios resultantes.

No quedaba, pues, por elegir más que entre la política territorial o la colonial y comercial.

Estas dos posibilidades fueron consideradas, estudiadas, preconizadas y también combatidas desde muy diversos puntos de vista hasta que finalmente se optó por la última de ellas.

Ciertamente que la más conveniente de ambas hubiera sido la primera.

La adquisición de nuevos territorios colonizables, para el excedente de nuestra población, ofrece infinidad de ventajas, ante todo sí se tiene en cuenta el porvenir y no el presente.

Indudablemente una tal política territorial por parte de Alemania no puede llenar su cometido, en el Camerún, por ejemplo, pero si es posible, y hoy día casi exclusivamente, en Europa. Muchos Estados europeos semejan en la actualidad una pirámide invertida. Su superficie territorial en Europa es de proporciones sencillamente ridículas en relación a sus dominios coloniales, su comercio exterior, etc. Bien se puede decir: el vértice en Europa y la base en el mundo entero, contrariamente a lo que ocurre con los Estados Unidos de Norte América, cuya base radica en su propio continente no tocando el resto del mundo, sino por su vértice. De allí emana la enorme potencialidad de esta nación y, tratándose de Europa, la escasa vitalidad de muchos países europeos con inmensos dominios coloniales.

El caso de Inglaterra mismo no prueba lo contrario, pues al considerar el Imperio Británico, se suele muy fácilmente dejar de asociar la existencia del mundo anglosajón. Desde luego, la situación de Inglaterra, por el solo hecho de su comunidad de cultura y lengua con los Estados Unidos de Norte América, no es susceptible de compararse con la de ningún otro país europeo.

En consecuencia, al única posibilidad hacia la realización de una sana política territorial reside para Alemania en la adquisición de nuevas tierras en el continente mismo. Las colonias no responden a ese propósito si es que no se prestan para ser pobladas en gran escala por elementos europeos. En el siglo XIX ya no era posible adquirir por medios pacíficos zonas apropiadas a la colonización. Una política colonial semejante habría sido, pues, sólo factible si se empeñaba una tenaz lucha, que en realidad habría resultado más provechosa aplicada a adquirir territorios en el propio continente y no en los países de ultramar.

Y si esa adquisición quería hacerse en Europa, no podía ser en resumen sinó a costa de Rusia.

Por cierto que para una política de esa tendencia, había en Europa un solo aliado posible: Inglaterra.

Únicamente contando con el apoyo de este país, hubiese podido darse comienzo a la nueva cruzada del germanismo. El derecho, a invocarse en este caso, no habría sido menos justificado que el de nuestros antepasados.

Para ganar la aquiescencia inglesa ningún sacrificio pudo haber sido demasiado grande. La cuestión hubiera sido renunciar a posesiones coloniales y a la aspiración del poderío marítimo, ahorrándole así la lucha de competencia a la industria británica.

Solamente una orientación fija y clara era capaz de conducir a ese resultado. Renunciar al comercio mundial y a las colonias; renunciar a mantener una marina alemana de guerra y concentrar en cambio toda la potencialidad militar del Estado en el ejército. Naturalmente que la consecuencia inmediata podría haber sido una momentánea limitación, pero se hubiera tenido la garantía de un porvenir grande y poderoso.

Hubo un momento en que Inglaterra habría estado dispuesta a tratar la cuestión, puesto que comprendía perfectamente que Alemania, en vista del creciente aumento de su población, se vería obligada a buscar una solución para su problema y encontrarla, ya sea con Inglaterra en Europa o sin Inglaterra en el mundo.

Fue seguramente bajo esta impresión que a fines del siglo pasado se intentó desde Londres un acercamiento hacia Alemania. Por primera vez púsose entonces de manifiesto eso que en los últimos años hemos podido observar en Alemania en forma realmente alarmante: Se sentía desagrado a la sola idea de que tendrían que sacar para Inglaterra las «castañas del fuego», como si alguna vez se hubiese dado el caso de una alianza sobre una base que no fuese la de la recíproca conveniencia. Y con Inglaterra no era difícil llegar a una negociación semejante. La diplomacia inglesa fue siempre lo suficientemente inteligente para no ignorar que toda concesión supone reciprocidad.

Imagínese por un momento la enorme trascendencia que para Alemania habría tenido el que una hábil política exterior alemana hubiese adoptado el «rol» que el Japón se adjudicó en 1904.

Jamás se hubiera producido una «conflagración mundial».

Pero sensiblemente no se optó por seguir ese camino.

En pie quedaba ya únicamente la cuarta posibilidad enunciada: industria y comercio mundial, poderío marítimo y dominio colonial.

Si una política territorial europea era sólo factible contra Rusia, teniendo a Inglaterra como aliada, inversamente, una política colonial de expansión y de comercio mundial, era únicamente concebible en contra de Inglaterra, con el apoyo de Rusia. Mas, en tal caso debíanse asumir las consecuencias sin contemplación alguna y, ante todo, desentenderse cuanto antes de Austria.

Considerada desde todo punto de vista, fue para Alemania, ya a fines del siglo pasado, una incalificable locura la alianza con Austria.

Pero no se había pensado en ningún momento aliarse con Rusia en contra de Inglaterra, ni mucho menos con Inglaterra en contra de Rusia, pues, ambos casos hubieran significado a la postre, la guerra. Y precisamente para evitarla, se resolvió optar por la política del comercio y de la industria. En el propósito de la «conquista pacífico-económica» del mundo, se creyó tener la receta para acabar de una vez para siempre con la política de violencia empleada hasta entonces. Es probable que algunas veces no se estuviera tan seguro del camino elegido, especialmente cuando de tiempo en tiempo llegaban desde Inglaterra amenazas inexplicables. A esto se debió que Alemania se decidiera a construir una flota de guerra, no destinada a agredir ni destruir el poderío británico, sino simplemente a «defender» la mencionada «paz universal» y la conquista «pacífica» del mundo. De ahí que esa flota fuese creada bajo una escala en todo sentido más modesta que la de Inglaterra, no sólo en el número de unidades, sino también en lo concerniente al desplazamiento de éstas y su armamento, dejando entrever también aquí la intención realmente «pacífica» que se abrigaba.

El tema de la «conquista pacífico-económica» del mundo fue indudablemente el mayor de los absurdos entronizados como principio directriz de la política del Estado. Semejante contrasentido se hizo aún más notable por la circunstancia de no haberse vacilado en tomar a Inglaterra como referencia para la posibilidad de llevar a cabo una tal conquista. El daño con que, por su parte, contribuyeron a ocasionarnos nuestra concepción tan académica de la Historia y la rutinaria enseñanza de la misma, jamás podrá ser reparado y constituye la prueba incontestable, de que infinidad de gentes «aprenden» historia sin entenderla ni mucho menos poderla interpretar. Debió verse en la política de Inglaterra la refutación evidente de aquella teoría; pues ningún otro país supo preparar mejor ni más brutalmente que Inglaterra sus conquistas económicas valiéndose de la espada, para después defenderlas resueltamente. ¿No es acaso típica característica del arte de gobierno británico sacar de su poder político beneficios económicos y viceversa: transformar sin demora toda nueva conquista económica en poderío político? Y qué error es el suponer que Inglaterra misma fuese quizá demasiado cobarde para arriesgar la propia sangre a favor de su política económica. El que la nación inglesa careciese de un ejército constituido por el pueblo, no probó en modo alguno lo contrario; porque en esto no depende la situación de la forma que tenga la institución armada en sí, sino más bien ante todo, de la decisión y voluntad con que es puesta en acción en el momento dado. Inglaterra contó en todo tiempo con el abastecimiento bélico indispensable a sus necesidades y luchó siempre con aquellas armas que el éxito exigía. Se sirvió de mercenarios, mientras los mercenarios bastaron y apeló también resueltamente al concurso de la sangre de los mejores elementos de la nación cuando ya no quedaba otro medio que ese sacrificio para asegurar la victoria. Pero siempre quedó invariable su decisión para la lucha, junto a la tenacidad y la inflexible conducción de la misma.

Recuerdo claramente el gran asombro que se reflejó en las fisonomías de mis camaradas, cuando en Flandes nos vimos por primera vez, cara a cara, con los «tommíes». Después de los primeros combates cada uno de nosotros pudo convencerse de que aquellos escoceses nada tenían de común con aquellos otros que se tenía a bien caracterizar en nuestras hojas humorísticas y en las informaciones de prensa.

***

Bastaba considerar la insensatez de esta política de conquista «pacífico-económica» del mundo para percatarse, igualmente a todas luces, del absurdo que entrañaba la Triple Alianza.

El valor de la Triple Alianza era ya psicológicamente insignificante, porque la consistencia de una alianza tiende a disminuir en la misma proporción en que ella se concreta al sólo mantenimiento de un estado de cosas existente; mientras que en el caso inverso, una alianza será tanto más fuerte cuanto mayor sea la expectativa de las partes contrayentes por lograr finalidades tangibles y de carácter expansivo, gracias a esa alianza. Aquí, como en todo, la pujanza no radica en la acción defensiva sino en el ataque.

Para Alemania fue una suerte que la guerra de 1914 viniera indirectamente por el lado de Austria, de manera que los Habsburgo se vieron así compelidos a tomar parte en ella; si hubiese ocurrido lo contrario, Alemania se habría quedado sola.

Muy pocos en aquella época pudieron darse cuenta de la magnitud de los peligros y las dificultades que trajo consigo la alianza con la monarquía del Danubio. En primer término, Austria tenía demasiados enemigos, ansiosos de heredar los despojos de aquel decrépito Estado y no era de extrañar que en el transcurso del tiempo hubiera nacido un cierto odio contra Alemania, considerando a ésta como el obstáculo para la tan esperada y anhelada ruina de la monarquía austríaca. Se había llegado a la conclusión de que sólo se podía llegar a Viena pasando por Berlín.

En segundo término, Alemania perdió, gracias a esta política suya, las mejores y más auspiciosas posibilidades de pactar otras alianzas. En efecto, en lugar de éstas, se produjo una situación de creciente tensión con Rusia y hasta con Italia misma; sin embargo, en Roma la opinión general se mostraba favorable a Alemania, en tanto que en el corazón del último italiano fermentaba —y muchas veces llegaba a desbordarse— un sentimiento hostil hacia Austria.

Por último, en tercer lugar, esta alianza debía entrañar en el fondo un grave peligro para Alemania, si se tiene en cuenta la circunstancia de que cualquier potencia europea realmente adversa al Reich de Bismark, podía en todo tiempo lograr con facilidad la movilización de una serie de Estados contra Alemania, ofreciéndoles a éstos ventajas materiales a costa de los aliados de Austria. Contra la monarquía del Danubio estaban predispuestos todos los países de la Europa Oriental, pero Italia y Rusia en grado superlativo.

Ya en los contados pequeños círculos que frecuentaba yo en Munich, no oculté jamás mi convicción de que esa infeliz alianza con un Estado destinado fatalmente a la ruina, iba a conducir también al desastre catastrófico de Alemania, si es que ésta no sabía desligarse a tiempo de aquélla. Tampoco dudé ni un momento de aquella mi firme persuasión cuando el estallido de la guerra mundial pareció haber anulado toda reflexión y cuando el delirio del entusiasmo cívico absorbía hasta a aquellos estratos oficiales para los cuales no debió existir otra cosa que un frío cálculo de la realidad. Aún hallándome en la línea de fuego, sostuve siempre mi opinión, siempre que se trataba del problema, de que la alianza austro-alemana debía ser disuelta (y cuanto antes lo fuera, tanto mejor para Alemania) y también que como tributo a ello, la monarquía de los Habsburgo no significaría ningún sacrificio comparado con la posibilidad de obtener de ese modo una disminución en el número de los adversarios de la nación alemana; pues no había sido para defender una dinastía corrupta, sino para salvar a la nación alemana, para lo que millones de hombres llevaban el casco de acero.

En varias ocasiones, antes de la guerra, se tuvo la impresión de que, por lo menos en uno de los sectores políticos de Alemania, cundía cierta duda sobre la conveniencia de la política aliancista seguida por el Gobierno. De cuando en cuando los círculos conservadores alemanes dejaban oír su voz de prevención contra el exceso de confianza existente, pero esto, como todo lo razonable, debió caer en el vacío.

***

Con la marcha triunfal de la técnica y de la industria alemanas y por otra parte con el creciente desarrollo del comercio, fue desapareciendo cada vez más la noción de que todo esto sólo era posible bajo la égida de un Estado poderoso. Por el contrario, hasta se había llegado en muchos círculos a sostener la convicción de que el Estado mismo debía su existencia a esas manifestaciones y que representaba, en primer término una institución económica regida de acuerdo a principios económicos y, por lo tanto, dependiente también en su conjunto de la economía; en total, un estado de cosas que se ponderaba como el mejor y el más natural del mundo.

El Estado nada tiene que ver con un criterio económico determinado o con un proceso de desarrollo económico.

Tampoco constituye una reunión de gestores financieros económicos en un campo de actividad con límites definidos que tiende a la realización de cometidos económicos, sino que es la organización de una comunidad de seres moral y físicamente homogéneos, con el objeto de mejorar las condiciones de conservación de su raza y así cumplir la misión que a esta le tiene señalada la Providencia. Esto y no otra cosa significan la finalidad y la razón de ser de un Estado.

El Estado judío no estuvo jamás circunscrito a fronteras materiales; sus límites abarcan el universo, pero conciernen a una sola raza. Por eso el pueblo judío formó siempre un Estado dentro de otro Estado. Constituye uno de los artificios más ingeniosos de cuantos se han urdido, hacer aparecer a ese Estado como una «religión» y asegurarle de este modo la tolerancia que el elemento ario está en todo momento dispuesto a conceder a un dogma religioso. En realidad la religión de Moisés no es más que una doctrina de la conservación de la raza judía. De haí que ella englobe casi todas las ramas del saber humano convenientes a su objetivo, sean éstas de orden sociológico, político o económico.

***

Toda vez que el poder político de Alemania experimentaba un cambio ascendente, la situación económica mejoraba también; pero cuando la actividad económica se convertía en el objetivo exclusivo de la vida nacional, ahogando virtudes idealistas, el Estado sufría un derrumbamiento, para arrastrar luego consigo a la economía.

Si uno se preguntase, cuáles son en realidad las fuerzas que crean o que, por lo menos, sostienen un Estado, podríase, resumiendo, formular el siguiente concepto: Espíritu y voluntad de sacrificio del individuo en pro de la colectividad. Que estas virtudes nada tienen de común con la economía, fluye de la sencilla consideración de que el hombre jamás va hasta el sacrificio por esta última, es decir, que no se muere por negocios, pero sí por ideales.

La persuasión dominante en la época de la anteguerra, de que al pueblo alemán podía serle factible acaparar el mercado mundial o llegar hasta conquistar el mundo, por medios pacíficos, fue un signo clásico de haber desaparecido las virtudes realmente conformadoras y sostenedoras del Estado, así como también los resultantes de esas virtudes: discernimiento, fuerza de voluntad y espíritu de acción. El corolario de tal estado de cosas debió ser la guerra mundial y sus consecuencias.

**

Meditando infinidad de veces sobre todos estos problemas que se me revelaron a través de mi modo de pensar con respecto a la política aliancista alemana y a la política económica del Reich en los años de 1912 a 1914, puede darme cuenta cada vez más claramente de que la clave de todo estaba en aquel poder que, ya antes, conociera en Viena, pero desde puntos de partida muy diferentes al actual: la doctrina y la ideología marxistas, así como la influencia de su acción organizada.

Por segunda vez en mi vida debí engolfarme en el estudio de esta doctrina demoledora pero con la circunstancia de que esta vez dediqué mi atención al propósito de dominar ese flagelo mundial. Estudié el sentido, la acción y el éxito de las leyes de emergencia de Bismarck, del mismo modo que sometí de nuevo a un riguroso examen la relación existente entre el marxismo y el judaísmo.

En diversos círculos, que en parte sostienen hoy lealmente la causa nacionalsocialista, empecé, en los años de 1913 y 1914, a poner de manifiesto la convicción que me animaba de que el problema capital para el porvenir de Alemania, residía en la destrucción del marxismo-La desgraciada política alemana de alianzas se me reveló como una de las muchas consecuencias derivadas de la obra disociadora de esta doctrina. Lo espeluznante era precisamente el hecho de que el veneno marxista estaba minando casi insensiblemente la totalidad de los principios básicos propios de una sana concepción del Estado y de la economía nacional, sin que los afectados mismos se percatasen en lo más mínimo del grado extremo en que su proceder era ya un reflejo de esa ideología que solía impugnarse enérgicamente. También algunas veces se ensayó un tratamiento contra la endemia reinante, pero casi siempre confundiendo los síntomas con la causa misma, y como esta última no se conocía o no se quería conocer, la lucha contra el marxismo obraba cual la terapéutica en un charlatan.

La guerra mundial

Nada me había contristado tanto en los agitados años de mi juventud como la idea de haber nacido en una época que parecía erigir sus templos de gloria exclusivamente para comerciantes y funcionarios. Las fluctuaciones de la historia universal daban la impresión de haber llegado a un grado tal de aplacamiento, que bien podía creerse que el futuro pertenecía realmente sólo a la «competencia pacífica de los pueblos» o lo que es lo mismo, a una tranquila y mutua ratería con exclusión métodos violentos de defensa. Los diferentes Estados iban asumiendo cada vez más el papel de empresas que se socavaban recíprocamente y que también recíprocamente se arrebataban clientes y pedidos, tratando de aventajarse los unos a los otros por todos los medios posibles, y todo esto en medio de grandes e inofensivos aspavientos. Semejante evolución no solamente parecía persistir, sino que por recomendación universal debía también en el futuro transformar el mundo en un único gigantesco bazar en cuyos halls se colocarían, como signos de la inmortalidad, las efigies de los especuladores más refinados y de los funcionarios de administración más desidiosos. De vendedores podían hacer los ingleses, de administradores los alemanes, y de propietarios no otros, por cierto, que los judíos.

¿Por qué no nací unos cien años antes, V. Gr. En la época de las guerras libertarias, en que el hombre valía realmente algo, ¿aún sin tener un «negocio»?

***

Cuando en Munich se difundió la noticia del asesinato del Archiduque Francisco Fernando (estaba en casa y oí sólo vagamente lo ocurrido) me invadió en el primer momento el temor de que tal vez el plomo homicida procediese de la pistola de algún estudiante alemán que, irritado por la constante labor de eslavización que fomentaba el heredero del trono austríaco, hubiese intentado salvar al pueblo alemán de aquel enemigo interior. No era difícil imaginarse cual hubiera podido ser la consecuencia de esto: una nueva era de persecuciones que para el mundo entero hubieran sido «justificadas» y de «fundado motivo». Pero cuando poco después me enteré del nombre de los supuestos autores del atentado y supe, además, que se trataba de elementos servios, me sentí sobrecogido de horror ante la realidad de esa venganza del destino insondable.

El amigo más grande de los eslavos cayó bajo el plomo de un fanático eslavo.

El que en los años anteriores al atentado hubiese tenido ocasión de estudiar detenidamente el estado de las relaciones entre Austria y Serbia, no podía dudar ni un instante de que la piedra había empezado a rodar y que ya era imposible detenerla.

Es injusto hacer pesar hoy críticas sobre el gobierno vienés de entonces acerca de la forma y del contenido de su ultimátum a Serbia. Ningún poder en el mundo hubiese podido obrar de otro modo, en igualdad de circunstancias y condiciones. Austria tenía en su frontera Sudeste un irreconciliable enemigo que provocaba sistemáticamente a la monarquía de los Habsburgo y que no habría cejado jamás hasta encontrar el momento preciso para la ansiada destrucción del imperio austro-hungaro. Había sobrada razón para suponer que el caso se produciría a más tardar con la muerte del viejo emperador Francisco José.

Evidentemente es injusto atribuirles a los círculos oficiales de Viena el haber instado a la guerra, pensando que quizá se hubiera podido evitar todavía. Esto ya no era posible; cuando más se habría podido aplazar por uno o dos años.

Pero en esto residía precisamente la maldición que pesaba sobre la diplomacia alemana y también sobre la austríaca, que siempre tendía a dilatar las soluciones inevitables para luego verse obligadas a actitudes decisivas en el momento menos oportuno. Puédese estar seguro de que una nueva tentativa para salvar la paz habría conducido tan sólo a precipitar la guerra seguramente en una época todavía más desfavorable.

La socialdemocracia se había empeñado desde decenios atrás en realizar la más infame agitación belicosa contra Rusia y el partido católico, había hecho del Estado austríaco, por razones de índole religiosa, el punto de referencia capital de la política alemana. Por fín había llegado el momento de soportar las consecuencias de tan absurda orientación. Lo que vino, debió venir fatalmente. El error del gobierno alemán, deseando mantener la paz a toda costa, fue el de haber dejado pasar siempre el momento propicio para tomar la iniciativa, aferrado como estaba a su política aliancista con la que creía servir a la paz universal y que a la postre, la condujo únicamente a ser la víctima de una coalición mundial que, a su ansia de conservar la paz, opuso una inquebrantable decisión de ir a la guerra.

Estalló una gigantesca lucha libertaria, gigantesca como ninguna otra en la Historia. Apenas hubo comenzado la fatalidad, cundió en la gran masa del pueblo la persuasión de que esta vez no iba a tratarse de la suerte aislada de Serbia o de Austria, sino de la existencia de la nación alemana.

Dos ideas pasaron por mi mente cuando la noticia del atentado de Sarajevo se había difundido en Munich; primero, que la guerra sería al fin inevitable y segundo, que al Estado de los Habsburgo no le quedaba otro recurso que mantener en pie el pacto de alianza con Alemania, pues, lo que siempre yo más había temido era la posibilidad de que un día la misma Alemania resultase envuelta en un conflicto, quizá justamente debido a ese pacto, pero sin que Austria fuese la causante directa, de modo que el Estado austríaco, por razones de política interna, hubiese carecido de la energía suficiente para adoptar la decisión de respaldar a su aliado. La mayoría eslava del Imperio austro-hungaro hubiera comenzado inmediatamente a sabotear un propósito tal y hubiese preferido en todo caso precipitar la ruina del Estado antes que prestarle a su aliado el concurso a que se hallaba obligado. En aquella desgraciada ocasión tal peligro estaba eliminado. La vieja austria debía entrar en acción queriendo o sin quererlo.

Mi criterio personal en cuanto al conflicto era claro y sencillo: Para mí Austria no se empeñaba por obtener una satisfacción por parte de Servia, sino que al arrastrar consigo a la nación alemana la obligaba a luchar por su existencia, por su autonomía y por su porvenir. La obra de Bismarck debía ponerse a prueba: aquello que nuestros abuelos había alcanzado en las batallas de Weissenburgo, Sedán, y París a costa del heroico sacrificio de su sangre, tenía que lograrlo ahora de nuevo el joven Reich alemán. Coronada victoriosamente la lucha, nuestra nación habría vuelto a colocarse por virtud de su pujanza exterior en el círculo de las grandes potencias. Sólo entonces podría Alemania constituirse en un poderoso baluarte de la paz, sin tener que restringir a sus hijos el pan cotidiano por amor a la paz universal.

***

El 3 de agosto de 1914 presenté una solicitud directa ante S.M. el Rey Luis III de Baviera, pidiéndole la gracia de ser incorporado a un regimiento bávaro. Seguramente la Cancillería del Gabinete tenía mucho que hacer en aquellos días, por eso fue mayor aun mi alegría cuando a la mañana siguiente me era dado recibir la noticia de mi admisión.

Debía, pues, comenzar para mí, como por cierto para todo alemán, la época más sublime e inolvidable de mi vida.

Ahora, ante los sucesos de la gigantesca lucha, todo lo pasado debía hundirse en el seno de la nada.

Y llegó el día en que partimos de Munich rumbo al frente para cumplir con nuestro deber. Así vi por primera vez el Rhin, cuando a lo largo de su apacible corriente nos dirigíamos al Oeste a defender de la ambición del enemigo secular el río de los ríos alemanes.

Después en Flandes, marchando silenciosamente a través de una noche fría y húmeda y cuando empezaba a disiparse las primeras brumas de la mañana, recibimos de súbito el bautismo de fuego; los proyectiles —que silbaban sobre nuestras cabezas— caían en medio de nuestras filas azotando el mojado suelo. Pero antes de que la ráfaga mortífera hubiera pasado, un hurra de doscientas gargantas salió al encuentro de esos primeros mensajeros de la muerte.

Es muy posible que los voluntarios del Regimiento List aún no hubiesen aprendido a combatir, pero a morir si habían aprendido y morían como viejos soldados.

Este fue el comienzo. Y así continuó año tras año; más lo romántico de la guerra fue reemplazado por el horror de las batallas. Poco a poco decayó el entusiasmo y el terror a la muerte ahogó el júbilo exaltado de los primeros tiempos.

Había llegado la época en que cada uno se debatía entre el instinto de la propia conservación y el imperativo del deber. Tampoco yo debí quedar exento de esa lucha interior. Siempre que la muerte acosaba, un algo indefinible pugnaba por rebelarse en el individuo, presentándose ante la debilidad humana como la voz de la razón y no siendo en verdad más que la tentación de la cobardía que, disfrazada así, intentaba doblegar al hombre. Pero cuanto más se empeñaba ese impulso, aconsejando rehuir el peligro y cuanto más insistentemente trataba de seducir, tanto más vigorosa era la reacción del individuo, en el que, después de larga pugna interior acababa por imponerse la conciencia del deber. Ya en el invierno 1915 – 1916 había yo definido íntimamente el problema: La entereza lo había dominado todo y así como en los primeros tiempos fui capaz de lanzarme jubiloso y riendo al asalto, ahora mi estado de ánimo era sereno y resuelto. Lo perdurable era precisamente esto. El destino podía, pues, ahora someternos a las más severas pruebas sin que nos fallasen los nervios ni perdiéramos la razón. ¡El joven voluntario se transformó en veterano!

La misma evolución se había operado en todo el ejército alemán, experimentado y recio por virtud del eterno batallar.

Ahora, después de dos y tres años de lucha constante, saliendo de una batalla para entrar en otra, siempre combatiendo contra un adversario superior en número y armamentos, sufriendo hambre y soportando privaciones de todo género, había llegado la hora de probar la eficacia de aquel ejército único.

Transcurrirán milenios y jamás se podrá cantar el heroísmo sin dejar de rememorar el ejército alemán de la gran guerra. Descorriendo el velo del pasado, emergerá siempre la visión del frente férreo de los grises cascos de acero frente inquebrantable, firme monumento de inmortalidad. Y mientras haya alemanes, nunca olvidarán que aquellos héroes fueron hijos de la patria alemana.

$$***$$

Entonces era yo soldado y no quise hacer política, pues tampoco el momento era realmente apropósito para ello. Sin embargo, no pude menos que formar criterio con respecto de ciertos hechos que afectaban a toda la nación y que particularmente debían interesarnos a nosotros los soldados.

Fue un error incalificable en los primeros días de agosto de 1914 el haber tratado de identificar al obrero alemán con el marxismo. En aquel momento el obrero alemán estaba ya desligado de las garras de esa ponzoña. Se tuvo, sin embargo, la candidez de afirmar que el marxismo se había hecho «nacional». El marxismo, cuyo supremo objetivo es y será siempre la destrucción de todo Estado nacional no judío, debió ver con horror que el mes de julio de aquel año el proletariado alemán al cual tenía cogido en su red, despertó para ponerse hora por hora, con creciente celeridad, al servicio de la patria. En pocos días quedó desvanecida toda la apariencia de ese infame engaño al pueblo y de un momento a otro la banda de dirigentes judíos vióse sola y abandonada, como si no existiera huella del absurdo y del desvarío que infiltraron en la psicología de las masas durante 60 años. Fue un instante sombrío para los defraudadores de la clase obrera del pueblo alemán; pero tan pronto como esos dirigentes se percataron del peligro que corrían, cubriéronse hasta las narices con el manto de la mentira y fingieron participar de la exaltación cívica nacional.

Había llegado el momento de arremeter contra toda la fraudulenta comunidad de estos judíos envenenadores del pueblo. El deber de un gobierno celoso de su misión, hubiera sido —al ver que el obrero alemán se sentía reincorporado a la nacionalidad— acabar despiadadamente con los agitadores que minaban la estabilidad de la nación.

Ya que en el frente de batalla rendían el tributo de su vida los mejores elementos de la patria, lo menos que en retaguardia se debía hacer era exterminar a las sabandijas venenosas.

Pero en lugar de eso fue el mismo Emperador Guillermo II quien tendió la mano a los criminales de siempre e hizo que esos pérfidos de la nación tuviesen la oportunidad de recapacitar y de cohesionarse.

Toda concepción ideológica, sea de índole religiosa o política —es difícil a veces establecer límites en esto— lucha menos en sentido negativo por la destrucción del mundo de ideas del adversario, que en sentido positivo para imponer el suyo propio. Su lucha en estas condiciones es más un ataque que una defensa. Desde luego, lleva ya ventaja por el simple hecho de precisar su objetivo que representa el triunfo de la propia idea, en tanto que en el caso contrario, sólo muy difícilmente puede determinarse a punto fijo cuando es dado considerar como cosa hecha y segura la finalidad negativa de destruir una doctrina opuesta.

Todo intento de combatir una tendencia ideológica por medio de la violencia está predestinado al fracaso, a menos que la lucha no haya asumido el carácter de agresión en pro de una nueva concepción espiritual. Sólo cuando están en abierta lucha dos ideologías, puede el recurso de la fuerza bruta, empleada con persistencia y sin contemporización alguna, lograr la decisión a favor de la parte a la cual sirve.

He aquí por qué fracasó siempre la lucha contra el marxismo. Esa fue también la razón por la que falló y debió fallar a la postre la legislación anti-socialista de Bismarck. Se carecía de la plataforma de una nueva concepción ideológica por cuyo éxito se habría podido empeñar la lucha. Pues, aquello de que la farsa de una llamada «autoridad del Estado» o el lema «tranquilidad y orden», constituían la base apropiada para impulsar ideológicamente una lucha de vida o muerte, no podía caber en la proverbial «sabiduría» de los altos funcionarios ministeriales.

En 1914 hubiera sido realmente factible una acción eficaz contra la socialdemocracia, pero la falta absoluta de un substituto práctico, hacía dudar sobre el tiempo que habría podido mantenerse la lucha.

En este orden era enorme el vacío existente.

Mucho antes de la guerra tenía yo esta opinión y por eso no pude decidirme a enrolarme en ninguno de los partidos políticos militantes. En el curso de los sucesos de la guerra se consolidó mi criterio gracias a la probada imposibilidad de empeñar resueltamente la lucha contra la socialdemocracia, lucha para la cual hubiera sido menester un movimiento de opinión que fuese algo más que un simple partido «parlamentario».

Ante mis camaradas íntimos expuse claramente mi modo de pensar sobre esta cuestión. Por primera vez surgió entonces en mi mente la idea de que un día me ocuparía tal vez de política. Y este fue justamente el motivo por el cual yo reiteraba en el pequeño círculo de mis amigos el propósito de que, pasada la guerra, actuaría como orador político, sin perjuicio de atender a mi trabajo profesional.

Propaganda de guerra

Habituado a seguir con marcada atención el curso de los acontecimientos políticos, la actividad de la propaganda me había interesado siempre en grado extraordinario. Veía en ella un instrumento que justamente las organizaciones marxistas y socialistas dominaban y empleaban con maestría. Pronto debí darme cuenta de que la conveniente aplicación de recurso de la propaganda constituía realmente un arte, casi desconocido para los partidos burgueses de entonces. El movimiento cristiano-social, especialmente en la época de Lueger, fue el único capaz de servirse de ese instrumento con una cierta virtuosidad, lo cual le valió muchos de sus éxitos.

Durante la gran guerra empezó a observarse a qué enormes resultados podía conducir la acción de una propaganda bien llevada. Aquello que nosotros habíamos descuidado, lo supo explotar el adversario con increíble habilidad y con un sentido de cálculo verdaderamente genial. Par mi vida política fue una gran enseñanza la propaganda de guerra del enemigo.

¿Existió en realidad una propaganda alemana de guerra?

Sensiblemente debo responder que no. Todo lo que se había hecho en este orden fue tan deficiente y erróneo desde un principio que no reportaba provecho alguno y que a veces llegaba a resultar incluso contraproducente.

Deficiente en la forma, psicológicamente errada en su carácter. Tal es la conclusión a que se llega examinando con detenimiento la propaganda alemana de guerra.

La propaganda es un medio y debe ser considerada desde el punto de vista del objetivo al cual sirve. Su forma, en consecuencia, tienen que estar acondicionada de modo que apoye al objetivo perseguido. La finalidad por la cual habíamos luchado en la guerra fue la más sublime y magna de cuantas se puede imaginar para el hombre. Se trataba de la libertad y de la independencia de nuestro pueblo, se trataba de asegurar nuestra subsistencia en el porvenir, se trataba del honor de la nación. El pueblo alemán luchó por el derecho a una humana existencia, y apoyar esa lucha debió haber sido el objetivo de nuestra propaganda de guerra.

En el momento en que los pueblos de este planeta luchan por su existencia, es decir, cuando se les hace inminente el problema decisivo del ser o no ser, quedan reducidas a la nada las consideraciones humanitaristas o estéticas. Por lo que al humanismo respecta, ya Moltke dijo que, en la guerra, radicaba en la celeridad del procedimiento, es decir, que el humanitarismo suponía en consecuencia el empleo de los medios de lucha más eficaces, según eso, las armas más crueles eran humanitarias, si es que aceleraban la consecución de la victoria y sólo eran buenos aquellos métodos capaces de contribuir a asegurarle a la nación la dignidad de su autonomía.

En una lucha tal, de vida o muerte, debió haber sido ésta la única orientación posible para la propaganda de guerra.

Si de eso se hubiesen percatado las autoridades llamadas responsables, jamás se habría podido caer en la inseguridad de la forma y modo de empleo de aquel recurso, que también es un arma y un arma verdaderamente terrible, en manos de quien sabe servirse de ella.

Toda acción de propaganda tiene que ser necesariamente popular y adaptar su nivel intelectual a la capacidad receptiva del más limitado de aquellos a los cuales está destinada. De ahí que su grado netamente intelectual deberá regularse tanto más hacia abajo, cuanto más grande sea el conjunto de la masa humana que ha de abarcarse. Mas cuando se trata de atraer hacia el radio de influencia de la propaganda a toda una nación, como exigen las circunstancias en el caso del sostenimiento de una guerra, nunca se podrá ser lo suficientemente prudente en lo que concierte a cuidar que las formas intelectuales de la propaganda sean, en lo posible, simples.

La capacidad de asimilación de la gran masa es sumamente limitada y no menos pequeña su facultad de comprensión, en cambio es enorme su falta de memoria. Teniendo en cuenta estos antecedentes, toda propaganda eficaz debe concretarse sólo a muy pocos puntos y saberlos explotar como apotegmas hasta que el último hijo del pueblo pueda formarse una idea de aquello que se persigue. En el momento en que la propaganda sacrifique ese principio o quiera hacerse múltiple, quedará debilitada su eficacia por la sencilla razón de que la masa no es capaz de retener ni asimilar todo lo que se le ofrece. Y con esto sufre detrimento el éxito, para acabar a la larga por ser completamente nulo.

Fue un error fundamental poner en ridículo al adversario, como lo hacía la propaganda de las hojas humorísticas de Austria y Alemania; error fundamental, porque el individuo al verse, cuando llegaba el momento, cara a cara con el enemigo, cambiaba por completo de convicción, lo cual por cierto debió traer muy graves consecuencias. Bajo la impresión inmediata de la resistencia que oponía el adversario, el soldado alemán se sintió defraudado por aquellos que hasta entonces habían ilustrado su criterio, y en lugar de experimentar una reacción de mayor espíritu combativo o por lo menos una consolidación del mismo, se produjo el fenómeno contrario; sobreviniendo un momentáneo desaliento.

Opuestamente a esto, la propaganda de guerra de los ingleses y de los americanos era psicológicamente adecuada porque al pintar a los alemanes como a bárbaros, como si fuesen los hunos, predisponían a sus soldados a los horrores de la guerra y contribuían así a ahorrarles decepciones. El arma más temeraria que hubiese podido emplearse contra ellos no les debía entonces parecer más que una comprobación de lo ya oído, acrecentándose de este modo su fe en la rectitud de las apreciaciones de su gobierno y ahondando por otra parte su furor y su odio contra el enemigo maldito.

Así fue como el soldado inglés jamás tuvo la impresión de haber sido falsamente informado desde su país, muy al contrario de lo que sensiblemente ocurría con el soldado alemán, que acabó por rechazar en general como «embustes» las informaciones que recibía desde retaguardia.

La finalidad de la propaganda no consiste en compulsar los derechos de los demás, sino en subrayar con exclusividad el propio, que es el objeto de esa propaganda. Error capital fue el de discutir la cuestión de la culpabilidad de la guerra considerando que no sólo Alemania era la responsable del estallido de la catástrofe. Mejor se habría obrado imputando totalmente la culpa al enemigo, aún en el caso de que Alemania hubiese sido verdaderamente culpable lo cual, en realidad, no era cierto.

La masa del pueblo es incapaz de distinguir dónde acaba la injusticia de los demás y dónde comienza la suya propia.

La gran mayoría del pueblo es, por naturaleza y criterio, de índole tan femenina, que su modo de pensar y obrar se subordina más a la sensibilidad anímica que a la reflexión. Esa sensibilidad no es complicada, por el contrario es muy simple y rotunda. Para ella no existen muchas diferenciaciones, sino un extremo positivo y otro negativo: amor u odio, justicia o injusticia, verdad o mentira, pero jamás estados intermedios.

Todo esto lo supo comprender y tomar en cuenta en forma realmente genial la propaganda inglesa. Allá no había en efecto razones de dos filos que condujesen a la duda. Una prueba del admirable conocimiento de la emotividad primitiva de la gran masa constituía su propaganda de las «atrocidades alemanas» perfectamente adaptada a las circunstancias y que aseguró, en forma tan inescrupulosa como genial, las condiciones necesarias para el mantenimiento de la moral en el teatro de la guerra, aún en el caso de las mayores derrotas. Otra prueba de la propaganda inglesa en este orden era la contundente sindicación que se hacía del enemigo alemán considerándole como el único culpable del estallido de la guerra. Una mentira que, sólo gracias a la parcializada e impúdica persistencia con que era difundida, pudo adaptarse al sentir apasionado y siempre extremista de las muchedumbres y por eso mereció su crédito.

La variación en la propaganda no debe alterar jamás el sentido de aquello que es el objeto de esa propaganda, sino que desde el principio hasta el fin, debe significar siempre lo mismo. Puede el motivo en cuestión ser considerado desde puntos de vista diferentes, mas es condición esencial que toda exposición entrañe en resumen, invariablemente, la misma fórmula. Sólo de esta suerte es posible hacer que la propaganda sea eficaz y uniforme.

El éxito de toda «réclame», sea en el campo del comercio o en el de la política, supone una acción perseverante y la constante uniformidad de su aplicación. Al cabo de cuatro años y medio estalló en Alemania una revolución cuyo lema provenía de la propaganda de guerra enemiga.

Inglaterra se había percatado de algo más al considerar que el éxito del arma espiritual de la propaganda, dependía de la magnitud de su empleo y que ese éxito compensaba plenamente todo esfuerzo económico.

La propaganda era considerada allí como un arma de primer orden, en tanto que entre nosotros no significaba otra cosa que el último mendrugo para políticos sin situación o bien la posibilidad de un puestecillo de retaguardia para héroes modestos.

Por eso, en conjunto, el resultado de la propaganda alemana de guerra fue igual a cero.

La revolución

En el verano de 1915 cayeron sobre nuestras líneas los primeros manifiestos lanzados por aviadores enemigos.

A parte de algunas variaciones en la forma de su redacción, el contenido era siempre el mismo: que la miseria en Alemania aumentaba a diario; que la guerra duraría indefinidamente y que las posibilidades del triunfo para Alemania eran cada vez menores; que el pueblo alemán anhelaba por eso la paz, siendo sólo el «militarismo» y el «Kaiser» los que se oponían a ello; que el mundo entero, bien informado de estos antecedentes, no hacía la guerra propiamente contra el pueblo alemán, sino exclusivamente contra el único culpable: el Emperador Guillermo II; que la lucha no terminaría hasta que este enemigo de la humanidad pacífica hubiera sido eliminado, pero que las naciones libres y democráticas acogerían, después de la guerra, al pueblo alemán en el seno de la Liga de la paz mundial, al cual quedaría asegurada en el momento en que el «militarismo» prusiano fuera destruido, etc, etc.

En general tales experimentos provocaban por entonces sólo hilaridad entre nosotros.

Pronto debió llamarnos especialmente la atención uno de los aspectos de esa propaganda. Era el hecho de que en cada sector del frente donde actuaban bávaros, los volantes enemigos instigaban sistemáticamente contra Prusia, afirmando, por una parte, que Prusia era la única culpable y responsable de la guerra, y por otra, que contra Baviera precisamente no existía la más mínima animadversión; pero que, claro, era imposible prestarle ayuda, mientras estuviese al servicio del militarismo prusiano, sacando para este las castañas del fuego.

Ya en 1915 comenzó a producir ciertos resultados esa forma de influenciación. La excitación contra Prusia se hizo visible entre la tropa, sin que desde las esferas comandantes se dejase sentir una contracción eficaz.

A partir de 1916 la propaganda enemiga obtuvo éxitos manifiestos; asimismo las cartas quejumbrosas que venían desde los hogares, hacía tiempo que surtían su efecto.

Sugestivas revelaciones hiciéronse notorias desde aquel año. Los combatientes protestaban y «refunfuñaban», mostraban su descontento sobre muchos aspectos y hasta se exacerbaban con razón. Mientras ellos en el frente sufrían hambre y privaciones y los suyos en el hogar soportaban todo género de miserias, en otras partes reinaba la abundancia y la disipación. Evidentemente que incluso en el mismo teatro de operaciones no todo andaba en orden.

Pero con todo, estas cosas no dejaban de ser cuestiones de orden «interno». El mismo soldado que minutos antes vituperaba y gruñía, cumplía luego silenciosamente su deber, y la misma compañía que había mostrado su descontento, aferrábase después a la trinchera que tenía que defender, como si el futuro de Alemania hubiese dependido de aquellos cien metros de barrosas zanjas. ¡Ese era todavía el frente del viejo y glorioso ejército de héroes!

Los últimos días de septiembre de 1916 mi división entró a actuar en la batalla del Somme. Para nosotros fue esta la primera de las monstruosas batallas de material que debieron seguir y cuya impresión muy difícilmente se puede describir, aquello era más infierno que guerra.

El 7 de octubre caí herido.

Habían transcurrido dos años desde la última vez que estuve en la patria, un lapso infinitamente largo bajo los rigores de la guerra. A medida que nuestro tren se aproximaba a la frontera cada uno de nosotros sentía una profunda inquietud interior.

Fui enviado al hospital militar de Beelitz, cerca de Berlín, ¡Qué cambio! Del barro de la batalla del Somme a las blancas camas de aquel maravilloso edificio.

Desgraciadamente este ambiente debió serme también nuevo en otro sentido. El espíritu inquebrantable del ejército en el frente parecía no tener ya cabida allí. En este lugar oí por primera vez algo que se desconocía en el frente: la ponderación de la propia cobardía.

Restablecido, en cuanto pude caminar, se me dio permiso para trasladarme a Berlín. Pobreza amarga se revelaba en todas partes. La ciudad de los millones padecía hambre. Dominaba el descontento. En los sitios frecuentados por soldados el estado de ánimo era parecido al que reinaba en el hospital. Se recibía la impresión de que aquellos elementos buscaban deliberadamente esos lugares para propagar su pesimismo.

Aún mucho más decepcionantes eran las circunstancias de Munich. Creí no volver a reconocer aquella ciudad cuando después de abandonar el hospital de Beelitz, fui allí destinado a un batallón de reserva. Por doquier: malhumor, decaimiento, vituperios. Hasta en el mismo batallón se notaba una depresión profunda. Contribuía a ello el trato demasiado torpe que se daba a los evacuados por parte de viejos oficiales instructores, que jamás habían estado en el frente y que por lo mismo sólo muy relativamente eran capaces de armonizar con los combatientes veteranos, que poseían ciertas particularidades adquiridas durante su permanencia en el teatro de la guerra, que resultaban incompresibles para los jefes de la tropa de reserva. Contrariamente, era natural que el oficial venido del frente mereciese por parte de esa tropa mayor respeto que un comandante de etapas. Pero aún prescindiendo de todo esto, el estado general de ánimo era miserable: el emboscarse se consideraba casi como una prueba de inteligencia superior, en cambio, la firme lealtad como una característica de debilidad moral o de estupidez. Las oficinas estaban ocupadas por elementos judíos; casi todo amanuense era un judío y todo judío un amanuense. Me asombraba ver aquí tantos «combatientes» del pueblo elegido y no podía menos que comparar su número con los escasos representantes que de ellos había en el frente.

En el aspecto económico, la situación era todavía peor, pues ahí es donde el elemento judío había llegado a hacerse realmente «indispensable».

Mientras el judío esquilmaba a toda la nación y la sojuzgaba, agitábase al pueblo bávaro contra los «prusianos». Yo veía en esa agitación la más genial artimaña del judío para desviar la atención general concentrada sobre su persona.

La maldita discordia existente entre los Estados federales del Reich se me había hecho insoportable y me sentía dichoso ante la idea de volver al frente de batalla, para lo cual ya al llegar a Munich había presentado mi solicitud.

A principios de marzo de 1917 me encontraba nuevamente en mi regimiento.

***

La depresión reinante en el ejército parecía haber alcanzado su punto culminante a fines de 1917. Después del desastre ruso, todo el ejército cobró nuevos bríos y nuevas esperanzas; pero ante todo la derrota italiana ocurrida en el otoño de ese año, provocó un maravilloso efecto, pues en esa victoria nuestra, pudo verse una prueba de la posibilidad de romper también la resistencia enemiga no sólo en el frente ruso. Otra vez una fe grandiosa invadió los corazones de millones de hombres y así, llenos de confianza, esperábamos la primavera de 1918.

Pero mientras en el teatro de operaciones se hacían los últimos preparativos para poner término a la eterna lucha; mientras inacabables convoyes, transportando hombres y material bélico, se dirigían hacia el frente occidental y cuando, en fin, las tropas recibían instrucciones para la gran ofensiva, debió producirse en Alemania la mayor de las iniquidades de toda la guerra.

¡Se había organizado la huelga de municiones!

Cierto es que esta huelga no alcanzó el éxito anhelado, al tratarse del encarecimiento de elementos bélicos en el frente, porque estalló prematuramente, de suerte que la falta de municiones no fue tan grande como para poder llevar al ejército a la ruina tal como lo previera el plan de los organizadores. Mucho más desastroso, en cambio, fue el efecto moral que causó.

Había que preguntarse, primero: ¿Por qué el ejército seguía luchando si es que el pueblo mismo no quería la victoria?

¿A qué conducían entonces los enormes sacrificios y las privaciones? El soldado peleaba por la victoria, y el país le oponía la huelga. Y segundo: ¿Cuál fue la impresión producida en el ánimo del enemigo?

En el invierto de 1917-1918 aparecieron por primera vez nubarrones en el firmamento del mundo aliado. El miedo, el horror, se había infiltrado en el ánimo de los combatientes adversarios, fanáticamente convencidos hasta aquel momento. Se temía la primavera venidera. Porque si hasta aquel momento no se había conseguido romper la resistencia alemana concentrada sólo parcialmente en el frente occidental, ¿cómo contar con la victoria ahora que parecía acumularse para la ofensiva en ese frente, toda la energía guerrera de la nación asombrosamente heroica?

En tales circunstancias estalló la guerra en alemanía.

El mundo quedó estupefacto en el primer momento, pero en seguida, como librándose de una pesadilla, la propaganda anti-alemana se lanzó a explotar aquella ventaja en la hora suprema. Súbitamente se había encontrado el recurso capaz de levantar el ánimo deprimido de las tropas aliadas. De nada les servirá a los alemanes —se decía— obtener cuantas victorias quiera, puesto que en su país no habrá de ser el ejército vencedor quien haga su entrada triunfal, sino la revolución.

Esta es la creencia que comenzó a inculcar en el alma de sus lectores la prensa inglesa, francesa y americana, mientras la acción de una habilísima propaganda levantaba la moral de las tropas en el frente.

Este fue el resultado de la huelga de municiones que, en los pueblos enemigos, reconfortó la fe en la victoria eliminando a su vez la desesperación enervante que cundía en el frente aliado y haciendo, en consecuencia, que miles de soldados alemanes tuvieran que pagar aquel error del pueblo con el tributo de su sangre. Los promotores de tan infame huelga fueron luego nada menos que los aspirantes a los más altos cargos públicos en la inmediata Alemania de la revolución.

***

Había tenido la suerte de poder tomar parte en las dos primeras y en la última de las ofensivas del ejército en el frente occidental.

De ellas conservo las más hondas impresiones de mi vida, hondas precisamente porque en 1918 por última vez la lucha perdía su carácter defensivo para trocarse en acción de ataque, como al comienzo de la guerra en 1914.

***

En el verano de 1918 notábase una pesada atmósfera en todo el frente. La discordia reinaba en la patria. ¿Y por qué?

Múltiples rumores circulaban en los diversos sectores de las tropas del ejército en campaña. Se decía que ya la guerra no tenía más perspectivas y que sólo los locos podían confiar todavía en la victoria; que el pueblo alemán no tenía ya interés en mantener la resistencia y que únicamente los capitalistas y la monarquía estaban interesados en ello. Todo esto venía desde la patria y era comentado en el frente.

Al principio los combatientes reaccionaron aunque débilmente ante aquella propaganda. ¿Qué nos importaba el sufragio universal? ¿Acaso para eso habíamos luchado durante cuatro largos años?

Los probados elementos del frente de batalla eran muy poco susceptibles de adaptarse a la nueva finalidad de guerra que predicaban los señores Ebert, Scheidemann, Barth, Liebknecht y otros. No podía comprenderse cómo de un momento a otro los emboscados resultaban con derecho a atribuirse, por encima del ejército, la hegemonía del Estado.

Mi punto de vista personal fue firme desde el primer momento; odiaba profundamente a toda esa caterva de miserables y defraudadores políticos partidistas. Hacía mucho tiempo que veía claramente que la obra de esa camada de individuos no buscaba en realidad el bienestar de la nación, sino simplemente el propósito de llenar sus bolsillos vacíos. Y el hecho de que ellos fuesen capaces de sacrificar a todo el pueblo y si era necesario llevar también a Alemania a la ruina, hizo que los considerase ya desde entonces, maduros para la horca. Ceder ante sus deseos implicaba sacrificar los intereses del pueblo trabajador en provecho de un grupo de timadores, y satisfacerlos, sólo era posible al precio de renunciar a Alemania. Así pensaba —como yo— la gran mayoría del ejército en campaña.

En agosto y septiembre aumentaron rápidamente los síntomas de disociación, a pesar de que el efecto de la ofensiva enemiga no podía compararse jamás con el horror de las batallas de nuestra acción defensiva de otros tiempos. Las batallas del Somme y de Flandes han quedado en este orden como algo sin precedentes para la posteridad.

A fines de septiembre, mi división volvió a ocupar por tercera vez las mismas posiciones que otrora asaltáramos con nuestros jóvenes regimientos de voluntarios.

¡Qué de recuerdos!

Ahora, en el otoño de 1918, los hombres habían cambiado: se hacía política entre la tropa. El veneno que venía de la retaguardia, comenzó a hacer también aquí, como en todas partes, su ponzoñoso efecto. Las nuevas reservas fracasaron completamente, ¡venían de la retaguardia!

En la noche del 13 al 14 de octubre los ingleses empezaron a lanzar granadas de gas en el frente sur del sector Ypres.

Empleaban el gas «cruz amarilla» cuyos efectos no nos eran todavía conocidos por propia experiencia. Yo debí, pues, aquella noche experimentarlos también. Hacía la media noche ya una parte de nuestra tropa quedó inutilizada y algunos camaradas malogrados para siempre. Al amanecer, también yo fui presa de terribles dolores que de cuarto en cuarto de hora se hacían más intensos. A las 7 de la mañana, tropezando y tambaleándome me dirigía hacia la retaguardia llevando aun mi último parte de guerra del campo de batalla.

Algunas horas más tarde mis ojos estaban convertidos en ascuas y las tinieblas dominaban en torno mío.

En estas condiciones se me trasladó al hospital de Pasewalk, en Pomeramia, donde debía pasar la época de la revolución.

Rumores desfavorables venían a menudo desde los círculos de la marina, donde se decía que fermentaban los ánimos.

Pero todo esto me parecía ser más el producto de la fantasía de unos cuantos, que un asunto de trascendencia. Bien es cierto que en el hospital mismo todo el mundo hablaba de una ansiada pronta conclusión de la guerra, pero nadie imaginaba que esa conclusión habría de producirse de improviso. Yo estaba imposibilitado de leer periódicos.

En el mes de noviembre aumentó la efervescencia general.

Y un día la catástrofe irrumpió bruscamente. Los marinos llegaron en camiones, proclamando la revolución. Unos cuantos mozalbetes judíos, eran los cabecillas de esta lucha por la «libertad, la belleza y la dignidad» de la existencia de nuestro pueblo. ¡Ni uno solo de ellos había estado en la línea de fuego!

Mi salud había experimentado mejoría en la última temporada. El dolor punzante en las cavidades de los ojos fue desapareciendo y poco a poco puede volver a distinguir vagamente los contornos de los objetos. Me alentaba la confianza de recobrar la vista, pensando que por lo menos quedaría habilitado para ejercer alguna profesión.

Naturalmente había perdido la esperanza de poder algún día volver a dibujar como en los años de mi juventud.

Estaba, pues, en vías de restablecimiento cuando ocurrió aquello tan horrible.

El 10 de noviembre vino el Pastor del Hospital para dirigirnos algunas palabras; fue entonces cuando lo supimos todo.

El venerable anciano parecía temblar intensamente al comunicarnos que la Casa de los Hohenzollern había dejado de llevar la corona imperial alemana y que el Reich se había erigido en «república». Pero cuando él siguió informándonos que nos habíamos visto obligados a dar término a la larga contienda, que nuestra patria, por haber perdido la guerra y estar ahora a la merced del vencedor, quedaba expuesta en el futuro a graves humillaciones; que el armisticio debía ser aceptado confiando en la generosidad de nuestros enemigos de antes, entonces no pude más. Mis ojos se nublaron y a tientas regresé a la sala de enfermos, donde me dejé caer sobre mi lecho, ocultando mi confundida cabeza entre las almohadas.

Desde el día en que me vi ante la tumba de mi madre, no había llorado jamás. Cuando en mi juventud el destino me golpeaba despiadadamente, mi espíritu se reconfortaba; cuando en los largos años de la guerra, la muerte arrebataba de mi lado a compañeros y camaradas queridos, habría parecido casi un pecado el sollozar ¡morían por Alemania! Y cuando finalmente, en los últimos días de la terrible contienda, el gas deslizándose imperceptiblemente, comenzara a corroer mis ojos y yo, ante la horrible idea de perder para siempre la vista, estuviera a punto de desesperar, la voz de la conciencia clamó en mí: ¡Infeliz! ¿llorar mientras miles de camaradas sufren cien veces más que tú? Y mudo soporté mi destino. Pero ahora era diferente, porque ¡todo sufrimiento material desaparecía ante la desgracia de la patria!

Todo había sido, pues, inútil; en vano todos los sacrificios y todas las privaciones; inútiles los tormentos del hambre y de la sed, durante meses interminables; inútiles también todas aquellas horas en que, entre las garras de la muerte, cumplíamos, a pesar de todo, nuestro deber; infructuoso, en fin, el sacrificio de dos millones de vidas. ¿Acaso habían muerto para eso los soldados de agosto y septiembre de 1914 y luego seguido su ejemplo, en aquel mismo otoño, los bravos regimientos de jóvenes voluntarios? ¿Acaso para eso cayeron en la tierra de Flandes aquellos muchachos de 17 años? ¿Pudo haber sido la razón de ser del sacrificio ofrendado a la patria por las madres alemanas, cuando con el corazón sangrante despedían a sus más queridos hijos, para jamás volverlos a ver? ¿Debió suceder todo esto para que ahora un montón de miserables se apoderase de la patria?

Cuanto más me empeñaba, en aquella hora, por encontrar una explicación para el fenómeno operado, tanto más me ruborizaban la vergüenza y la indignación. ¿Qué significaba para mí todo el tormento físico en comparación de la tragedia nacional?

Los que siguieron fueron días de horrible incertidumbre y noches peores todavía —sabía que todo estaba perdido—.

Confiar en la generosidad del enemigo podía ser solamente cosa de locos o bien de embusteros o criminales. Durante aquellas vigilias germinó en mí el odio contra los promotores del desastre.

Guillermo II había sido el primero que, como emperador alemán, tendiera la mano conciliadora a los dirigentes del marxismo, sin darse cuenta de que los villanos no saben del honor. Mientras en su diestra tenían la mano del Emperador con la izquierda buscaban el puñal.

Con los judíos no caben compromisos; para tratar con ellos no hay sino un «sí» o un «no» rotundos.

¡Había decidido dedicarme a la política!

La iniciación de mi actividad política

A fines de noviembre de 1918 me trasladé a Munich para incorporarme de nuevo al batallón de reserva de mi regimiento, que ahora estaba sometido al «Consejo de soldados». Allí el ambiente me fue tan repugnante que opté por retirarme cuanto antes. En compañía de un leal camarada de guerra, Schmiedt Ernst, fui a Trauenstein y permanecí allí hasta la disolución del campamento.

En marzo de 1919 volvimos a Munich.

La situación en esta ciudad se había hecho insostenible y tendía irresistiblemente a la prosecución del movimiento revolucionario. La muerte de Eisner precipitó los acontecimientos y acabó por establecerse una pasajera dictadura soviética, mejor dicho una hegemonía judaica, tal como la habían soñado, en sus orígenes, los promotores de la revolución.

Durante esta época infinidad de planes pasaron por mi mente.

En el curso de la nueva dictadura muy pronto mi actuación me valió la mala voluntad del Consejo Central. En efecto, en la mañana del 27 de abril de 1919 debí ser apresado, pero los tres sujetos encargados de cumplir la orden no tuvieron suficiente valor ante mi carabina preparada, y se marcharon como habían venido.

Pocos días después de la liberación de Munich fui destinado a la comisión investigadora de los sucesos revolucionarios del regimiento 2 de infantería.

Esta fue mi primera actuación de carácter más o menos político.

Algunas semanas más tarde, recibí la orden de tomar parte en un curso para los componentes de la institución armada. En este curso el soldado debía adquirir ciertos fundamentos inherentes a la concepción ciudadana. Para mí tuvo esta organización la importancia de brindarme la oportunidad de conocer a algunos camaradas que pensaban como yo y con los cuales pude cambiar detenidamente ideas sobre la situación reinante. Todos sin excepción participábamos del firme convencimiento de que no serían los partidos del crimen novembrino, es decir, el partido del Centro y el socialdemócrata los que salvarían a Alemania de la ruina inminente; por otra parte sabíamos también que las llamadas asociaciones «burgo-nacionales» jamás serían capaces de reparar, aún animadas de la mejor voluntad, lo ya sucedido.

De ahí que en nuestro pequeño círculo surgiese la idea de formar un nuevo partido. Los principios que entonces nos inspiraron fueron los mismos que más tarde iban a aplicarse prácticamente en la organización del «Partido Obrero Alemán». El nombre del movimiento que se iba a crear debía ofrecer desde un principio la posibilidad de acercamiento a la gran masa, pues faltando esta condición, toda labor resultaría infructuosa y sin objeto. Así es como nos vino a la mente el nombre de «partido social-revolucionario» y esto porque las tendencias de la nueva organización significaban realmente una revolución social.

La causa fundamental radicaba sin embargo en lo siguiente:

Si bien ya en otros tiempos me había ocupado del estudio de problemas económicos, mi interés por estos quedó circunscrito sólo a los límites que corresponden al análisis de la cuestión social en sí. Poco después se amplió este marco gracias al examen que hice de la política aliancista del Reich que, en buena parte, era el resultado de una errónea apreciación de la económica nacional, así como de la falta de un cálculo claro sobre las posibles condiciones básicas de la subsistencia del pueblo alemán en el futuro. Todas estas ideas descansaban sobre el criterio de que en todo caso el capital no era más que el resultado del trabajo y que por eso éste se hallaba sometido, como el trabajo mismo, a las fluctuaciones de todos aquellos factores que fomentan o dificultan la actividad humana. Pensábase que justamente en esto estribaba la importancia nacional del capital el cual, a su vez, dependía tan enteramente de la grandeza, de la autonomía y del poder del Estado, es decir, de la nación, que esa sola subordinación del capital a un Estado soberano y libre, obligaría al capital a actuar por su parte a favor de esa soberanía, poder, capacidad, etc., de la nación.

Bajo estas condiciones era relativamente sencilla y fácil la misión del Estado con respecto al capital: se debía cuidar únicamente de que éste se mantuviera al servicio del Estado y no pretendiese convertirse en el amo de la nación. Este modo de pensar podía circunscribirse entre dos límites; por una parte fomentar una economía nacional, vital y autónoma y por otra garantizar los derechos sociales del obrero.

Al principio no había podido yo distinguir con la claridad deseada la diferencia existente entre el capital propiamente dicho, resultado del trabajo productivo, y aquel capital cuya existencia y naturaleza descansan exclusivamente en la especulación. Me hacía falta, pues, una sugestión inicial que aún no había llegado hasta mí.

Esta sugestión la recibí al fin y muy amplia, gracias a uno de los varios conferenciantes que actuaron en el ya mencionado curso del regimiento 2 de infantería: Gottfried Feder.

Después de escuchar la primera conferencia de Feder, quedé convencido de haber encontrado la clave de una de las premisas esenciales para la fundación de un nuevo partido.

***

En mi concepto, el mérito de Feder consistía en haber sabido precisar rotundamente el carácter tanto especulativo como económico del capital bancario y el de la Bolsa, y de haber, a su vez puesto en descubierto la eterna condición de su razón de ser: el interés porcentual. Las exposiciones de Feder eran tan ajustadas a la verdad en los problemas fundamentales, que sus críticos impugnaban menos la exactitud teórica de la idea, que la posibilidad de su aplicación teórica.

No es tarea del teorizante establecer el grado posible de realización de una idea, sino saber exponer esta misma idea; es decir que el teorizante tiene que preocuparse menos del camino a seguir que de la finalidad perseguida. Lo decisivo es, pues, la exactitud de una idea en principio y no la dificultad que ofrezca su realización. El teorizante de un movimiento ideológico puntualiza la finalidad de éste; el político aspira a realizarla. El primero se subordina en su modo de pensar a la verdad eterna, en tanto que el segundo somete su manera de obrar a la realidad práctica. En la primera conferencia de Gottfried Feder sobre la «abolición de la esclavitud del interés» me di cuenta inmediatamente de que se trataba de una verdad teórica de trascendental importancia para el futuro del pueblo alemán. La separación radical entre el capital bursátil y la economía nacional, ofrecía la posibilidad de oponerse a la internacionalización de la economía alemana, sin comprometer al mismo tiempo, en la lucha contra el capital, la base de una autónoma conservación nacional. Yo presentía demasiado claro el desarrollo de Alemania, para no saber que la lucha más intensa no debía ya dirigirse contra los pueblos enemigos, sino contra el capital internacional. En las palabras de Feder descubrí un lema grandioso para esa lucha del porvenir. El curso de acontecimientos ulteriores debió encargarse de probarnos cuán cierta fue nuestra previsión de aquel tiempo. Los iluminados entre nuestros políticos burgueses ya han dejado de burlarse de nosotros; ellos mismos ven hoy —siempre que no se trate de deliberados falseadores de la verdad— que el capitalismo internacional de la Bolsa no sólo fue el mayor instigador de la guerra, sino que también ahora, en la post-guerra, no cesa en su empeño de hacer de la paz un infierno.

Para mí y para todos los verdaderos nacionalsocialistas no existe más que una doctrina: la de nacionalidad y patria.

El objetivo por el cual tenemos que luchar es el de asegurar la existencia y el incremento de nuestra raza y de nuestro pueblo; el sustento de sus hijos y la conservación de la pureza de su sangre; la libertad y la independencia de la patria, para que nuestro pueblo pueda llegar a cumplir la misión que el Supremo Creador le tiene reservada.

Nuevamente comencé a asimilar conocimientos y llegué a penetrar el contenido de la obra del judío Karl Marx en el curso de su vida. Su libro «El Capital» empezó a hacérseme comprensible y asimismo, la lucha de la socialdemocracia contra la economía nacional, lucha que no persigue otro objetivo que preparar el terreno para la hegemonía del capitalismo internacional.

***

Aún en otro sentido fueron estos cursos de gran trascendencia para mí.

Cierto día tomé parte en la discusión, refutando a uno de los concurrentes que se creyó obligado a argumentar largamente a favor de los judíos. La gran mayoría de los miembros presentes del curso aprobó mi punto de vista. El resultado fue que días después se me destinó a un regimiento de guarnición de Munich con el carácter de «oficial instructor».

La La disciplina de la tropa en aquel tiempo dejaba aún mucho que desear. Se dejaban sentir todavía las consecuencias de la época de desmoralización del «Consejo de soldados». Sólo paulatina y cuidadosamente se podía volver a inculcar disciplina militar y subordinación, en lugar de «voluntaria» obediencia —como graciosamente se solía llamar en la época de pocilga de Kurt Eisner—, La tropa debía aprender a pensar y sentir nacional y patrióticamente. Tal era la orientación en mi nuevo campo de actividad. Comencé mi labor con entusiasmo y cariño.

Y tuve éxito: en el curso de mis conferencias, pude volver a inducir por el camino de su pueblo y de su patria, a muchos cientos, quizá miles de camaradas. «Nacionalicé» la tropa y así me fue dado consolidar en general el espíritu de disciplina. También aquí tuve un grupo de camaradas adictos a mis ideas que más tarde debieron ayudarme a cimentar las bases del nuevo movimiento.

El partido obrero alemán

Cierto día recibí de mi superior la orden de investigar la realidad del funcionamiento de una organización de apariencia política que, bajo el nombre de «Partido Obrero Alemán», tenía el propósito de celebrar una asamblea en aquellos días inmediatos y en la cual iba a hablar Gottfried Feder. Se me dijo que yo debía constituirme allí, para después dar un informe acerca de aquella organización.

Más que explicable era la curiosidad que en el ejército se sentía entonces por todo lo relacionado con los partidos políticos. La revolución le había concedido al soldado el derecho a actuar en política, derecho del cual se servían en mayor escala precisamente los menos expertos. Tan pronto como el partido del Centro y la Socialdemocracia llegaron a darse cuenta, con profundo pesar suyo por cierto, de que las simpatías del soldado, alejándose de los partidos revolucionarios, comenzaban a inclinarse hacia el movimiento de restauración nacional, surgió para ellos la conveniencia de abrogar ese derecho y prohibirle a la tropa toda actividad política.

La burguesía, realmente afectada de debilidad senil, creía en serio que el ejército volvería a ser lo que fue, esto es, un baluarte de la capacidad defensiva alemana, en tanto que el partido del Centro y el marxismo pensaban que era preciso romper al ejército el peligroso diente del «veneno nacional». Empero, un ejército falto de espíritu nacional, queda eternamente reducido a la condición de una fuerza de policía que no representa una tropa capaz de enfrentarse con el enemigo.

Me decidí pues a visitar la ya mencionada asamblea del «Partido Obrero Alemán», que hasta entonces me era totalmente desconocido.

Cuando Feder concluyó su conferencia en la asamblea, yo ya había observado bastante y me disponía a marcharme, pero en esto me indujo a quedarme el anuncio de que habría tribuna libre. Al principio la discusión parecía sin importancia, hasta que de pronto un «profesor» tomó la palabra para criticar los fundamentos de la tesis de Feder, acabando — después de una enérgica réplica de Feder— por situarse en el «terreno de las realidades» y recomendar encarecidamente al nuevo partido, como punto capital de su programa, la lucha de Baviera para su «separación» de Prusia. Con desvergonzado aplomo afirmaba aquel hombre que en tales circunstancias la parte germana de Austria se adheriría inmediatamente a Baviera; que las condiciones de paz impuestas por los Aliados serían mejores y otros absurdos más. No pude por menos de tomar también la palabra para dejarle oír al «sesudo» profesor mi opinión sobre este punto, con el resultado de que antes de que yo concluyese de hablar, mi interlocutor abandonó el local como perro escaldado que huye del agua fría.

No había aún transcurrido una semana cuando con gran sorpresa mía, recibí una tarjeta en que se me anunciaba haber sido admitido en el partido obrero alemán y que para dar mi respuesta se me instaba a concurrir el miércoles próximo a una reunión del comité del partido.

Ciertamente me sentí bastante asombrado de ese procedimiento de «ganar» prosélitos y no supe si tal cosa debía causarme enfado o provocarme hilaridad. Jamás se me había ocurrido incorporarme a un partido ya formado, puesto que yo mismo anhelaba fundar uno propio.

Estuve a punto de comunicarles por escrito mi negativa, pero triunfó en mí la curiosidad y así me decidí a presentarme el día indicado para exponer personalmente mis razones.

Y llegó el miércoles. El local donde debía realizarse la anunciada reunión era el paupérrimo restaurante «Das Alte Rosenbad», situado en la Herrnstrasse. Bajo la media luz que proyectaba una vieja lámpara de gas se hallaban sentados en torno a una mesa cuatro hombres jóvenes. Quedé sorprendidos cuando se me informó de que el «presidente del partido para todo el Reich» vendría en seguida y que por este motivo se me insinuaba retardar mi exposición. Al fin llegó el esperado presidente;

era el mismo que presidió la asamblea en ocasión de la conferencia de Feder.

Entretanto mi curiosidad había vuelto a subir de punto y esperaba impaciente el desenvolvimiento de la reunión.

Previamente me fueron dados a conocer los nombres de los concurrentes; el presidente de la «organización del Reich» era un señor Harrer, el de la organización local de Munich, Antón Drexler. Luego se procedió a la lectura del protocolo de la última sesión y se le ratificó la confianza al secretario. Después pasóse a discutir la aceptación de nuevos miembros, es decir, que debía deliberarse sobre el caso de la «pesca» de mi persona. Comencé por orientarme sobre los detalles de la organización del partido, pero fuera de la enumeración de algunos postulados no había nada: ningún programa, ni un volante de propaganda, en fin, nada impreso; carecíase de tarjetas de identificación para los miembros del partido y por último hasta de un pobre sello. En realidad, sólo se contaba con fe y buena voluntad.

Desde aquel momento desapareció para mí todo motivo de hilaridad y tomé la cosa en serio.

Lo que aquellos hombres sentían lo sentía también yo: era el ansia hacia un nuevo movimiento que fuese algo más de lo que era un partido tal como entonces indicaba, en el sentido corriente esta palabra. Me hallaba seguramente frente a la más grave cuestión de mi vida: decarar mi adhesión o resolverme por la negativa.

Aquella risible institución, con sus contados socios, me parecía tener por los menos la ventaja de no estar petrificada como cualquier otra «organización» y de ofrecerle al individuo la posibilidad de desenvolver una actividad personal efectiva. Aquí se podía laborar y comprendí que cuanto más pequeño era el movimiento tanto más fácil resultaba encaminarlo bien. Además, en este círculo se podía precisar el carácter, la finalidad y el método, cosa en principio, impracticable tratándose de los partidos grandes.

Juntamente con mis reflexiones creció en mí la convicción de que podía precisamente de un pequeño movimiento como aquél podía surgir un día la obra de la restauración nacional —pero jamás de los partidos parlamentarios—, aferrados a viejas concepciones o de los otros que participaban de las granjerías del nuevo régimen de gobierno.

Porque lo que aquí debía proclamarse era una nueva ideología y no un nuevo lema electoral.

Me hice pues miembro del Partido Obrero Alemán y obtuve un carnet provisional marcado con el número 7.

Las causas del desastre

La fundación del Reich[4] pareció aureolada por la grandiosidad de un acontecimiento que exaltó a la nación entera.

Después de una seria incomparable de victorias y como premio al heroísmo inmortal surgió al fin —para los hijos y los nietos— la realidad de un Reich.

¡Que apogeo comenzó entonces!

La independencia exterior aseguraba el pan cotidiano en el interior. La nación había alcanzado ingentes bienes materiales y la dignidad del Estado y con él, la del pueblo todo, se hallaba resguardada y garantizada por un ejército.

Tan profunda es ahora la caída que afecta al Reich y al pueblo alemán[5], que todo el mundo —como dominado por el vértigo—, da en el primer momento la impresión de haber perdido los sentidos y el entendimiento. Apenas si es posible rememorar lo que fue el alto nivel de antes, tan brumosos de ensueño y casi irreales parecen ahora la grandeza y el esplendor de aquellos tiempos, comparados con la miseria de hoy.

Sólo así se explica también que, cegados por lo que fue aquel apogeo, se hubiesen olvidado de buscar los síntomas del formidable desastre que ya antes debieron haber existido latentes en alguna forma.

Es indudable que esos síntomas existieron realmente. Sin embargo, muy pocos trataron de deducir una cierta enseñanza de ese estado de cosas.

Por cierto que suele verse y descubrirse más fácilmente el síntoma externo de una enfermedad que la causa interna de la misma. De ahí que aún hoy la mayoría de nosotros vea principalmente la causa del desastre alemán en la crisis económica general y sus consecuencias que afectan personalmente a casi todos; razón ésta de peso para que cada uno se haga idea de la magnitud de la catástrofe. La gran masa sabe aquilatar todavía mucho menos la trascendencia político-cultural y moral del desastre. Y aquí es donde para muchos se anulan por completo la sensibilidad y la razón.

Que esto ocurra en la gran masa es al fin comprensible, pero que también los círculos intelectuales consideren el desastre alemán primordialmente como una «catástrofe económica» y que, en consecuencia, esperen de la economía el saneamiento nacional, es una de las causas que ha impedido hasta el presente la realidad de un resurgimiento. Sólo cuando se llegue a comprender que, también en este caso, a la economía le corresponde únicamente un papel secundario, en tanto que factores políticos y de orden moral y racial tienen que considerarse como primordiales, podrá penetrarse el origen de la calamidad actual y con ello encontrar los medios y la orientación conducentes al saneamiento de la nación.

La explicación más sencilla y por lo mismo la mayormente difundida consiste en afirmar que la guerra perdida constituye la razón de toda la desgracia reinante.

Frente a esta aseveración se debe establecer lo siguiente:

Si bien es cierto que el haber perdido la guerra fue de terrible trascendencia para el futuro de nuestra patria, ese hecho por sí solo no es una causa, sin a su vez la consecuencia de una serie de causas.

Que el desgraciado fin de esa lucha sangrienta debió conducir a resultados desastrosos, era cosa perfectamente clara para todo espíritu perspicaz y exento de malevolencia. Lamentablemente hubieron hombres a quienes pareció faltarles esa perspicacia en el momento dado y otros que, contrariando su propia convicción, pusieron esta verdad en duda y la negaron. Estos últimos fueron en su mayoría aquellos que al ver cumplido su secreto anhelo debieron darse cuenta bruscamente de que ellos mismos habían contribuido a aquello que en aquel momento era la catástrofe. Ellos pues y no la perdida guerra son los culpables del desastre. En efecto, el haber perdido la guerra no fue más que el resultado de los manejos de aquellas gentes y no, como quieren afirmar ahora, la consecuencia de un comando «deficiente».

Tampoco el ejército enemigo estaba compuesto de cobardes; el adversario sabía también morir heroicamente. En número, fue superior al ejército alemán desde el primer día de la guerra y para su pertrechamiento técnico, tenía a su disposición los arsenales del orbe entero. Por consiguiente, es innegable el hecho de que las victorias alemanas obtenidas en el curso de cuatro años de lucha contra todo un mundo, se debieron, aparte del espíritu heroico y de la portentosa organización del ejército alemán, exclusivamente a la probada capacidad de los jefes directores. Lo formidable de la organización y del comando del ejército alemán no tiene precedentes en la Historia.

El que este ejército sufriera un desastre no fue la causa de nuestra actual desgracia.

¿O es que las guerras perdidas deben ocasionar fatalmente la ruina de los pueblos que las pierden?

Brevemente se podría responder que esto es posible siempre que la derrota militar testifique la corrupción moral de un pueblo, su cobardía, su falta de carácter, en fin, su condición de indignidad. No siendo así, la derrota militar impulsará más bien a un futuro de mayor resurgimiento, en lugar de ser la lápida de la existencia nacional.

Numerosos son los ejemplos que la Historia ofrece confirmando la verdad de este aserto.

La derrota militar del pueblo alemán no fue sensiblemente una catástrofe inmerecida, sino la realidad de un castigo justificado por la ley de la eterna compensación. ¿Acaso no se hicieron en muchos círculos, en forma desvergonzada, manifestaciones de regocijo por la desgracia de la patria? ¿Y no es cierto también que hubo gente que hasta se preció de haber logrado que el ejército combatiente se doblegase? Para colmo de todo, hubo quien llegó a atribuirse a sí mismo la culpabilidad de la guerra, contrariando su propia convicción y su mejor conocimiento de causa.

¡No, rotundamente no! La manera cómo el pueblo alemán recibió su derrota, permite juzgar muy claramente que la verdadera causa de nuestro desastre radicaba en otro estado de cosas y no en la pérdida netamente militar de algunas posiciones o el fracaso de una ofensiva; porque si realmente el ejército combatiente hubiese cedido y hubiese ocasionado con esto la desgracia de la patria, el pueblo alemán habría recibido la derrota de modo muy diferente.

Entonces el infortunio que vino lo habríamos soportado apretando los dientes, o bien quejándonos dominados por el dolor. El furor y cólera habrían llenado los corazones contra el adversario convertido en vencedor por el azar de la suerte o por la voluntad del Destino. En tales circunstancias no se habría reído ni bailado; nadie se habría atrevido a ponderar la cobardía ni a glorificar la derrota; nadie se habría mofado de las tropas combatientes ni deshonrado sus banderas y cocardas.

El desastre militar no fue en realidad otra cosa que el resultado de una serie de síntomas morbosos que ya en los tiempos de la anteguerra afligieron a la nación alemana. Esta fue la primera consecuencia catastrófica, visible para todos, de un envenenamiento moral y de un menoscabo del instinto de la propia conservación y de las condiciones inherentes a ella. Todo esto había comenzado a minar, ya desde años atrás, los fundamentos de la Nación y del Reich.

Fue necesaria toda la increíble ficción del judaísmo y de su organización de lucha marxista, para tratar de hacer pesar la culpabilidad de la derrota justamente sobre el hombre que con energía y voluntad sobrehumanas se empeñara en contener la catástrofe, que ya él viera venir, a fin de ahorrarle a la Patria horas de humillación y de vergüenza. Al señalar a Ludendorff como responsable de la pérdida de la guerra, se arrebató el arma del derecho moral de manos del único acusador peligroso que hubiera podido erguirse contra los traidores a la patria.

Casi es posible considerar como designio favorable para el pueblo alemán el que la época de su estado patológico latente hubiese sido bruscamente sellada con una tan terrible catástrofe; pues, en el caso contrario, la nación habría sucumbido, sin duda, lenta, pero, por lo mismo, más fatalmente. La dolencia se hubiese hecho crónica, mientras que un estado agudo como se presentó al producirse el desastre, hízose por lo menos claramente visible a los ojos de muchos. No fue por casualidad por lo que el hombre dominó más fácilmente la peste que la tuberculosis. La una viene en olas violentas de muerte, arrasando la humanidad; la otra en cambio se desliza lentamente; una induce al terror, la otra a una creciente indiferencia. Consecuencia lógica fue que el hombre afronte la primera con todo el máximo de sus energías, en tanto que se empeña en combatir la tuberculosis valiéndose solamente de medios débiles. Así el hombre doblegó a la peste, mientras que la tuberculosis lo domina a él. El fenómeno es el mismo al tratarse de enfermedades que afectar al organismo de un pueblo.

Verdad es que en los largos años de paz anteriores a la guerra se revelaron ciertas anomalías. Habían muchos síntomas de decadencia que debieron incitar a serias reflexiones.

***

A causa del extraordinario crecimiento de la población alemana antes de la guerra, el problema de la subsistencia se hizo cada vez más grave, ocupando el primer plano de toda orientación y de toda actividad política y económica.

Desgraciadamente no fue posible decidirse por la única solución eficaz que existía sino que creyóse alcanzar la finalidad anhelada por medios más sencillos. El haber renunciado a la idea de adquirir nuevos territorios y optado por la descabellada idea de conquistar económicamente el mundo, debió conducir, a la postre, a un grado de industrialización desmedido y perjudicial.

La primera consecuencia de significación trascendental provocada por este estado de cosas fue el debilitamiento de la clase agricultora. En la misma proporción que se reducía aquella clase del pueblo, aumentaba la masa del proletariado en las ciudades, hasta quedar roto el equilibrio.

Consiguientemente, púsose también en evidencia el brusco contraste entre el pobre y el rico. La ostentación y la miseria vivían tan cerca una de otra, que las consecuencias fueron y debieron ser lógicamente muy funestas. La pobreza y el paro creciente comenzaron su siniestro juego, sembrando el descontento y la exacerbación entre las gentes. El resultado parecía ser la división política de clases y, pese al apogeo económico, de día en día fue mayor y más profundo el decaimiento moral.

Pero más grave que todo esto eran otros efectos que la preponderancia económica de la nación había traído consigo.

En razón directa al hecho de que la economía había llegado a convertirse en el árbitro del Estado, el factor dinero era el dios a quien todo el mundo tenía que servir doblegándose. Había empezado una terrible desmoralización, terrible porque precisamente se presentó en una época en la cual la nación necesitaba más que nunca de un espíritu heroico para afrontar la hora crítica que parecía avecinarse. Alemania debía estar dispuesta a defender un día con la espada, la tentativa que hacía de asegurar a su pueblo el pan cotidiano por medio de una «pacífica actividad económica».

La hegemonía del dinero estaba sensiblemente sancionada por aquella autoridad que era la más llamada a oponerse a ello: S.M. el Kaiser actuó infortunadamente al inducir en especial a la nobleza a que formase parte del círculo de los nuevos capitalistas. Ciertamente que en disculpa suya debe reconocerse que lamentablemente Bismarck mismo no se percató del peligro que existía en ese sentido. Pero era un hecho que, con esto, el espíritu idealista fue prácticamente supeditado al poder del dinero y era claro también que las cosas una vez así encaminadas deberían en poco tiempo anteponer la nobleza de la finanza a la nobleza de la sangre.

***

La internacionalización de la economía alemana había sido iniciada ya antes de la guerra mediante el sistema de las sociedades por acciones. Menos mal que una parte de la industria alemana trató a todo trance de librarse de correr igual suerte; pero al fin tuvo que ceder también ante el ataque concentrado del capitalismo avariento que contaba con la ayuda de su más fiel asociado: el movimiento marxista.

La persistente guerra que se hacía a la industria siderúrgica de Alemania marcó el comienzo real de la internacionalización de la economía alemana tan anhelada por el marxismo que pudo colmarse con el triunfo marxista en la revolución de noviembre de 1918. Justamente ahora que escribo estas páginas, es también cosa lograda el ataque general dirigido contra la empresa de los Ferrocarriles del Reich que pasa a manos de la finanza internacional.

Con esto ha alcanzado la socialdemocracia «internacional» otro de sus importantes objetivos.

El extremo a que había llegado esa «economización» de la nación alemana, lo evidencia a todas luces el hecho de que pasada la guerra, uno de los dirigentes más caracterizados de la industria y del comercio alemanes declaró que únicamente la economía como tal, sería capaz de restablecer la posición de Alemania. Esta opinión emitida ante todo el mundo por un Stinnes ocasionó la más increíble confusión, porque con asombrosa rapidez fue tomada como lema por todos los improvisados y charlatanes «hombres de Estado» que el destino había lanzado sobre Alemania desde el estallido de la revolución.

***

La educación alemana de la ante-guerra adolecía de muchos defectos. Tenía una orientación particularista concretada al aprendizaje puramente «teórico», dándole una importancia menor a la «práctica». Aún menos valor se le adjudicaba a la formación del carácter del individuo y mucho menos todavía a la tarea de fomentar el sentimiento de la satisfacción en la responsabilidad; finalmente, era nula la importancia dada a la educación de la voluntad y del espíritu de decisión. Los frutos de este sistema educacional no representaban realmente mentalidades fuertes, sino más bien dóciles «eruditos», como por lo general se nos consideraba a los alemanes antes de la guerra juzgándosenos según ese criterio. Al alemán se le quería porque era elemento utilizable, en cambio se le respetaba poco, debido justamente a que no poseía la suficiente entereza de carácter. No sin razón perdió, pues, el alemán, más fácilmente que cualquier súbdito de otros pueblos su nacionalidad y su patria. ¿No lo dice todo el gracioso proverbio alemán «En la mano el sombrero, se pasa por el mundo entero»?

Precisamente nefasta resultó esa docilidad al determinar también la forma única bajo la cual podía uno presentarse ante el monarca. Esa forma exigía: no contradecir jamás, sino convenir con todo lo que S.M. se dignase manifestar.

Aquí es donde justamente debía revelarse la dignidad del hombre libre, pues de lo contrario la institución monárquica encontraría un día su tumba en ese servilismo. Todos los hombres rectos —y estos son sin duda los más valiosos del Estado-debieron sentir repulsión frente a un criterio tan absurdo. Porque para ellos la Historia es la historia y la Verdad es la verdad, aunque se trate de monarcas.

Es tan rara para los pueblos la suerte de reunir en una misma persona a un gran monarca y a un gran hombre, que deben darse por satisfechos

130

cuando el destino inexorable les evita por lo menos lo peor. De esto se infiere que el valor y la significación de la idea monárquica no radican en la persona del monarca mismo, salvo en el caso de que la Providencia quiera coronar a un héroe genial como Federico el Grande o a un espíritu sabio como Guillermo I. Esto sucede una vez cada siglo y escasamente con mayor frecuencia. Por lo demás, la idea respalda a la persona, haciendo descansar la razón de ser de esa forma de gobierno en la institución misma. Pero con ello, el propio monarca queda incluido en el círculo de los servidores del Estado y no es más que una rueda en ese mecanismo al que también él está subordinado.

Otra de las consecuencias de nuestra errada educación de la anteguerra fue el temor a la responsabilidad y la consiguiente falta de entereza para abordar problemas vitales. Bien es verdad que el punto de partida de este defecto radica entre nosotros, en gran parte, en la institución parlamentaria.

En los círculos periodísticos se suele llamar a la Prensa el «gran poder» en el Estado. Evidentemente su significación es extraordinaria y jamás podrá ser bastante apreciada. Es, pues, la prensa, el factor que continúa obrando en el proceso educativo del adulto. En términos generales, tres son los grupos en que se podría dividir el público lector de periódicos.

1.º Los crédulos que admiten todo lo que leen.

2.º Aquéllos que ya no creen en nada.

3.º Los espíritus críticos, que analizan lo leído y saben juzgar.

Numéricamente, el primer grupo es el más considerable; abarca la gran masa del pueblo y representa, por lo tanto, la clase menos intelectual de la nación. Pertenecen también a este grupo esa especie de haraganes que serían capaces de pensar pero que por pura negligencia aceptan todo lo que ya han elaborado los demás.

El segundo es numéricamente mucho más pequeño que el anterior; está compuesto en parte de elementos que, en un principio, participaban del primer grupo y que después de funestas y amargas decepciones, optaron por cambiar diametralmente de criterio, acabando por no creer en nada de lo que leyesen. Estas gentes son muy difíciles de tratar, porque hasta frente a la verdad misma, se mostrarán siempre escépticas, resultando así elementos anulados para todo trabajo positivo.

El tercer grupo, finalmente, es el más pequeño de todos y está constituido por lectores verdaderamente inteligentes, acostumbrados a pensar con independencia por naturaleza y educación. Leen la prensa trabajando constantemente con la imaginación y animados de espíritu crítico con respecto al autor. Estos lectores gozan del aprecio de los periodistas, bien es cierto, con explicable reserva.

Naturalmente que para los componentes de este último grupo no entraña peligro alguno ni tienen trascendencia los absurdos que pueden consignarse en las columnas de un periódico. Hoy, que la cédula electoral de la masa decide situaciones, el centro de gravedad descansa precisamente en el grupo más numeroso, y éste es el primero: un hato de ingenuos y de crédulos.

Una de las tareas primordiales del Estado y de la nación es evitar que este sector del pueblo caiga bajo la influencia de pésimos educadores, ignorantes o incluso mal intencionados. El Estado tiene por lo tanto la obligación de controlar su educación y oponerse al abuso. La prensa, ante todo, debe ser objeto de una estricta vigilancia, porque la influencia que ejerce sobre esas gentes es la más eficaz y penetrante de todas, ya que no obra transitoriamente, sino en forma permanente. En lo sistemático y en la eterna repetición de su prédica estriba el secreto de la enorme importancia que tiene. Jamás debe el Estado dejarse sugestionar por la cháchara de la llamada «libertad de prensa». Rigurosamente y sin contemplaciones el Estado tiene que asegurarse de este poderoso medio de la educación popular y ponerlo al servicio de la nación.

¿Y cuáles eran las primicias que ofrecía a sus lectores la prensa alemana de la anteguerra? ¿No era aquel acaso el peor veneno que uno pueda imaginarse? ¿Se recuerda aún, cuan exagerado fue el pacifismo que se inyectó en el corazón de nuestro pueblo, precisamente en una época en que el resto del mundo se preparaba ya lenta, pero decididamente a estrangular a Alemania? ¿No se ridiculizaba la moral y las costumbres, tachándolas de anticuadas, hasta lograr que nuestro pueblo se «modernizara» también? ¿No fue la prensa la que en constante agresión, minaba los fundamentos de la autoridad estatal hasta el punto de que bastó un simple golpe para derrumbarlo todo? Finalmente, ¿no fue esa misma prensa la que desacreditó al ejército mediante una crítica sistemática, saboteando el servicio militar obligatorio e instigando a negar créditos para el ramo de guerra, etc?

La labor de la llamada prensa liberal fue obra de los sepultureros de la nación alemana y del Reich. Nada diremos de las gacetas marxistas consagradas a la mentira; para ellas la falsedad es una necesidad vital, como para el gato los ratones. Su misión se concreta a dislocar el poder racial y nacional del pueblo, para prepararlo a llevar el yugo de la esclavitud del capitalismo internacional y de sus gerentes, los judíos.

Pero, ¿qué hizo el Estado ante semejante envenenamiento colectivo de la nación? Nada, absolutamente nada. Unos ridículos decretos y algunas penas impuestas por infamias en extremo violentas. ¡He ahí todo!

La lucha de represión de los gobiernos alemanes de entonces contra aquella prensa —en su mayor parte de origen judío-que corrompía paulatinamente al pueblo, no respondía a una línea recta de conducta ni estaba respaldada por la entereza necesaria, aparte de que, sobre todo, carecía de una finalidad precisa. Se obraba sin plan ninguno, apresando a veces, durante semanas e incluso meses tan sólo alguna «víbora» periodística que había mordido ya demasiado; pero el nido mismo de los reptiles permanecía intacto.

El judío era sin embargo demasiado perspicaz para permitir que toda su prensa agrediese simultáneamente. Una parte de ella debía respaldar a la otra. En efecto, mientras los periódicos judío-marxistas se lanzaban groseramente contra todo lo que podía ser sagrado para el hombre y combatían del modo más infame al Estado y al Gobierno, instigando, en los grandes sectores del pueblo, a unos contra otros, las gacetas judías burgo-demócratas sabían cubrir la apariencia de una famosa objetividad. Esa prensa cuidaba de no emplear expresiones crudas o frases destempladas; rechazaba toda acción de violencia, apelando siempre a la lucha con armas «espirituales», una lucha que, por sarcasmo, eran justamente los menos «espirituales» los que la proclamaban.

Pero, precisamente para nuestra medianía intelectual escribe el judío su llamada «prensa de la inteligencia». Periódicos como la «Frankfurter Zeitung» y el «Berliner Tageblatt» están destinados a ese público lector; su tono se halla convenientemente regulado para ese público y sobre él ejercen su influencia. Con frases sonoras y giros pomposos saben adormecer a sus lectores ie imbuirles la creencia de que su labor de prensa es realmente de índole científica o hasta si se quiere en servicio de la moral. De este modo pudo el veneno infiltrarse insensiblemente en la sangre de nuestro pueblo y obrar sin que el Estado hubiese sido capaz de dominar el mal. Las irrisorias medidas de represión adoptadas, no hicieron otra cosa que dejar traslucir la inminente decadencia del Imperio. No hay que olvidar que una institución que ya no tiene la decisión firme de defender por todos los medios su estabilidad, ha claudicado prácticamente.

***

Un ejemplo más, que pone de relieve la insuficiencia y la debilidad que caracterizaron el Gobierno alemán de la anteguerra, al tratarse de problemas vitales de la nación, es que paralelamente a la infección que sufría el pueblo, en un sentido político y moral, lo minaba desde años atrás una no menos siniestra corriente de envenenamiento orgánico.

La sífilis comenzó a propagarse en gran escala, especialmente en las ciudades populosas, mientras que la tuberculosis, por su parte, hacia su cosecha mortal en todo el país. A pesar de que en ambos casos las consecuencias eran graves para la nación, no se adoptaron medidas radicales. En particular, frente al peligro de la sífilis, la actitud del gobierno y del parlamento no puede calificarse sino como una completa capitulación. También en este caso sólo podía ser eficaz la lucha contra las causas generadoras de la enfermedad y la simple acción contra sus manifestaciones.

La causa principal de la propagación de la sífilis hay que buscarla en la prostitución del amor, cuyos resultados, aunque no condujesen a ese terrible flagelo, entrañarán siempre un grave peligro para la nación, puesto que bastan sus estragos morales para encauzar paulatina, pero irremediablemente a un pueblo hacia la ruina. Es innegable el hecho de que la población de nuestras grandes ciudades está prostituyendo más y más su vida sexual y entregándose así a la sífilis en proporción cada vez mayor. Los resultados más claramente notorios de esta infección colectiva, pueden encontrarse, por un lado, en los manicomios y por el otro, desgraciadamente —en la infancia.

La disculpa, de que tampoco otros países se hallen en mejores condiciones, mal podía modificar el hecho de la propia decadencia. Y en este caso precisamente es donde cabe preguntar: ¿Qué país será el primero, y tal vez el único, que llegue a dominar el peligro, y qué naciones en cambio serán sus victimas fatales? Tampoco este problema significa otra cosa que la piedra de toque del valor de la raza, y como el problema atañe en primer término a la descendencia, está incluido entre aquellas verdades según las cuales se dice con terrible razón que los pecados de los padres se vengan hasta la décima generación. Una verdad que se refiere exclusivamente a los crímenes contra la sangre y contra la raza.

Los pecados contra la sangre y la raza constituyen el pecado original de este mundo y el ocaso de una humanidad vencida.

Deplorable en extremo era la situación de la Alemania de la anteguerra frente a la gravedad de este problema. ¿Qué se hizo para contener la infección de nuestra juventud en las grandes ciudades? ¿Qué se hizo para contrarrestar eficazmente la prostitución y la corrupción de la vida sexual? ¿ Y qué se hizo, en fin, ante la creciente propagación sifilítica en el pueblo, resultante de ese estado de cosas?

La respuesta fluye fácil con sólo puntualizar lo que debió haberse hecho.

En todos los casos, donde se trata de llenar necesidades o cometidos aparentemente imposibles, se impone concentrar la atención completa de un pueblo hacia el problema en cuestión, presentándolo tal como si de su solución dependiese el ser o el no ser. Sólo así podrá un pueblo hacerse capaz y apto para la realización de esfuerzos y de hechos verdaderamente eminentes. Este principio tiene también su validez para el individuo en particular, siempre que aspire a grandes cometidos.

La prostitución es un oprobio para la humanidad y no se la puede destruir mediante prédicas morales o por la sola virtud de sentimientos piadosos. Su limitación y finalmente su desaparición suponen, como cuestión previa, descartar una serie de condiciones preliminares, siendo la primera de todas la de facilitar la posibilidad del matrimonio, de acuerdo con la naturaleza humana, a una edad menos tardía que en la actualidad. El grado a que ha llegado el desvarío y la incomprensión en muchas gentes de nuestros tiempos, nos prueba el hecho, no raro, de madres de la «buena sociedad» que, según dicen, sentiríanse satisfechas si sus hijas tuviesen por esposos a hombres que ya se «rompieron los cuernos», etc. La descendencia será entonces el resultado palpable de esas «racionales» uniones conyugales. Si aún se tiene en cuenta que además la natalidad queda restringida a un mínimun coartando el fenómeno de la selección natural y, como por otra parte, debe cuidarse la vida incluso del más miserable ser humano, sólo queda por interrogar, ¿para qué subsiste la institución del matrimonio y con qué finalidad?

Así degeneran los pueblos civilizados precipitándose poco a poco en la ruina.

Tampoco el matrimonio puede ser considerado como un fin en sí mismo, sino que debe servir a un objetivo más elevado, cual es la multiplicación y la conservación de la especie y de la raza. Esta es su razón de ser y su misión primordial.

La importancia enorme que entraña esta cuestión debería comprenderse sobre todo en una época en que la llamada república «socialista», por su incapacidad para solucionar el problema de la vivienda, impide sencillamente la realización de infinidad de matrimonios y da con ello pábulo a la prostitución. Otra de las causas que obstaculiza el matrimonio en edad oportuna, radica en nuestro absurdo sistema de la distribución de sueldos, sin considerar el factor familia y la subsistencia de ésta.

Quiere esto decir, resumiendo lo anterior, que sólo será posible abordar con verdadera eficacia la lucha contra la prostitución, el día en que, mediante una fundamental reforma de las condiciones sociales, se haga factible el matrimonio a una edad menor de lo que en la actualidad ocurre. En esto consiste lo esencial de la solución del problema.

En segundo término incumbe a la educación y a la enseñanza la tarea de desarraigar una serie de defectos que hoy casi no se toman en cuenta.

La educación, por ejemplo, debe tender a que el tiempo libre de que dispone el educando sea empleado en un provechoso entrenamiento físico. A esa edad no tiene él derecho alguno a barloventear por calles ni cinemas, sino que debe dedicarse, aparte de sus cotidianas labores, a fortalecer su joven organismo para que, cuando un día ingrese en la lucha por la existencia, la realidad de la vida no lo encuentre desprevenido. Encaminar y realizar, orientar y dirigir: esa es la tarea de la educación para la juventud y su rol no consiste exclusivamente en insuflar sabiduría. Es también su cometido anular la concepción errónea de que el ejercicio físico es cuestión personal de cada uno. No existe la libertad de pecar a costa de la progenie y con ello, de la raza.

Paralelamente al proceso de la educación del cuerpo, debe iniciarse la lucha contra el emponzoñamiento del alma. El conjunto de nuestra vida de relación semeja en la actualidad un vivero de ideas y de estimulantes sexuales. Basta analizar el contenido de los programas de nuestros cinemas, varietés y teatros para llegar a la irrefutable conclusión de que todo esto no es precisamente el alimento espiritual que conviene a la juventud. Nuestra vida de relación tienen que ser liberada del perfume estupefaciente, así como del pudor fingido, indigno del hombre.

Solo después de la ejecución de estas medidas, puede contarse con la posibilidad de una acción médico-profiláctica de resultado eficaz. Pero tampoco aquí puede tratarse de procedimientos a medias, sino de las más radicales decisiones.

Es un contrasentido el dar a enfermos incurables la posibilidad constante, por decirlo así, de contagiar a los sanos.

¿Qué sentimiento de humanidad es ese según el cual por no hacer daño a uno solo se deja que otros cien sucumban...? El imperativo de hacer imposible a los seres defectuosos la procreación de una descendencia también defectuosa, es un imperativo de la más clara razón y significa, en su aplicación sistemática, la más humana acción de la humanidad. Ahorrará sufrimientos a millones de seres inocentes y determinará finalmente para el porvenir un mejoramiento progresivo. Se deberá proceder sin piedad, si el caso lo requiere, al aislamiento de enfermos incurables, bárbara medida para el infeliz afectado, pero una bendición para sus contemporáneos y para la posteridad.

∗∗∗

Del mismo modo que hace sesenta años habría sido inconcebible un descalabro político de la magnitud del actual, no menos inconcebible hubiera sido el derrumbamiento cultural que empezó a revelarse a partir de 1900 en concepciones futuristas y cubistas. Sesenta años atrás hubiese resultado sencillamente imposible una exposición de las llamadas «expresiones dadaístas» y sus organizadores habrían ido a parar a una casa de orates, en tanto que hoy, llegan incluso a presidir instituciones artísticas.

Anomalías semejantes llegaron a observarse en Alemania casi en todos los dominios del arte y de la cultura. Daba la triste medida de nuestra decadencia interna el hecho de que no era posible permitir que la juventud visitase la mayoría de estos pseudo-centros artísticos, lo cual quedaba pública y descaradamente establecido al utilizarse la conocida placa de prevención: «Entrada prohibida para menores».

Considérese que se tienen que observar medidas de precaución precisamente en aquellos lugares que debían estar destinados sobre todo a la ilustración y educación de la juventud y no a la diversión de círculos viejos y pervertidos.

¿Qué hubiera exclamado Schiller ante tal estado de cosas y con qué indignación hubiese Goethe vuelto las espaldas?

¿Pero qué son Schiller, Goethe, o Shakespeare en comparación con esos nuevos «genios» del arte alemán actual?

Figuras anticuadas y en desuso, figuras superadas, en suma. La característica de esta época, es pues, la siguiente: no se conforma con traer impurezas, sino que por añadidura vilipendia también todo lo realmente grande del pasado. Ya al terminar el siglo XIX, casi en todos los dominios del Arte, principalmente en los ramos del teatro y de la literatura, se

139

produjeron ya muy pocas obras de importancia y se solía más bien degradar lo bueno de tiempos pasados, presentándolo como mediocre y superado.

***

Aún debe mencionarse otro aspecto crítico: A fines del siglo pasado nuestras ciudades fueron perdiendo cada vez más el carácter de emporios de cultura para descender a la categoría de simples conglomerados humanos. La escasa conexión existente entre el proletariado actual de nuestras grandes urbes y el lugar mismo donde éste vive, evidencia que en tal caso no se trata efectivamente más que de un punto ocasional de residencia del individuo. Proviene esto del frecuente cambio de lugar debido a las condiciones sociales, cambio que no le da al obrero el tiempo necesario para crear una relación más estrecha con el medio donde habita; por otro lado, sin embargo hay que buscar también la razón de ese estado de cosas en el hecho de que las ciudades actuales son insignificantes y pobres en todo lo que a la cultura general se refiere. Esas ciudades no son otra cosa que un hacinamiento de enormes bloques de viviendas de alquiler, y nadie podrá sentir cariño por una ciudad que no ofrece un mayor atractivo que otra similar, carente de toda nota propia y en la cual se prescindió de todo cuanto representa arte.

***

El análisis de la vida religiosa en Alemania antes de la guerra, da la medida del disgregamiento general que reinaba.

Hacía tiempo que también en este aspecto grandes sectores de la opinión nacional carecían de una convicción unitaria e ideológicamente eficiente. No juega un rol tan negativo el que se desliga oficialmente de su religión, como aquel otro que es totalmente indiferente. Mientras nuestras dos confesiones cristianas (la católica y la evangélica) mantienen misiones en Asia y Africa, con el objeto de ganar nuevos prosélitos, esto es, empeñados en una actividad de modestos resultados frente a los progresos que realiza allá el mahometismo, pierden en Europa mismo millones y millones de adeptos convencidos, los cuales se hacen en absoluto indiferentes a la vida religiosa, o van por su propio camino.

Sobre todo desde el punto de vista moral, son muy poco favorables las consecuencias.

Merece remarcarse también la lucha cada vez más violenta contra los fundamentos dogmáticos de las respectivas confesiones, fundamentos sin los cuales sería inconcebible la conservación práctica de una fe religiosa en este mundo humano. La gran masa de un pueblo no se compone de filósofos y es principalmente para las masas para quienes la fe constituye la única base de una ideología moral. Los diversos sustitutos no han probado su eficiencia ni su conveniencia, para que se hubiera podido ver en ellos una provechosa compensación de las creencias religiosas existentes. Para que la doctrina religiosa y la fe puedan realmente abarcar las grandes capas sociales, es necesario que la autoridad absoluta que fluye del fondo de esa fe, sea el fundamento de su eficiencia. Lo que para la vida general significan las costumbres, sin las cuales sólo cientos de miles de hombres de nivel intelectual superior vivirían racionalmente, mientras otros millones no lo representan les leyes para el Estado y los dogmas para las religiones.

Sólo mediante los dogmas, la concepción puramente espiritual, vacilante y de interpretación infinitamente variable, llega a precisarse y adquirir una forma concreta, sin la cual jamás podría convertirse en fe. Lo contrario significaría que la idea no es susceptible de ser jamás exaltada por encima de una concepción metafísica, o mejor, por encima de una opinión filosófica. Por eso la acometida dirigida contra los dogmas se asemeja mucho a la lucha contra los fundamentos legales del Estado; y del mismo modo que esta lucha acabaría en una anarquía estatal completa, la acción antidogmática tendría por resultado un nihilismo religioso, carente de todo valor.

Para el político, la apreciación del valor de una religión debe regirse menos por las deficiencias quizá innatas en ella, que por la bondad cualitativa de un substituto doctrinal visiblemente mejor. Pero mientras no se haya encontrado un tal substituto, sólo los locos y los criminales podrían atreverse a demoler lo existente.

Las peores anomalías, sin embargo, provienen del abuso de la convicción religiosa con fines políticos. Si la vida religiosa en Alemania antes de la guerra, había adquirido para muchos un sabor desagradable, no se debía esto a otra cosa más que al abuso cometido con el cristianismo por un partido político llamado «cristiano» y por el descaro con que se trató de identificar la religión católica con un partido también político.

Esta funesta suplantación procuró mandatos parlamentarios a una serie de inútiles, en tanto que a la Iglesia no le trajo consigo sino daños.

El resultado de semejantes anomalías tenía que soportarlo la nación entera, pues, las consecuencias emergentes del debilitamiento de la vida religiosa vinieron a producirse precisamente en una época en que ya todo había empezado a ceder y vacilar, amenazando con el derrumbamiento de los tradicionales fundamentos de la moral y de las buenas costumbres.

***

También en el campo de la actividad política veía el espíritu observador anomalías que, si no eran eliminadas o corregidas a tiempo, podían y debían considerarse fatalmente como signos de una inminente decadencia del Imperio.

La falta de orientación de la política alemana tanto interna como externa, no escapaba a la penetración de nadie que deliberadamente hubiese querido darse cuenta de la situación. En los círculos oficiales de gobierno se notaba frente a las revelaciones de un Houston Steward Chamberlain la misma indiferencia que hoy se observa.

Ya en tiempos anteriores a la guerra muchos se habían dado cuenta de que justamente aquella institución que debía encarnar la vitalidad del Reich —el Parlamento, el Reichstag— era la más vulnerable de todas.

Una de las muchas afirmaciones faltas de reflexión que hoy se suelen oír con frecuencia, es aquella de que el parlamentarismo en Alemania había fracasado « a partir de la revolución de 1918». Muy fácilmente se despierta así la impresión de que antes de esa época era otro el rol del parlamento.

Siempre fue mediocre todo lo subordinado a la influencia del parlamento de entonces, sea cual fuese el aspecto que se considere. Mediocre y deficiente era la política aliancista del Reich. Y mediocre también la política que se hacia frente a Polonia; optóse por las provocaciones, sin abordar jamás en serio el problema mismo. El resultado no fue ni favorable al germanismo ni conciliatorio con Polonia, pero sí significó la enemistad con Rusia. Mediocre fue igualmente la solución que se dio a la cuestión de Alsacia y Lorena. En lugar de triturar de una vez para todas la cabeza de la hidra francesa y de conceder, por otra parte, igualdad de derechos a los alsacianos, no se hizo ni lo uno ni lo otro. Aunque tampoco hubiera sido posible lograr nada, puesto que en las filas de los grandes partidos militaban también los mayores traidores de la patria; Watterlé, por ejemplo, en el partido del Centro.

Todo esto había sido todavía soportable si semejante estado de mediocridad general no hubiese acabado también por hacer víctima suya a aquella entidad de la cual dependía en último término la existencia del Reich: el ejército.

El crimen que con esto cometió el llamado «parlamento alemán» basta y sobra para hacer pesar para siempre sobre él la maldición del pueblo Alemán.

***

Mientras el judaísmo, mediante su prensa marxista y demócrata, difundía por el mundo la mentira del «militarismo alemán», tratando de culpar a Alemania por todos los medios, los partidos marxistas y demócratas por su parte se oponían sistemáticamente al plan de una amplia instrucción militar del pueblo alemán. El monstruoso crimen que con ello se cometió, saltaba a primera vista para todo aquél que sólo hubiese pensado que en el caso de una guerra, la nación entera debía ponerse bajo las armas y que por la misma causa —la infamia de esos ilustres personajes de la llamada «representación nacional»— millones de alemanes serían lanzados contra el enemigo en condiciones de insuficiente e incluso mala preparación militar.

Si tratándose de las fuerzas de tierra se instruía un número de reclutas demasiado reducido, igual deficiencia se notaba con respecto de las fuerzas navales, haciendo poco menos que nula la institución destinada a la defensa nacional. Ya en la orientación adoptada para el programa de organización naval, el Almirantazgo renunció a la posibilidad de la acción ofensiva, colocándose así desde un principio en el plano de la defensiva. Quería decir, pues, que con esto se renunciaba automáticamente a la posibilidad del éxito definitivo que radica y que radicará siempre en la acción ofensiva.

Si en la batalla de Skagerrak las unidades alemanas hubiesen tenido el mismo desplazamiento, igual cantidad de artillería y la misma velocidad que las naves inglesas, la flota británica habría hallado su tumba bajo el huracán de las granadas alemanas de calibre 38 que eran de mayor precisión y eficacia que las del adversario. Y lo que, pese a estas deficiencias, alcanzó sin embargo como gloria inmarcesible la armada alemana, no hay que atribuirlo sino a la buena calidad del marino alemán y también a la capacidad y al incomparable heroísmo de los oficiales y de sus subordinados.

Quién medite sobre todo el sacrificio que significó para la nación el punible descuido de gentes totalmente faltas de responsabilidad; quién reflexione sobre las vidas inmoladas en vano y la suerte de los mutilados, así como también en la vergüenza única y la infinita miseria de que ahora somos víctimas; quién sepa, en fin, que todo eso vino sólo para abrir el camino hacia las carteras ministeriales a unos ambiciosos sin escrúpulos, cazadores de puestos públicos; quién recapacite sobre todo esto comprenderá que a tales seres humanos no se les puede dar ciertamente otro calificativo que el de canallas y criminales.

**

Había también muchos aspectos ventajosos frente a las deficiencias mencionadas y frente a otras más de la vida alemana de la época anterior a la guerra. Analizando imparcialmente las circunstancias, se debe llegar a la conclusión de que la mayoría de nuestros defectos eran también en gran parte propios de otros países y pueblos, los cuales con frecuencia nos superaban enormemente en este respecto, pero sin poseer nuestras cualidades realmente buenas.

Entre las fuentes incontaminadas de la nación debemos puntualizar tres instituciones que eran ejemplares y hasta se pueden decir únicas en su género.

En primer término, la constitución misma del Estado y la caracterización que ella había alcanzado en la Alemania contemporánea. Por cierto que en esto debe prescindirse de la personalidad de algunos monarcas, afectados de todas las debilidades humanas. Varios de esos monarcas preferían rodearse de aduladores más que de espíritus rectos y se dejaban aconsejar por aquellos.

De valor indiscutible era sin duda la estabilidad del Estado en su conjunto, bajo la forma monárquica de gobierno, así como el hecho de que hasta los últimos cargos públicos quedaban a cubierto de la especulación de políticos ambiciosos. Luego la dignidad de la institución estatal en sí y la autoridad resultante de ella aparte de la relevante posición del cuerpo administrativo del Reich y ante todo la del ejército por estar sobre el plano de los compromisos políticos de partido. A esto se añadía aún la ventaja de que el poder del Estado estaba encarnado en la persona del monarca, constituyendo así el símbolo de una responsabilidad que éste asumía en escala superior a la del conglomerado casual de una mayoría parlamentaria. Sobre todo debióse a esto la idoneidad proverbial de la administración pública alemana. Por último, lo que en materia de arte y de ciencia fomentaron los monarcas alemanes, en particular durante el siglo XIX, ha quedado como digno de ejemplo y la época actual no puede en ningún caso ser comparada con la de entonces en ese orden.

***

Sin embargo es al ejército a quien corresponde el rol de factor cualitativo por excelencia en la época en que la desmoralización se iniciaba y comenzaba a cundir en el organismo nacional. Lo que el pueblo alemán le debe al ejército se resume en una sola palabra: todo.

El ejército inculcó el sentimiento de la responsabilidad absoluta y fomentó también el espíritu de decisión.

Contrariamente a lo que ocurría en la vida corriente, saturada de codicia y de materialismo, el ejército educó al pueblo hacia el ideal y hacia la devoción por la patria y por su grandeza. El ejército fue una escuela de educación del pueblo, unido frente a la división de clases y quizá su único defecto fue el de haber instituido el sistema del servicio voluntario de un año; defecto decimos, porque debido a ese sistema se dañaba el principio de la igualdad absoluta, colocando al individuo de mayor preparación intelectual fuera del marco común, lo contrario de lo cual es lo que precisamente habría sido lo provechoso. Ante la carencia del sentido real de la vida que dominaba en nuestras clases elevadas y su alejamiento de su mismo pueblo, habría sido el ejército precisamente el único capaz de influir benéficamente, evitando, por lo menos dentro de sus filas, todo aislamiento de la clase llamada intelectual.

Al ejército del antiguo Imperio hay que reconocerle como su más alto mérito el que en una época en que predominaba el criterio de la «mayoría general de cabezas», supo imponer cabezas sobre la mayoría. Frente al principio judíodemócrata de la ciega idolatría por el número, el ejército matuvo inconmovible el principio de la fe en la personalidad.

De este modo formó eso que tanta falta hace en los tiempos actuales: hombres. Al fango de un apoltronamiento y afeminamiento generales regresaban anualmente de las filas del ejército 350.000 jóvenes pletóricos de energías, que en un período de instrucción militar de dos años habían adquirido una acerada constitución física. El joven que durante ese tiempo había practicado la obediencia podía entonces aprender a mandar. Ya en el ademán se reconocía al hombre que había sido soldado.

Esa fue la alta escuela de la nación alemana y no en vano se concentraba sobre ella el odio mortal de aquellos que, por envidia y ambición, anhelaban y necesitaban para sus fines, la impotencia del Reich y la ausencia de la capacidad defensiva de sus ciudadanos.

Junto a la forma constitutiva del Estado y a la ponderada calidad del ejército, la incomparable organización administrativa del antiguo Reich integraba el conjunto de las tres instituciones ejemplares del Imperio.

Alemania era el país mejor organizado y mejor administrado del mundo. Al funcionario alemán podía tachársele fácilmente de rutinarismo burocrático, más, no por eso en los demás países las circunstancias eran diferentes; por el contrario, eran quizá peores. Lo que esos Estados no poseían era la admirable estabilidad del mecanismo administrativo y la incorruptible honradez y lealtad de los funcionarios con que contaba el Reich.

Sobre su constitución estatal, su ejército y su organización administrativa descansaba la fuerza y el poderío admirables del antiguo Imperio.

***

Si se considera que frente a las deficiencias que existieron en Alemania antes de la guerra, habían también poderosos aspectos favorables, llegaremos a la conclusión de que la causa inicial del desastre de 1918 debe buscarse en otro terreno diferente, y en efecto este es el caso.

La última y la más profunda razón que determinó la ruina del Imperio, residía en el hecho de no haber reconocido oportunamente la trascendencia que tiene el problema racial en el porvenir de los pueblos.

La nacionalidad y la raza

Hay verdades que están tan a la vista de todos que, precisamente por eso, el vulgo no las ve o por lo menos no las reconoce. Así peregrinan los hombres en el jardín de la Naturaleza y se imaginan saberlo y conocerlo todo pasando, con muy pocas excepciones, como ciegos junto a uno de los más salientes principios de la vida; el aislamiento de las especies entre sí.

Basta la observación más superficial para demostrar cómo las innumerables formas de la voluntad creadora de la Naturaleza están sometidas a la ley fundamental inmutable de la reproducción y multiplicación de cada especie restringida a sí misma. Todo animal se apareja con un congénere de su misma especie. Sólo circunstancias extraordinarias pueden alterar esa ley. Todo cruzamiento de dos seres cualitativamente desiguales da un producto de término medio entre el valor cualitativo de los padres; es decir que la cría estará en nivel superior con respecto a aquel elemento de los padres que racialmente es inferior, pero no será de igual valor cualitativo que el elemento racialmente superior de ellos.

También la historia humana ofrece innumerables ejemplos en este orden; ya que demuestra con asombrosa claridad que toda mezcla de sangre aria con la de pueblos inferiores tuvo por resultado la ruina de la raza de cultura superior.

La América del Norte, cuya población se compone en su mayor parte de elementos germanos, que se mezclaron sólo en mínima escala con los pueblos de color, racialmente inferiores, representa un mundo étnico y una civilización diferentes de lo que son los pueblos de la América Central y la del Sur, países en los cuales los emigrantes, principalmente de origen latino, se mezclaron en gran escala con los elementos aborígenes. Este solo ejemplo permite claramente darse cuenta del efecto producido por la mezcla de razas. El elemento germano de la América del

Norte, que racialmente conservó su pureza, se ha convertido en el señor del Continente americano y mantendrá esa posición mientras no caiga en la ignominia de mezclar su sangre.

Todo cuanto hoy admiramos —ciencia y arte, técnica e inventos— no es otra cosa que el producto de la actividad creadora de un número reducido de pueblos y quizá, en sus orígenes, de un solo pueblo. Todas las grandes culturas del pasado cayeron en la decadencia debido sencillamente a que la raza de la cual habían surgido envenenó su sangre.

***

Si se dividiese la Humanidad en tres categorías de hombres: creadores, conservadores y destructores de cultura, tendríamos seguramente como representante del primer grupo sólo al elemento ario. El estableció los fundamentos y las columnas de todas las creaciones humanas; únicamente la forma exterior y el colorido dependen del carácter peculiar de cada pueblo.

Casi siempre el proceso de su desarrollo dio el siguiente cuadro:

Grupos arios, por lo general en proporción numérica verdaderamente pequeña, dominan pueblos extranjeros y desarrollan, gracias a las especiales condiciones de vida del nuevo ambiente geográfico (fertilidad, clima, etc.) así como también favorecidos por el gran número de elementos auxiliares de raza inferior disponibles para el trabajo, la capacidad intelectual y organizadora latente en ellos. En pocos milenios y hasta en siglos logran crear civilizaciones que llevan primordialmente el sello característico de sus inspiradores y que están adaptadas a las ya mencionadas condiciones del suelo y de la vida de los autóctonos sometidos. A la postre empero, los conquistadores pecan contra el principio de la conservación de la pureza de la sangre que habían respetado en un comienzo. Empiezan a mezclarse con los autóctonos y cierran con ello el capítulo de su propia existencia.

Una de las condiciones más esenciales para la formación de culturas elevadas fue siempre la existencia de elementos raciales inferiores, porque únicamente ellos podían compensar la falta de medios técnicos, sin los cuales ningún desarrollo superior sería concebible. Seguramente la primera etapa de la cultura humana se basó menos en el empleo del animal doméstico que en los servicios prestados por hombres de raza inferior.

Fue después de la esclavización de pueblos vencidos cuando comenzó a afectar también a los animales el mismo destino y no viceversa, como muchos suponen; pues, primero fue el vencido quién debió tirar del arado y sólo después de él vino el caballo. Únicamente los locos pacifistas pueden ser capaces de considerar esto como un signo de iniquidad humana, sin darse cuenta de que ese proceso evolutivo debió realizarse para llegar al final a aquel punto desde el cual los apóstoles pacifistas propagan hoy sus disparatadas concepciones.

El progreso de la Humanidad semeja el ascenso por una escalera sin fin, donde no se puede subir sin haberse servido antes de los primeros peldaños. El ario debió seguir el camino que la realidad le señalaba y no aquel otro que cabe en la fantasía de un moderno pacifista.

Se hallaba precisado con claridad el camino que el ario tenía que seguir. Como conquistador sometió a los hombres de raza inferior y reguló la ocupación práctica de estos bajo sus órdenes conforme a su voluntad y de acuerdo con sus fines. Mientras el ario mantuvo sin contemplaciones su posición señorial fue, no sólo realmente el soberano, sino también el conservador y propagador de la cultura.

La mezcla de sangre y, por consiguiente, la decadencia racial son las únicas causas de la desaparición de viejas culturas; pues, los pueblos no mueren por consecuencia de guerras perdidas sino debido a la anulación de aquella fuerza de resistencia que sólo es propia de la sangre incontaminada.

***

Si se inquieren las causas profundas de la importancia predominante del arrianismo, se puede responder que esa importancia no radica precisamente en un vigoroso instinto de conservación, pero si en la forma peculiar de manifestación de ese instinto. Subjetivamente considerada, el ansia de vivir se revela con igual intensidad en todos los seres humanos y difiere sólo en la forma de su efecto real. El instinto de conservación en los animales más primitivos se limita a la lucha por la propia existencia. Ya en el hecho de la convivencia entre el macho y la hembra, por sobre el marco del simple ayuntamiento, supone una amplificación del instinto de conservación natural. Casi siempre el uno ayuda al otro a defenderse, de modo que aquí aparecen, aunque infinitamente primitivas, las primeras formas de espíritu de sacrificio. Desde el marco estrecho de la familia, nace la condición inherente a la formación de asociaciones más o menos vastas y por último la conformación de los mismos Estados.

Sólo en muy mínima escala existe esta facultad entre los seres humanos primitivos, hasta tal punto, que estos no pasan de la etapa de la formación de la familia. Cuanto mayor sea la disposición para supeditar los intereses de índole puramente personal, tanto mayor será también la capacidad que tenga el hombre para establecer vastas comunidades.

Este espíritu de sacrificio, dispuesto a arriesgar el trabajo personal y si es necesario la propia vida en servicio de los demás, está indudablemente más desarrollado en el elemento de la raza aria que en el de cualquier otra. No sólo sus cualidades enaltecen la personalidad del ario, sino también la medida en la cual está dispuesto a poner toda su capacidad al servicio de la comunidad. El instinto de conservación ha alcanzado en él su forma más noble al subordinar su propio yo a la comunidad y llegar al sacrificio de la vida misma en la hora de la prueba. El criterio fundamental del cual emana este modo de obrar lo denominan —por oposición al egoísmo—, idealismo. Bajo este concepto entendemos únicamente el espíritu de sacrificio del individuo a favor de la colectividad, a favor de sus semejantes.

Justamente en épocas en las cuales el sentimiento idealista amenaza desaparecer, nos es posible constatar de una manera inmediata una disminución de aquella fuerza que forma la comunidad y proporciona así las condiciones inherentes a la cultura. Tan pronto como el egoísmo impera en un pueblo, se deshacen los vínculos del orden y los hombres imbuidos por la ambición del bienestar personal se precipitan del cielo al infierno.

La posteridad olvida a los hombres que laboraron únicamente en provecho propio y glorifica a los héroes que renunciaron a la felicidad personal.

∗∗∗

El antípoda del ario es el judío.

Sus cualidades intelectuales han sido ejercitadas en el curso de los milenios. El nivel cultural corriente le proporciona al individuo —sin que muchas veces él mismo se dé cuenta de ello— un cúmulo tal de conocimientos preliminares que con este bagaje queda habilitado para poder encaminarse por sí solo. Como el judío jamás poseyó una cultura propia, los fundamentos de su obra intelectual siempre fueron tomados de fuentes ajenas a su raza, de modo que el desarrollo de su intelecto, tuvo lugar en todos los tiempos dentro del ambiente cultural que le rodeaba.

Nunca se produjo el fenómeno inverso.

Porque si bien el instinto de conservación del pueblo judío no es menor, sino más bien mayor que el de otros pueblos, y aunque también sus aptitudes intelectuales despiertan la impresión de ser iguales a las de las demás razas, en cambio le falta en absoluto la condición esencial inherente al pueblo culto; el sentimiento idealista.

El espíritu de sacrificio del pueblo judío no va más allá del simple instinto de conservación del individuo. Su aparente gran sentido de solidaridad no tienen otra base que la de un instinto gregario muy primitivo, tal como puede observarse en muchos otros seres de la naturaleza. Notable en este aspecto es el hecho de que ese instinto gregario conduce al apoyo mutuo únicamente mientras un peligro común lo aconseje conveniente o indispensable. Es, pues, un error fundamental deducir que por la sola circunstancia de asociarse para la lucha o mejor dicho para la explotación de los demás, tengan los judíos un cierto espíritu idealista de sacrificio. Tampoco en esto impulsa al judío otro sentimiento que el del puro egoísmo individual.

Por eso también el Estado judío —debiendo ser el organismo viviente, destinado a la conservación y multiplicación de una raza— constituye, desde el punto de vista territorial, un Estado sin límite alguno. Porque la circunscripción territorial determinada de un Estado supone en todo caso una concepción idealista de la raza que lo constituye y ante todo supone tener una noción cabal del concepto trabajo. En la misma medida que se carece de este criterio, falla también toda tentativa de formar y hasta de conservar un Estado territorialmente limitado. En consecuencia, le falta a ese Estado la base primordial sobre la cual puede erigirse una cultura, porque la aparente cultura que posee el judío no es más que el acervo cultural de otros pueblos, ya corrompido en gran parte en manos judías.

Al juzgar el judaísmo desde el punto de vista de su relación con el problema de la cultura humana, no se debe olvidar, como una característica esencial, que jamás existió ni hoy, consiguientemente puede existir, un arte judío.

Como el pueblo judío nunca poseyó un Estado con una circunscripción territorial determinada y tampoco, en consecuencia, tuvo una cultura propia, surgió la creencia de que se trataba de un pueblo que cabía clasificarlo entre los nómadas. Este es un error tan profundo como peligros. El nómada vive indudablemente en una circunscripción territorial definida, sólo que no cultiva el suelo como campesino arraigado, sino que vive del producto de su ganado, peregrinando como pastor en sus territorios. La razón determinante de este modo de vivir hay que buscarla en la escasa fertilidad del suelo que no le permite radicarse en un lugar fijo.

No, el judío no es un nómada; pues, hasta el nómada tuvo ya una noción definida del concepto «trabajo», que habría podido servirle de base para una evolución ulterior siempre que hubiesen concurrido en él las condiciones intelectuales necesarias. El judío fue siempre un parásito en el organismo nacional de otros pueblos, y si alguna vez abandonó su campo de actividad no fue por voluntad propia, sino como un resultado de la expulsión que de tiempo en tiempo sufriera de aquellos pueblos de cuya hospitalidad había abusado. «Propagarse» es una característica típica de todos los parásitos, y es así como el judío busca siempre un nuevo campo de nutrición.

En la vida parasitaria que lleva el judío, incrustada en el cuerpo de naciones y Estados, está la razón de eso que un día indujera a Schopenhauer a exclamar que el judío es el «gran maestro de la mentira». Su vida en medio de otros pueblos puede, a la larga, subsistir, solamente si logra despertar en ellos la creencia de que, en su caso, no se trata de un pueblo, sino de una «comunidad religiosa», aunque muy singular.

Esta es por cierto su primera gran mentira.

Para poder vivir como parásito de pueblos, tiene que recurrir el judío a la mixtificación de su verdadero carácter. Ese juego resultará tanto más cabal cuanto más inteligente sea el judío que lo ponga en práctica; y hasta es posible que una gran parte del pueblo que le concede hospitalidad llegue a creer seriamente que el judío es en verdad un francés, un inglés, un alemán o un italiano con la sola diferencia de su religión.

Los primeros judíos llegaron a las tierras de Germania durante la invasión de los romanos, y como siempre en calidad de mercaderes. En el vaivén de las invasiones de los bárbaros, desaparecieron aparentemente, de suerte que se puede considerar la época de la organización de los primeros estados germánicos como el comienzo de una nueva y definitiva judaización del centro y del norte de Europa. El proceso del desarrollo que se inicia siempre que elementos judíos se ven frente a pueblos arios, donde quiera que sea, tiene en todos los casos las mismas o muy parecidas características.

Con el establecimiento de las primeras colonizaciones hace el judío súbitamente su aparición. Paulatinamente se introduce en la vida económica, no como productor, sino exclusivamente como intermediario. Su habilidad mercantil de experiencia milenaria, lo coloca en un plano de gran ventaja con relación al ario, todavía ingenuo e ilimitadamente franco. Comienza por prestar dinero. Los negocios bancarios y del comercio acaban por ser de monopolio exclusivo. El tipo del interés usurario que cobra provoca al fin resistencias, excita indignación su creciente descaro y su riqueza mueve a envidia. Su tiranía expoliadora llega a tal punto, que se producen reacciones violentas contra él; pero ninguna persecución es capaz de apartarlo de sus métodos de explotación humana, ni se puede lograr expulsarlo, porque pronto vuelve a aparecer y es el mismo de antes. Para evitar por lo menos lo peor, se comienza a proteger el suelo contra la mano avarienta del judío, dificultándosele la adquisición de terrenos.

Cuanto más aumenta el poder de las dinastías, mayor es su empeño de acercarse a ellas. Por último, no necesita más que dejarse bautizar para entrar en posesión de todas las ventajas y derechos de los hijos del país. El judío hace este negocio con bastante frecuencia para beneplácito, por una parte, de la Iglesia que celebra la ganancia de un nuevo feligrés y, por otra de Israel que se siente satisfecho del fraude consumado. Aun en tiempos de Federico el Grande a nadie se le habría ocurrido ver en los judíos otra cosa que un pueblo «extraño» y el mismo Goethe se horrorizaba ante la idea de que en el futuro la ley no prohibiese el matrimonio entre cristianos y judíos. ¡Por Dios! que Goethe no ha sido ni un reaccionario ni un ilota. Lo que expresó no fue más que la voz de la sangre y de la razón. Pese a los vergonzosos manejos de las Cortes, el pueblo se percata intuitivamente de que el judío es un cuerpo extraño en el organismo nacional y lo trata como a tal.

Pero debió cambiar este estado de cosas. En el transcurso de más de un milenio ha llegado el judío a dominar en una medida tal el idioma del pueblo que le da hospitalidad, que cree poder arriesgarse a acentuar menos que antes su semitismo y en cambio decantar más su «germanismo». Con esto se produce el caso de una de las mixtificaciones más infames que se puede imaginar. La raza no radica en el idioma, sino exclusivamente en la sangre; una verdad que nadie conoce mejor que el judío mismo, el cual justamente da poca importancia a la conservación de su idioma, en tanto que le es capital el mantenimiento de la pureza de su sangre.

La razón por la cual el judío se decide en convertirse de un momento a otro en un «alemán», surge a la vista: su aspiración única tiende a la adquisición del goce pleno de los derechos del «ciudadano».

Previamente empieza por reparar ante los ojos del pueblo el daño que hasta aquí le había inferido. Inicia su evolución como «benefactor» de la humanidad. Corto tiempo después comienza a tergiversar las cosas, presentándose como si hasta entonces hubiese sido la única víctima de las injusticias de los demás y no viceversa. Algunas gentes excesivamente tontas creen en la patraña y no pueden menos que compadecer al «pobre infeliz».

Algo más todavía: el judío se hace también intempestivamente liberal y se muestra un entusiasta del progreso necesario a la humanidad. Poco a poco llega a hacerse de ese modo el portavoz de una nueva época.

Pero lo cierto es que él continua destruyendo radicalmente los fundamentos de una economía realmente útil al pueblo.

Indirectamente, adquiriendo acciones industriales, se introduce en el círculo de la producción nacional; convierte esta en un objeto de fácil especulación mercantilista, despojando a las industrias y fábricas de su base de propiedad personal. De aquí nace aquel alejamiento subjetivo entre el patrón y el trabajador que conduce más tarde a la división política de las clases sociales.

A fin de cuentas, gracias a la Bolsa, crece con extraordinaria rapidez la influencia del judío en el terreno económico.

Asume el carácter de propietario por lo menos el de controlador de las fuentes nacionales de producción.

Para reforzar su posición política, el judío trata de eliminar las barreras establecidas en el orden racial y civil que todavía le molestan a cada paso. Se empeña, con la tenacidad que el es peculiar, a favor de la tolerancia religiosa y tiene en la francmasonería, que cayó completamente en sus manos, un magnífico instrumento para cohonestar y lograr la realización de sus fines. Los círculos oficiales, del mismo modo que las esferas superiores de la burguesía política y económica, se dejan coger insensiblemente en el garlito judío por medio de lazos masónicos. Pero el pueblo mismo no cae en la fina red de la francmasonería; para reducirlo sería menester valerse de recursos más torpes, pero no por eso menos eficaces.

Junto a la francmasonería está la prensa como una segunda arma al servicio del judaísmo. Con rara perseverancia y suma habilidad sabe el judío apoderarse de la prensa, mediante cuya ayuda comienza paulatinamente a cercar y a sofisticar, a manejar y a mover el conjunto de la vida pública, porque él está en condiciones de crear y de dirigir aquel poder que bajo la denominación de «opinión pública» se conoce hoy mejor que hace algunos decenios.

Mientras el judío parece desbordarse en el ansia de «luces», de «progresos», de «libertades», de «humanidad», etc., practica íntimamente un estricto exclusivismo de su raza. Si bien es cierto que a menudo fomenta el matrimonio de judías con cristianos influyentes, sabe en cambio mantener pura su descendencia masculina. Envenena la sangre de otros, en tanto que conserva incontaminada la suya propia. Rara vez el judío se casa con una cristiana, pero si el cristiano con una judía. Los bastardos de tales uniones tienen siempre del lado judío. Esta es la razón por la cual, ante todo una parte de la alta nobleza, está degenerando completamente. Esto lo sabe el judío muy bien y practica por eso sistemáticamente este modo de «desarmar» a la clase dirigente de sus adversarios de raza. Para disimular sus manejos y adormecer a sus víctimas no cesa de hablar de la igualdad de todos los hombres, sin diferencia de raza ni color. Los imbéciles se dejan persuadir.

La etapa final de este desarrollo significa la victoria de la democracia o como el judío lo interpreta: la hegemonía del parlamentarismo.

* * *

El enorme desarrollo económico conduce a una modificación de las clases sociales. Es manifiesta la proletarización del artesano, porque debido a que las pequeñas industrias manuales van desapareciendo paulatinamente se le hace cada vez más difícil la posibilidad de asegurarse un medio de vida independiente. Surge el tipo del «obrero de fábrica», cuya característica esencial es la de que prácticamente no es capaz de llegar en el ocaso de su vida a contar con una existencia propia; es un desheredado en el sentido más lato de la palabra y sus últimos días son un tormento.

Ya se presentó en otra época una situación parecida que exigía imperiosamente solución, y ésta fue encontrada. A la clase de los

159

campesinos y artesanos había venido a sumarse la de los empleados, particularmente los del Estado.

También estos eran unos desheredados en el verdadero sentido de la palabra. El Estado encontró, a la postre, un remedio contra tan insana situación instituyendo el sistema de las pensiones o sea el pago de sueldos en el retiro.

Poco a poco siguieron el ejemplo del Estado las empresas particulares, de tal modo que hoy casi todos los empleados regulares de ocupación no manual, cuentan con una pensión, naturalmente, siempre que la empresa respectiva hubiese adquirido o sobrepasado un cierto grado de desarrollo. Y fue precisamente la garantía para la vejez que ofrecía el Estado a sus servidores, la que pudo fomentar en el funcionario alemán aquella desinteresada lealtad profesional que, antes de la guerra, constituyera una de las mejores cualidades de la organización administrativa en Alemania.

Obrando inteligentemente, fue posible arrancar de la miseria social a toda una clase desposeída de fortuna, para después engranarla, en el conjunto de la vida nacional.

El mismo problema, pero esta vez en proporciones mucho mayores, se le había vuelto a presentar al Estado y a la nación. Millones de gentes emigraban del campo a las grandes ciudades para ganarse el sustento diario como obreros de fábrica en las industrias de reciente creación.

Mientras la burguesía no se preocupa de problema tan trascendental y ve con indiferencia el curso de las cosas, el judío se percata de las ilimitadas perspectivas que allí se le brindan para el futuro y, organizando por un lado, con absoluta consecuencia, los métodos capitalistas de la explotación humana, se aproxima, por el otro, a las víctimas de sus manejos para luego convertirse en el leader de la «lucha contra sí mismo»; es decir, «contra sí mismo» sólo en un sentido figurado, porque el «gran maestro de la mentira», sabe presentarse siempre como un inocente atribuyendo la culpa a otros. Y como por último tienen el descaro de guiar él mismo a las masas, éstas no se dan cuenta de que podría tratarse del más infame de los fraudes de todos los tiempos.

Veamos cómo procede el judío en este caso: Se acerca al obrero y para granjearse la confianza de éste, finge conmiseración hacia él y hasta parece indignarse por su suerte de miseria y pobreza. Luego se esfuerza por estudiar todas las penurias reales o imaginarias de la vida del obrero y tiende a despertar en él el ansia hacia el mejoramiento de sus condiciones. El sentimiento de justicia social que en alguna forma existe latente en todo ario, sabe el judío aleccionarlo, de modo infinitamente hábil, hacia el odio contra los mejor situados, dándole así un sello ideológico absolutamente definido hacia la lucha contra los males sociales. Así funda el judío la doctrina marxista. Presentando esta doctrina como íntimamente ligada a una serie de justas exigencias sociales, favorece la propagación de éstas y provoca, por el contrario, la resistencia de los bien intencionados contra la realización de exigencias proclamadas en una forma y con características tales, que ya desde un principio aparecen injustas y hasta imposibles de ser cumplidas.

De acuerdo con los fines que persigue la lucha judía y que no se concretan solamente a la conquista económica del mundo, sino que buscan también la supeditación política de éste, el judío divide la organización de doctrina marxista en dos partes, que, separadas aparentemente, son en el fondo un todo indivisible: el movimiento político y el movimiento sindicalista.

El movimiento sindicalista es de propaganda y ofrece ayuda y protección al obrero —y con esto la posibilidad de alcanzar condiciones mejores de vida— en la dura lucha por la existencia que tiene que sostener debido a la ambición o a la miopía de muchos patronos. Si el obrero no quiere abandonar la representación de sus derechos vitales al ciego capricho de individuos en parte irresponsables o hasta faltos de sentimiento humano, en una época en que la comunidad organizada del pueblo, es decir, el Estado, poco o nada se preocupa de su situación, no le queda otro recurso que asumir por sí mismo la defensa de sus intereses. En la misma medida en que la llamada burguesía nacional, cegada por la pasión de intereses materiales, opone los mayores obstáculos a esa lucha social —no solo embarazando—, sino saboteando inclusive todo intento dirigido a disminuir la duración de la jornada de trabajo, inhumanamente larga, la protección a la mujer, la abolición del trabajo para menores, el mejoramiento de las condiciones sanitarias en los talleres y en las viviendas, el judío, más perspicaz que el burgués, aparenta preocuparse de los oprimidos. Poco a poco se convierte en el leader del movimiento sindicalista y esto con tanta más facilidad, cuanto que él no trata seriamente de la supresión de anomalías sociales, sino que se reduce a la formación de un cuerpo de incondicionales adictos, como fuerza combativa para destruir la independencia económica de la nación En corto tiempo logra el judío desplazar de ese campo de actividad a todo competidor. La resistencia y la penetración de los que tienen el buen sentido de hacer frente a la seductora actitud judía, resultan a la larga rotas por el terror.

Enorme es el éxito de esta táctica.

El judío destruye, efectivamente los fundamentos de la economía nacional, sirviéndose de la organización sindicalista, que podría ser bienhechora para la nación.

Paralelamente avanza el desarrollo de la organización política. Opera en común con el movimiento sindicalista al hacer que éste se encargue de preparar a las masas y de inducirlas, por la fuerza, a ingresar en la actividad política, cuyo enorme aparato de organización es fomentado por la inagotable fuente financiera de la organización sindicalista que es el órgano de control de la actuación política del individuo y juega el papel de azuzador en los grandes mítines y manifestaciones. Finalmente la organización sindicalista deja de lado la cuestión económica y pone al servicio de la idea política su principal arma de lucha, que es el paro en la forma de huelga general.

Mediante la organización de una prensa, cuyo contenido está adaptado al nivel espiritual de los menos instruidos, el movimiento político sindicalista tiene finalmente en su mano una institución inductora que predispone a las esferas sociales más bajas de la nación a cometer las más temerarias acciones. Esta prensa no tiene por misión el propósito de sacar a los hombres del fango de una baja pasión para situarlos en un plano superior, sino que por el contrario, procura fomentar los más viles instintos de la masa.

Sobre todo esta prensa es la que, mediante una campaña de difamación rayana en el fanatismo, denigra todo aquello que puede considerarse como el sostén de la autonomía nacional, del nivel cultural y de la independencia económica de la nación. Fustiga con particular saña a todos los espíritus fuertes que no quieren someterse a la arrogante hegemonía del judaísmo o a aquellos que, por sus cualidades geniales, creen los judíos ver en ellos un peligro.

El desconocimiento que reina en el seno de las masas acerca de la verdadera índole del judío y la falta de penetración instintiva de nuestras clases superiores, permiten que el pueblo sea presa fácil de esa campaña de difamación judía.

Mientras las clases superiores, por cobardía innata, se apartan del hombre que resulta víctima de las calumnias y difamaciones del judío, suele la gran masa del pueblo, por estulticia o simplicidad mental, creer en estas calumnias.

Políticamente el judío acaba por sustituir la idea de la democracia por la de la dictadura del proletariado. El ejemplo más terrible en ese orden, lo ofrece Rusia, donde el judío, con un salvajismo realmente fanático, hizo perecer de hambre o bajo torturas feroces a treinta millones de personas, con el solo fin de asegurar de este modo a una caterva de judíos, literatos y bandidos de bolsa, la hegemonía sobre todo un pueblo.

***

Analizando los orígenes del desastre alemán, resalta como causa principal y definitiva el desconocimiento que se tuvo del problema racial y ante todo del problema judío.

Las derrotas sufridas en el campo de batalla en agosto de 1918 habrían sido muy fáciles de sobrellevar, pues no estaban en relación con la magnitud de las victorias que nuestro pueblo había alcanzado.

Toda derrota puede ser la madre de una futura victoria. Toda guerra perdida puede convertirse en la causa de un resurgimiento ulterior; toda miseria puede ser el semillero de nuevas energías humanas y toda opresión puede engendrar también las fuerzas impulsoras de un renacimiento moral, más esto, sólo mientras la sangre se mantenga pura.

La pérdida de la pureza de la sangre destruye para siempre la felicidad interior; degrada al hombre definitivamente y son fatales sus consecuencias físicas y morales.

Todo el aparente florecimiento del antiguo Imperio no podía disimular la decadencia moral de éste y todo empeño aplicado a buscar un afianzamiento efectivo del Reich, debió fracasar ante el caso omiso que se hacía del problema más importante. Por eso en agosto de 1914 no se lanzó a la guerra un pueblo preparado para la lucha; la exaltación que se produjo fue solamente el último destello del instinto de conservación nacional frente a la creciente atonía popular bajo la influencia pacifista-marxista. Como tampoco en aquellos días trascendentales se supo definir al enemigo interior, toda resistencia exterior debió resultar inútil. La providencia no premió a la espada victoriosa, sino que obró la ley de la eterna compensación.

De esta convicción surgieron para nosotros los principios básicos y la tendencia del nuevo movimiento; persuadidos como estábamos, esos fundamentos eran los únicos capaces de detener la decadencia del pueblo alemán y, a la vez, cimentar la base granítica sobre la cual podrá un día subsistir aquel Estado que represente no un mecanismo de intereses económicos extraño a nosotros, sino un organismo propio de nuestro pueblo Un Estado germánico en la nación alemana.

La primera fase del desarrollo del Partido Obrero Alemán Nacionalsocialista

Si al finalizar la primera parte de este libro describo la fase inicial del desarrollo de nuestro movimiento y menciono brevemente una serie de cuestiones relacionadas con esa primera etapa, no o hago animado del propósito de realizar una disertación sobre sus fines ideológicos; pues, ellos son tan magnos que sólo pueden ser tratados en un volumen especial. Por eso en la segunda parte, habré de ocuparme a fondo de sus fundamentos programáticos, procurando delinear un cuadro de eso que nosotros entendemos bajo el concepto «Estado». Con el término «nosotros», me refiero a los centenares de miles de hombres que, en el fondo, ansían lo mismo, pero sin poder precisar con palabras aquello que hondamente preocupa a su imaginación. En efecto, lo remarcable en todas las grandes reformas consiste siempre en que el campeón de la idea es uno solo, en tanto que son millones los sostenedores de la misma. Su aspiración es a menudo, ya desde siglos atrás, un ferviente deseo de cientos de miles, hasta que llega el día en que aparece el hombre que proclama ese querer colectivo y que, encarnando una nueva vida, conduce a la victoria al viejo anhelo.

El hecho de que en la actualidad millones de hombres sientan íntimamente el deseo de un cambio radical de las condiciones existentes, prueba la profunda decepción que domina en ellos. Testigos de ese hondo descontento son sin duda los indiferentes en los torneos electorales y también los muchos que se inclinan a militar en las fanáticas filas de la extrema izquierda. Y es precisamente a éstos a quienes tiene, sobre todo, que dirigirse nuestro joven movimiento.

El problema de la reconstitución del poderío político de Alemania es, desde luego, una cuestión primordial que afecta al saneamiento de nuestro instinto de conservación nacional y esto porque la experiencia demuestra que toda política exterior de acción preparatoria, así como la valorización de un Estado, dependen en menor escala de los elementos bélicos disponibles que de la capacidad de resistencia moral, ya evidenciada o simplemente supuesta, de una nación.

La importancia que adquiere un país como aliado se valora por la notoria presencia de un vibrante espíritu de conservación nacional y de un heroísmo hasta el sacrificio, y no por la simple posesión material de elementos bélicos inanimados, pues, una alianza no se pacta con armas, sino con hombres. Por eso el pueblo inglés será siempre considerado en el mundo como el más valioso aliado, mientras de su gobierno y de la voluntad de acción de sus masas se pueda esperar el concurso de aquella energía y de aquella tenacidad capaces de llevar la lucha iniciada a término victorioso, valiéndose de todos los medios y sin límites de tiempo ni de sacrificios. En este caso es indiferente el potencial de guerra del momento en relación con el de otros Estados.

Un joven movimiento que se impone como finalidad la reconstrucción del Estado alemán con soberanía propia, debe por entero concentrar su actividad en la tarea de ganar la adhesión de las masas. Desde el punto de vista netamente militar, será de fácil comprensión, ante todo para un Oficial, el hecho de que una guerra exterior no puede ser factible con batallones de estudiantes, sino que además de los cerebros de un pueblo, es menester también de sus puños.

Tampoco se debe perder de vista que una defensa nacional apoyada exclusivamente en los círculos llamados pensantes, conduciría a despojar a la nación de un bien irreemplazable. La joven generación intelectual alemana que en otoño de 1914 cayera en las llanuras de Flandes debió después hacer enorme falta. Había sido pues la élite de la nación y su pérdida no fue posible compensarla en el curso de toda la guerra. No solamente la lucha es irrealizable cuando los batallones que se lanzan al ataque no cuentan en sus filas con la masa obrera, sino que resulta también utópica la preparación de carácter técnico sin la espontánea cohesión interior del organismo nacional.

***

Fue por eso por lo que ya en el año 1919 nos hallábamos persuadidos de que el nuevo movimiento debía lograr previamente como objetivo capital, la nacionalización de las masas. De ahí resultaron, desde el punto de vista táctico, una serie de postulados:

1.º Ningún sacrificio social resultará demasiado grande, cuando se trate de ganar a las masas para la obra del resurgimiento nacional. Quiere esto decir que un movimiento que aspira a reincorporar al obrero de Alemania al seno del pueblo alemán, tampoco debe detenerse ante sacrificios económicos, mientras éstos no impliquen una amenazar para la autonomía y la conservación de la economía nacional.

2.º La educación nacional de la gran masa puede llevarse a cabo únicamente en forma indirecta, mediante un mejoramiento social, ya que sólo gracias a éste, son susceptibles de crearse aquellas condiciones económicas que permitan al individuo participar del acervo cultural de la nación.

3.º Jamás puede lograrse la nacionalización de las masas por la acción de procedimientos a medias o por la simple observancia de un llamado punto de vista objetivo; esa nacionalización sólo es posible por obra de un criterio intolerante y fanáticamente parcial en cuanto a la finalidad perseguida. La gran masa de un pueblo no está constituida por profesores ni diplomáticos. Quién se proponga ganar a las masas, debe conocer la llave que le abra la puerta de su corazón. Esa llave no se llama objetividad, esto es, debilidad, sino voluntad y fuerza.

4.º El éxito en la labor de ganar el alma popular depende de que simultáneamente con la acción de la lucha positiva por los propios ideales, se logre anular a los enemigos de estos ideales. En todos los tiempos el pueblo considera la acción resuelta contra un adversario político como una prueba de su propio derecho, y contrariamente, ve en la abstención de aniquilar al enemigo un signo de inseguridad de ese derecho y hasta la ausencia del mismo.

La gran masa no es más que una parte de la Naturaleza y no cabe en su mentalidad comprender el mutuo apretón de manos entre hombres que afirman perseguir objetivos contrapuestos. Lo que la masa quiere es el triunfo del más fuerte y la destrucción del débil o su incondicional sometimiento.

5.º La incorporación en la comunidad nacional, o simplemente en el Estado, de un grupo convertido en clase social, no se produce por el descenso de nivel de las clases superiores existentes, sino por la exaltación de las esferas inferiores.

Tampoco pueden ser gestoras de este proceso las clases superiores; eso está reservado sólo a las clases inferiores que luchan por su derecho de igualdad. La burguesía actual no llegó a engranarse en el Estado por obra de la nobleza, sino gracias a su propio esfuerzo y a su propia directiva.

El mayor de los obstáculos que se opone al acercamiento del obrero de nuestros días a la comunidad nacional, no radica en la representación de sus intereses corporativos, sino en la actitud hostil, a la nación y a la patria que asumen sus dirigentes internacionales. Guiadas bajo una orientación fanáticamente nacional en cuestiones políticas y en aquéllas que afectan a los intereses del pueblo, las mismas asociaciones sindicalistas podrían —prescindiendo de las controversias locales de índole netamente económica— convertir a millones de obreros en valiosísimos elementos de la nacionalidad.

Un movimiento de opinión que aspira honradamente a reincorporar al obrero alemán al seno de su pueblo, arrancándolo de la utopía del internacionalismo, tienen antes que rebelarse vigorosamente contra el criterio que domina particularmente en las esferas de los patronos industriales y que consiste en comprender bajo el concepto de; «comunidad nacional» un incondicional sometimiento, desde el punto de vista económico del obrero al patrón, aparte de que creen ver una agresión contra la comunidad en toda reclamación por justificada que sea, que el obrero haga, velando por sus vitales intereses económicos.

Indudablemente el obrero atenta contra el espíritu de una verdadera comunidad nacional en el momento en que, apoyado en su poder, plantea exigencias perturbadoras, contrarias al bien público y a la estabilidad de la economía nacional; del mismo modo, no atenta menos contra esa comunidad el patrón que por medios inhumanos y de explotación egoísta, abusa de las fuerzas nacionales de trabajo, llenándose de millones a costa del sudor del obrero.

La fuente en la cual nuestro naciente movimiento deberá reclutar a sus adeptos será, pues, en primer término, la masa obrera. La misión de nuestro movimiento en este orden consistirá en arrancar al obrero alemán de la utopía del internacionalismo, libertarle de su miseria social y redimirle del triste medio cultural en que vive, para convertirle en un valioso factor de unidad, animado de sentimientos nacionales y de una voluntad igualmente nacional en el conjunto de nuestro pueblo.

Además, el objetivo que perseguimos no es invertir la estructura del campo de opinión, en sí nacional, sino ganar el campo anti-nacional. Tal punto de vista es fundamentalmente esencial para la acción táctica de todo nuestro movimiento.

6.º Este criterio nuestro unilateral, pero justamente por eso, claramente definido, tienen que revelarse también en la propaganda del movimiento, aparte de que es indispensable por razones de la propaganda misma.

La propaganda tienen que responder en su forma y en su fondo al nivel cultural de la masa, y la eficacia de sus métodos deberá apreciarse exclusivamente por el éxito obtenido. En una asamblea popular no es el mejor aquel orador que espiritualmente se acerca más a los auditores de la clase pensante, sino aquél que sabe conquistar el alma de la muchedumbre.

7.° Jamás se alcanzará el objetivo de un movimiento político de reforma por medio de una labor de difusión meramente informativa o llegando a influenciar a los poderes dominantes, sino únicamente mediante la posesión del mando político. Pero un golpe de Estado no puede considerarse triunfante por el solo hecho de que los revolucionarios se apoderen del gobierno, sino sólo cuando de la realización de los propósitos y objetivos, que encarna una tal acción revolucionaria, surge para la nación un bienestar mayor que en el régimen anterior; cosa que por supuesto no se puede afirmar de la «revolución alemana», como se vino a llamar el golpe de bandolerismo efectuado en el otoño de 1918.

Mas, si la conquista del poder político es condición previa para llevar a la práctica propósitos de reforma, lógico es que un movimiento animado de tales propósitos se considere, desde el primer momento de su existencia, como una corriente de la masa y no como un club de «tés literarios» o como un círculo provinciano de palique político.

8.° El nuevo movimiento es antiparlamentario por su carácter y por la índole de su organización; es decir que en general, así como dentro de su propia estructura, rechaza el principio de decisión por mayoría, principio que degrada al Führer a la condición de simple ejecutor de la voluntad y de la opinión de los demás. En pequeño y en grande, encarna nuestro movimiento el principio de la autoridad absoluta del Führer que, a su vez, supone una máxima noción de responsabilidad.

Constituye una de las más elevadas tareas del movimiento, hacer de este principio la norma determinante, no sólo dentro de sus propias filas, sino también en el mecanismo de todo el Estado. Quien sea Führer, tendrá que llevar junto a su ilimitada autoridad suprema, la carga de la mayor y de la más pesada de las responsabilidades.

9.° Nuestro movimiento no ve su cometido en la restauración de una forma determinada de gobierno en oposición a alguna otra. Sino en el establecimiento de aquellos principios fundamentales, sin los cuales, ni monarquía ni república pueden contar con una existencia garantizada. No es su intención fundar una monarquía o consolidar una república, sino crear un Estado germánico.

10.° La cuestión de la organización interna del movimiento es cuestión convencional y no de principio. No es la mejor aquella organización que interpone entre la jefatura del movimiento y sus prosélitos un aparatoso sistema intermediario, sino la que se sirve del menos complicado mecanismo; pues no debe olvidarse que la tarea de organización consiste en transmitir a un cúmulo de hombres una determinada idea —que primero surgió en la mente de uno solo— y velar a su vez por la aplicación práctica de la misma.

Para la organización interna del movimiento privaron las siguientes directivas:

a) Concentración de toda la labor primeramente en un solo punto: Munich. Formación de una comunidad de adeptos leales a toda prueba y luego, perfeccionamiento de la escuela de los futuros propagadores de la idea. Adquisición de la autoridad necesaria por medio de éxitos políticos, grandes y notables, en la sede central.

b) Formación de grupos locales en otras ciudades, inmediatamente después de haber quedado consagrada la autoridad de la jefatura centran en Munich.

c) Así como un ejército sin jefes, sea cual fuese su sistema, carece de eficacia, así también es inútil una organización política no dotada de su respectivo Führer.

Para ser el Führer se requiere capacidad, no únicamente entereza, sin olvidar no obstante que debe darse mayor importancia a la fuerza de voluntad y de acción que a la genialidad en sí. Lo ideal pues será la conjunción de las condiciones de capacidad, decisión y perseverancia.

11.º El futuro de un movimiento depende del fanatismo, si se quiere, de la intolerancia con que sus adeptos sostengan su causa como la única justa y la impongan frente a otros movimientos de índole semejante.

Es un gran error creer que la potencialidad de un movimiento se acreciente por efecto de la fusión con otro movimiento análogo. Ciertamente toda expansión en este orden significa numéricamente un aumento, dando al observador superficial la impresión de haberse vigorizado también el poder del movimiento mismo; pero la verdad, es que éste se adjudica los gérmenes de un debilitamiento que no tardará en hacerse manifiesto.

La magnitud de toda organización poderosa que encarna una idea, estriba en el religioso fanatismo y en la intolerancia con que esa organización, convencida íntimamente de la justicia de su causa, se impone sobre otras corrientes de opinión. Si una idea es justa en el fondo y así armada inicia su lucha, será invencible en el mundo: toda persecución no conducirá sino a aumentar su fuerza interior.

La grandeza del Cristianismo no se debió a componendas con corrientes filosóficas más o menos semejantes de la antigüedad, sino al inquebrantable fanatismo con que proclamó y sostuvo su propia doctrina.

12.º Los secuaces de nuestro movimiento no deben temer el odio ni las vociferaciones de los enemigos de nuestra nacionalidad y de nuestra ideología; por el contrario, deberán más bien ansiarlas. La mentira y la calumnia son manifestaciones propias de ese odio. Aquél que no es calumniado y denigrado por la prensa judía no es alemán de verdad, ni es verdadero nacionalsocialista.

La mejor medida para aquilatar el valor de su criterio, la sinceridad de su convicción y la entereza de su carácter, es el grado de aversión con que es combatido por el enemigo mortal de nuestro pueblo.

13.º Nuestro movimiento está obligado a fomentar por todos los medios el respeto a la personalidad. No debe olvidarse que el valor de todo lo humano radica en el valor de la personalidad; que toda idea y que toda acción son el fruto de la capacidad creadora de un hombre y que, finalmente, la admiración por la grandeza de la personalidad, representa no sólo un tributo de reconocimiento para ésta, sino también un vínculo que une a los que sienten gratitud hacia ella.

La personalidad es irreemplazable.

***

Nada nos había hecho sufrir más, en la primera época de la formación de nuestro movimiento, que el que nuestros nombres fuesen desconocidos y sin importancia para la opinión pública, hecho que desde luego ponía en duda la posibilidad de nuestro éxito. En efecto, la opinión pública nada sabía de nosotros, ni nadie en Munich, con excepción de nuestros pocos adeptos y los amigos de éstos, sabía de la existencia de nuestro partido ni siquiera su nombre.

Se imponía, pues, salir al fin del círculo estrecho y ganar nuevos prosélitos, procurando a todo trance la difusión del nombre de nuestro movimiento.

Una vez al mes y posteriormente cada quince días, organizábamos «asambleas». Las invitaciones se escribían a máquina y en parte también a mano. Recuerdo todavía cómo yo mismo en aquel primer tiempo, distribuí un día personalmente en las respectivas casas, ochenta de estas invitaciones, y recuerdo también cómo esperamos aquella noche la presencia de las «masas populares» que debían venir… Con una hora de retraso, el «presidente» se decidió al fin a inaugurar la «asamblea». Otra vez, no éramos más que siete, los siete de siempre.

Gracias a pequeñas colectas de dinero en nuestro círculo de pobres diablos, logramos reunir los medios necesarios para poder anunciar una asamblea mediante un aviso del diario independiente de entonces «Münchener Beobachter».

La asamblea debía realizarse en el «Hofbräuhaus Kéller» de Munich. A las 7 de la noche, se hallaban presentes 111 personas.

La asamblea quedó abierta. Un profesor de Munich pronunció el primer discurso, luego debía yo tomar la palabra por primera vez en público. Hablé durante treinta minutos y aquellos que antes había sentido instintivamente, quedó comprobado por la realidad; tenía condiciones para hablar.

Al finalizar mi discurso, el público en el estrecho recinto, estaba como electrizado y el entusiasmo tuvo su primera manifestación en el hecho de que mi llamada a la generosidad de los presentes dio por resultado una colecta de 300;marcos.

El presidente del partido de entonces, señor Harrer, era periodista de profesión y como tal, indudablemente, un hombre de amplia ilustración. Pero, en su calidad de jefe de partido, pesaba sobre él el gravísimo defecto de no saber hablar para las masas. Minucioso y exacto, como en su trabajo profesional, carecía sin embargo del vuelo espiritual necesario, quizás precisamente debido a esa falta de talento oratorio. El señor Drexler, presidente del grupo regional de Munich en aquel tiempo, era un simple obrero, asimismo incapacitado para la oratoria y que tampoco tenía nada de soldado.

No había servido en el ejército, ni durante la guerra fue combatiente, de modo que a él, débil e indeciso por naturaleza, le faltaba la única escuela capaz de forjar, de caracteres pusilánimes espíritus varoniles. Ambos no eran hombres de la talla de los que llevan en el corazón, no sólo la fe fanática en el triunfo de una causa, sino que, animados de inquebrantable energía y hasta de brutal inexorabilidad, si ello es necesario, son capaces de vencer los obstáculos que pueden embarazar el triunfo de la nueva idea. A este fin podían sólo prestarse hombres que, mental y físicamente, hubiesen adquirido aquellas virtudes militares que quizás podríamos condensar en estos términos: la agilidad del galgo, la resistencia del cuero y la dureza del acero de Krupp. Entonces era yo todavía soldado activo con casi seis años de servicio, de manera que aquel círculo debió considerarme al principio como algo entraño en su seno.

En mi vocabulario no regían las palabras: «no es posible» o «será imposible», «no debe aventurarse», «es todavía muy peligroso», etc.

El caso era naturalmente peligroso. Por cierto que los defraudadores marxistas del pueblo, debieron odiar en grado superlativo un movimiento cuya definida finalidad era ganar aquel sector social que hasta aquel momento se hallaba al exclusivo servicio de los partidos internacionales de judíos marxistas y traficantes de la Bolsa. Desde luego, el solo nombre «Partido Obrero Alemán», constituía una provocación.

Durante todo el invierto de 1919-1920 fue para mí una lucha continua el empeño de consolidar la confianza en la voluntad de vencer que debía animar al joven movimiento y acrecentarlo hasta aquel fanatismo que, convertido en fe, sería después capaz de trasladar montañas.

Entre tanto, el número de los que frecuentaban nuestras asambleas había ascendido a más de 200 y el éxito fue brillante lo mismo en el aspecto exterior, que en el orden económico. Quince días más tarde, la cifra había subido a más de 400.

$$***$$

Jamás podré prevenir suficientemente a nuestro joven movimiento sobre el peligro de caer en la red de los llamados «trabajadores silenciosos». Estos no sólo son cobardes, sino también incapaces y haraganes. Todo hombre que está enterado de una cosa, que se da cuenta de un peligro latente, y que ve la posibilidad de remediarlo, tiene necesariamente la obligación de asumir en público una actitud franca en contra del mal, buscando su curación, en lugar de concretarse a obrar «silenciosamente».

La mayoría de los «trabajadores silenciosos» se dan ínfulas de saber, ¡Dios sabe qué! Ninguno de ellos sabe nada, pero tratan de sofisticar al mundo entero con sus artificios; son perezosos, pero despiertan por medio de su decantado trabajo «silencioso» la impresión de que tienen una actividad enorme y diligente. En una palabra, son embusteros y traficantes políticos, que detestan el trabajo honrado de los otros.

Incluso el más simple agitador que tiene el coraje de defender su causa abierta y varonilmente ante los adversarios en la taberna, labora más que mil de esos hipócritas, mentirosos y pérfidos.

***

A principios del año 1920 induje a organizar el primer mitin. El presidente del partido, señor Harrer, creía no poder apoyar mi iniciativa en cuanto al momento elegido y se decidió en consecuencia, como hombre correcto y honrado, a dejar la presidencia. Antón Drexler fue el sucesor; yo personalmente me había reservado la organización de la propaganda, poniéndome resueltamente a la obra.

Para el 4 de febrero de aquel año quedó fijada la fecha de realización de la primera gran asamblea popular de nuestro movimiento, todavía casi desconocido hasta entonces. Los preparativos los dirigí yo mismo.

El rojo fue el color elegido; era el más provocador y el que naturalmente más debía indignar e irritar a nuestros detractores, haciéndonos ante ellos inconfundibles por otra razón.

A las 07:30 de la noche debía inaugurarse la asamblea. Quince minutos antes ingresé en la sala de la «Hofbräuhaus», situada en la Plaza de Munich. Mi corazón saltaba de alegría, pues el enorme local se hallaba materialmente repleto de gente en un número mayor a 2.000 personas. Más de la mitad de la sala parecía hallarse ocupada por comunistas y elementos independientes.

Tomé la palabra a continuación del primer orador. Pocos minutos más tarde menudeaban las interrupciones; en el fondo de la sala se producían escenas violentas. Un grupo de mis fieles camaradas de la guerra y otros pocos adeptos más, se enfrentaron con los perturbadores y sólo paulatinamente pudo restablecerse el orden. Seguí hablando. Media hora después, los aplausos comenzaron a imponerse a los gritos y exclamaciones airadas, y, finalmente, cuando exponía los 25 puntos de nuestro programa, me hallaba frente a una sala atestada de individuos unidos por una nueva convicción, por una nueva fe y por una nueva voluntad. Quedó encendido el fuego cuyas llamas forjarán un día la espada que le devuelva la libertad al Sigfrido germánico y restaure la vida de la nación alemana.

Y junto al resurgimiento que veía venir, se levantaba inexorable, contra el perjurio del 9 de noviembre de 1918, la diosa de la venganza.

Lentamente fue vaciándose la sala.

El movimiento tomaba su curso.

SEGUNDA PARTE

Ideología y Partido

Era natural que el nuevo movimiento únicamente pudiese esperar asumir la importancia necesaria y obtener la fuerza requerida para su gigantesca lucha, en el caso de que desde el primer momento lograra despertar en el alma de sus partidarios, la sagrada convicción de que dicho movimiento no significaba imponer a la vida política un nuevo lema electoral, sino hacer que una concepción ideológica nueva, de trascendencia capital, llegara a preponderar.

Se debe considerar cuán paupérrimos son los puntos de vista de los cuales emanan generalmente los llamados «programas políticos» y la forma cómo éstos son ataviados de tiempo en tiempo con ropajes nuevos. Siempre es el mismo e invariable motivo el que induce a formular nuevos programas o a modificar los existentes: la preocupación por el resultado de la próxima elección. Se reúnen comisiones que «revisan» el antiguo programa y redactan uno «nuevo», prometiendo a cada uno lo suyo. Al campesino, se le ofrece para su agricultura; al industrial, para su manufactura; al consumidor, facilidades de compra; los maestros de escuela recibirán aumento de sueldo; los funcionarios mejoramiento de pensiones; viudas y huérfanos gozarán de la ayuda del Estado en escala superlativa; el tráfico, será fomentado; las tarifas, experimentarán considerable reducción y hasta los impuestos quedarán poco menos que abolidos.

Apoyados en estos preparativos y puesta la confianza en Dios y en la proverbial estulticia del cuerpo electoral, inician los partidos su campaña por la llamada «renovación» del Reich.

Pasadas las elecciones, el «señor representante del pueblo», elegido por un período de cinco años, se encamina todas las mañanas al congreso y llega, por lo menos, hasta la antesala donde encuentra la lista de asistencia. Sacrificándose por el bienestar del pueblo, inscribe allí su ilustre nombre y toma, a cambio de ello, la muy merecida dieta que le corresponde como insignificante compensación por este su continuado y agobiante trabajo.

Al finalizar el cuarto año de su mandato, o también en otras horas críticas, pero especialmente cuando se aproxima la fecha de la disolución de las cortes, invade súbitamente a los señores diputados un inusitado impulso y las orugas parlamentarias salen, cual mariposas de su crisálida, para ir volando al seno del «bien querido» pueblo. De nuevo se dirigen a sus electores, les cuentan de sus labores fatigantes y del malévolo empecinamiento de los adversarios. Dada la granítica estupidez de nuestra humanidad, el éxito no debe sorprendernos. Guiado por su prensa y alucinado por la seducción del nuevo programa, el rebaño electoral, tanto «burgués» como «proletario», retorna al establo común para volver a elegir a sus antiguos defraudadores.

¡Nada más decepcionante que observar todo este proceso en su desnuda realidad!

La lucha política, en todos los partidos que se dicen de orientación burguesa, se reduce en verdad a la sola disputa de escaños parlamentarios, en tanto que las convicciones y los principios se echan por la borda cual sacos de lastre; los programas políticos están adaptados, por cierto, a tal estado de cosas. Esos partidos carecen de aquella atracción magnética que arrastra siempre a las masas bajo la dominante impresión de amplios puntos de vista y bajo la fuerza persuasiva de fe incondicional y de coraje fanático para luchar por ellos.

***

Antes de entrar a ocuparte de los problemas y objetivos del Partido Obrero Alemán Nacionalsocialista deseo precisar el concepto «Völkish» (racista) y su relación con nuestro movimiento.

El concepto «völkish» se presenta susceptible de una elástica interpretación y es ilimitado, tal como ocurre, por ejemplo, con el término «religiös» (religioso). También el concepto «völkish» entraña en sí ciertas verdades fundamentales, las cuales, aun teniendo la trascendencia más eminente, son sin embargo tan vagas en su forma, que cobran valor superior al de una simple opinión más o menos autorizada cuando se las engasta como elementos básicos en el marco de un partido político. La realización de aspiraciones de concepción ideológica y también la de los postulados que de ellas de derivan, no son resultado ni de la pura sensibilidad ni del solo anhelo del hombre, como tampoco V. Gr. la consecución de la libertad, es el fruto del ansia general por ella.

Toda concepción ideológica, por mil veces justa y útil que fuese para la humanidad, quedará prácticamente sin valor en la vida de un pueblo, mientras sus principios no se hayan convertido en el escudo de un movimiento de acción, el cual a su vez, no pasará de ser un partido, mientras no haya coronado su obra con la victoria de sus ideas y mientras sus dogmas de partido no constituyan las leyes básicas del Estado dentro de la comunidad del pueblo.

A la representación abstracta de una idea justa en principio, que da el teorizante, debe sumarse la experiencia práctica del político. Al investigador de la verdad tiene que complementarle el conocedor de la psiquis del pueblo para extraer y conformar del fondo de la verdad eterna y del ideal, lo humanamente posible para el simple mortal. Del seno de millones de hombres, donde el individuo adivina con más o menos claridad las verdades proclamadas y quizás, si hasta en parte las aprende, surgirá el hombre que con apodíctica energía forme de las vacilantes concepciones de la gran masa, principios graníticos por cuya verdad exclusiva luchará hasta que del mar ondeante de un mundo libre de ideas emerja la roca de un común sentimiento unitario de fe y voluntad.

El derecho universal de obrar así, se funda en la necesidad, en tanto que tratándose del derecho individual es el éxito el que en ese caso justifica el proceder.

***

La concepción política corriente en nuestros días, descansa generalmente sobre la errónea creencia de que, sin bien se le pueden atribuir al Estado energías creadoras y conformadoras de la cultura, el mismo, en cambio, nada tiene de común con premisas raciales, sino que podría ser más bien considerado como un producto de necesidades económicas o, en el mejor de los casos, el resultado natural del juego de fuerzas políticas. Este criterio, desarrollado lógica y consecuentemente, conduce no sólo al desconocimiento de energías primordiales de la raza, sino también a una deficiente valoración de la persona, ya que la negación de la diversidad de razas, en lo tocante a sus aptitudes generadoras de cultura, hace que ese error capital tenga necesariamente que influir también en la apreciación del individuo. Aceptar la hipótesis de la igualdad de razas, significaría proclamar la igualdad de los pueblos y consiguientemente la de los individuos.

Según eso, el marxismo internacional no es más que una noción hace tiempo existente y a la cual le dio el judío Karl Marx la forma de una definida profesión de fe política. Sin la previa existencia de ese emponzoñamiento de carácter general, jamás habría sido posible el asombroso éxito político de esa doctrina. Karl Marx fue, entre millones, realmente el único que con su visión de profeta descubriera en el fango de una humanidad paulatinamente envilecida, los elementos esenciales del veneno social, y supo reunirlos, cual un genio de la magia negra, en una solución concentrada para poder destruir así con mayor celeridad, la vida independiente de las naciones soberanas del orbe. Y todo esto, al servicio de su propia raza.

Frente a esa concepción, ve la ideología nacionalracista, el valor de la humanidad en sus elementos raciales de origen.

En principio considera el Estado sólo como un medio hacia un determinado fin y cuyo objetivo es la conservación racial del hombre. De ninguna manera, por tanto, en la igualdad de las razas, sino que por el contrario, al admitir su diversidad, reconoce también la diferencia cualitativa existente entre ellas. Esta persuasión de la verdad, le obliga a fomentar la preponderancia del más fuerte y a exigir la supeditación del inferior y del débil, de acuerdo con la voluntad inexorable que domina el universo. En el fondo, rinde así homenaje al principio aristocrático de la Naturaleza y cree en la evidencia de esa ley, hasta tratándose del último de los seres racionales. La ideología racista distingue valores, no sólo entre las razas, sino también entre los individuos. Es el mérito de la personalidad lo que para ella se destaca del conjunto de la masa obrando, por consiguiente, frente a la labor disociadora del marxismo, como fuerza organizadora.

Cree en la necesidad de una idealización de la humanidad como condición previa para la existencia de ésta. Pero le niega la razón de ser a una idea ética, si es que, ella, racialmente, constituye un peligro para la vida de los pueblos de una ética superior, pues en un mundo bastardizado o amestizado, estaría predestinada a desaparecer para siempre toda noción de lo bello y digno del hombre, así como la idea de un futuro mejor para la humanidad.

La cultura humana y la civilización están inseparablemente ligadas a la idea de la existencia del hombre ario. Su desaparición o decadencia sumiría de nuevo al globo terráqueo en las tinieblas de una época de barbarie. El socavamiento de la cultura humana por medio del exterminio de sus representantes, es para la concepción de la ideología racista el crimen más execrable.

***

La concreción sistemática de una ideología, jamás podrá realizarse sobre otra base que no fuese una definición precisa de la misma y teniendo en cuenta que lo que para la fe religiosa representan los dogmas, son los principios políticos para un partido en formación.

Por tanto, se impone dotar a la ideología racista de un instrumento que posibilite su propagación análogamente a la forma cómo la organización del partido marxista le abre paso al internacionalismo.

Esta es la finalidad que persigue el partido obrero alemán nacionalsocialista.

Personalmente, ví mi misión en la tarea de extraer del amplio e informe conjunto de una concepción ideológica general, los elementos que son substanciales y darles formas más o menos dogmáticas, de modo que, por su clara precisión, se presten para cohesionar unitariamente a aquellos que juren la idea. En otros términos: El partido obrero alemán nacionalsocialista toma del fondo de la idea básica de una concepción racista general, los elementos esenciales para formar con ellos —sin perder de vista la realidad práctica, la época que vivimos y el material humano existente, así como las flaquezas inherentes a éste— una profesión de fe política, la cual, a su vez, pueda hacer de la cohesión de las grandes masas, rígidamente organizadas, la condición previa para la victoriosa evidenciación de la ideología racista.

El Estado

Ya en los años de 1920 y 1921, los círculos anticuados de la burguesía, acusaron incesantemente a nuestro movimiento de mantener una posición negativa frente al Estado actual, y de esta acusación la politiquería partidista de todos los sectores hizo derivar el derecho de iniciar, por todos los medios, la lucha opresora contra la joven e incómoda protagonista de una nueva concepción ideológica. Por cierto que deliberadamente se había olvidado de que el mismo burgués de nuestros días era ya incapaz de imaginar bajo el concepto «Estado» un organismo homogéneo y tampoco existía, ni podía existir, una definición concreta para el mismo. A esto se agrega que en nuestras universidades, suelen haber a menudo «difundidores» en forma de catedráticos de Derecho Público, cuya «suprema tarea» consiste en elucubrar explicaciones e interpretaciones sobre la existencia, más o menos dichosa del Estado al cual deben el pan cotidiano. Cuanto más abtrusa sea la contextura de un Estado, tanto más impenetrable, alambicado e incompresible, resulta el sentido de las definiciones de su razón de ser.

En términos generales, se puede distinguir tres criterios diferentes: a) El grupo de los que ven en el Estado simplemente una asociación, más o menos espontánea, de gentes sometidas al poder de un gobierno. En el solo hecho de la existencia de un Estado, radica, para ellos, una sagrada inviolabilidad.

Apoyar semejante extravío de cerebros humanos, supone rendir culto servil a la llamada autoridad del Estado. En un abrir y cerrar de ojos, se transforma en la mentalidad de esas gentes el medio en un fin.

b) El segundo grupo, no admite que la autoridad del Estado represente la única y exclusiva razón de ser de éste, sino que, al mismo tiempo, le corresponde la misión de fomentar el bienestar de sus súbditos. La idea de «libertad», es decir, de una libertad generalmente mal entendida, se intercala en la concepción que esos círculos tienen del Estado.

La forma de gobierno ya no parece inviolable por el solo hecho de su existencia; se la analiza más bien desde el punto de vista de su conveniencia. Por lo demás, es un criterio que espera del Estado, sobre todo, una favorable estructuración de la vida económica del individuo; un criterio, por tanto, que juzga desde puntos de vista prácticos y de acuerdo con nociones generales del rendimiento económico. A los representantes principales de esta escuela, los encontramos en los círculos de nuestra burguesía corriente y con preferencia en los de nuestra democracia liberal.

c) El tercer grupo es numéricamente el más débil y cree ver en el Estado un medio para la realización de tendencias imperialistas, a menudo vagamente formuladas dentro de este Estado, de un pueblo homogéneo y del mismo idioma.

***

Fue muy triste observar en los últimos cien años cómo infinidad de veces, pero con la mejor buena fe, se jugó con la palabra «germanizar». Yo mismo recuerdo cómo en mi juventud precisamente esta palabra sugería ideas increíblemente falsas. En los círculos pangermanistas mismos, se podía escuchar, en aquellos tiempos, la absurda opinión de que en Austria, los alemanes, llegarían buenamente a conseguir la germanización de los eslavos de dicho país.

Es un error casi inconcebible creer que, por ejemplo, un negro o un chino se convierten en germanos porque aprendan el idioma alemán y estén dispuestos en lo futuro a hablar la nueva lengua o dar su voto por un partido político alemán.

Desde luego, esto habría significado el comienzo de una bastardización y con ello, en el caso nuestro, no una germanización, sino más bien la destrucción del elemento germano.

Como la nacionalidad o mejor dicho, la raza, no estriba precisamente en el idioma, sino en la sangre, se podría hablar de una germanización sólo en el caso de que, mediante tal proceso, se lograse cambiar la sangre de los sometidos, lo cual constituiría no obstante, un descenso del nivel de la raza superior.

Que enorme es ya el daño que, indirectamente, se ha ocasionado a nuestra nacionalidad, con el hecho de que debido a la falta de conocimiento de muchos americanos, se toma por alemanes a los judíos, que hablando alemán, llegan a América.

Lo que a través de la historia pudo germanizarse provechosamente, fue el suelo que nuestros antepasados conquistaron con la espada y que colonizaron después con campesinos alemanes. Y si allí se infiltró sangre extraña en el organismo de nuestro pueblo, no se hizo más que contribuir con ello a la funesta disociación de nuestro carácter nacional, lo cual se manifiesta en el lamentable superindividualismo de muchos.

Por eso el primer deber de un nuevo movimiento de opinión, basado sobre la ideología racista, es velar porque el concepto que se tiene del carácter y de la misión del Estado adquiera una forma clara y homogénea.

No es el Estado en sí el que crea un cierto grado cultural; el Estado puede únicamente cuidar de la conservación de la raza de la cual depende esa cultura.

En consecuencia, es la raza y no el Estado lo que constituye la condición previa de la existencia de una sociedad humana superior.

Las naciones o mejor dicho las razas que poseen valores culturales y talento creador, llevan latentes en sí mismas, esas cualidades, aun cuando, temporalmente, circunstancias desfavorables no permitan su desarrollo. De eso se infiere también que es una temeraria injusticia presentar a los germanos de la época anterior al cristianismo como hombres «sin cultura», es decir, bárbaros, cuando jamás lo fueron, pues el haberse visto obligados a vivir bajo condiciones que obstaculizaron el desenvolvimiento de sus energías creadoras, debióse a la inclemencia de su suelo nórdico. De no haber existido el mundo clásico, si los germanos hubiesen llegado a las regiones meridionales de Europa, más propicias a la vida, y si, además, hubiesen contado con los primeros medios técnicos auxiliares, sirviéndose de pueblos de raza inferior, la capacidad creadora de cultura, latente en ellos, hubiera podido alcanzar un brillante florecimiento, como en el caso de los helenos. Pero la innata fuerza creadora de cultura que poseía el germano, puede atribuirse únicamente a su origen nórdico. Llevados a tierras del sur, ni el lapón ni el esquimal podrían desarrollar una elevada cultura. Fue el ario, precisamente a quien la Providencia dotó de la bella facultad de crear y organizar, sea porque él lleve latentes en sí mismo esas cualidades o porque las imprima a la vida que nace según las circunstancias propicias o desfavorables del medio geográfico que lo rodea.

Nosotros los nacionalsocialistas, tenemos que establecer una diferencia rigurosa entre el Estado, como recipiente y la raza como su contenido. El recipiente tiene su razón de ser sólo cuando es capaz de abarcar y proteger el contenido; de lo contrario, carece de valor.

El fin supremo de un Estado racista, consiste en velar por la conservación de aquellos elementos raciales de origen que, como factores de cultura, fueron capaces de crear lo bello y lo digno inherente a una sociedad humana superior.

Nosotros, como arios, entendemos el Estado como el organismo viviente de un pueblo que no sólo garantiza la conservación de éste, sino que lo conduce al goce de una máxima libertad, impulsando el desarrollo de sus facultades morales e intelectuales.

Aquello que hoy trata de imponérsenos como Estado, generalmente no es más que el monstruoso producto de un hondo desvarío humano que tiene por consecuencia una indecible miseria.

Nosotros los nacionalsocialistas, sabemos que, debido a este modo de pensar, estamos colocados en el mundo actual en un plano revolucionario y llevamos, por tanto, el sello de esta revolución. Mas, nuestro criterio y nuestra manera de actuar, no deben depender, en caso alguno, del aplauso o de la crítica de nuestros contemporáneos, sino, simplemente, de la firme adhesión a la verdad, de la cual estamos persuadidos. Sólo así podremos mantener el convencimiento de que la visión más clara de la posteridad no solamente comprenderá nuestro proceder de hoy, sino que también reconocerá que fue justo, y lo ennoblecerá.

Si nos preguntásemos cómo debería estar constituido el Estado que nosotros necesitamos, tendríamos que precisar, ante todo, la clase de hombres que ha de abarcar y cual es el fin al que debe servir.

Desgraciadamente nuestra nacionalidad ya no descansa sobre un núcleo racial homogéneo. El proceso de la fusión de los diferentes componentes étnicos originarios, no está tampoco tan avanzado como para poder hablar de una nueva raza resultante de él. Por el contrario, los sucesivos envenenamientos sanguíneos que sufrió el organismo nacional alemán, en particular a partir de la guerra de los Treinta años, vinieron a alterar la homogeneidad de nuestra sangre y también de nuestro carácter. Las fronteras abiertas de nuestra patria al contacto de pueblos vecinos no germanos, a lo largo de las zonas fronterizas, y ante todo el infiltramiento directo de sangre extraña en el interior del Reich, no dan margen, debido a su continuidad, a la realización de una fusión completa.

Al pueblo alemán le falta aquel firme instinto gregario que radica en la homogeneidad de la sangre y que en los trances de peligro inminente salvaguarda a las naciones de la ruina. El hecho de la inexistencia de una nacionalidad, sanguíneamente homogénea nos ha ocasionado daños dolorosos. Dio ciudades residenciales a muchos pequeños potentados, pero al pueblo mismo le arrebató en su conjunto el derecho señorial.

Significa una bendición el que gracias a esa incompleta promiscuidad, poseamos todavía en nuestro organismo nacional grandes reservas del elemento nórdico germano de sangre incontaminada, y que podamos considerarlo como el tesoro más valioso de nuestro futuro.

El Reich alemán, como Estado, tiene que abarcar a todos los alemanes e imponerse la misión, son sólo de cohesionar y de conservar las reservas más preciadas de los elementos raciales originarios de este pueblo, sino también, la de conducirlos, lenta y firmemente, a una posición predominante.

***

Es posible que para muchos de nuestros actuales burocratizados dirigentes del gobierno, sea más tranquilizador laborar por el mantenimiento de un estado de cosas existente, que luchar por el advenimiento de uno nuevo. Más cómodo les parecerá siempre ver en el Estado un mecanismo destinado llanamente a conservarse a sí mismo y que, por ende, vela también por ellos, ya que su vida «pertenece al Estado», como acostumbran a decir.

En consecuencia, al luchar nosotros por una nueva concepción que responde plenamente al sentido primordial de las cosas, encontraremos muy pocos camaradas en el seno de una sociedad envejecida no sólo orgánicamente, sino también espiritualmente, por desgracia. Por excepción, quizá algunos ancianos con el corazón joven y la mente fresca todavía, vendrán de esos círculos hacia nosotros, pero jamás aquéllos que ven el objeto esencial de su vida en la conservación de un estado de cosas ya establecido.

Es un hecho que, cuando en una nación, con una finalidad común, un determinado contingente de máximas energías se segrega definitivamente del conjunto inerte de la gran masa, esos elementos de selección llegarán a exaltarse a la categoría de dirigentes del resto. Las minorías hacen la historia del mundo, toda vez que ellas encarnan, en su minoría numérica, una mayoría de voluntad y de entereza.

Por eso lo que hoy a muchos les parece una dificultad, es, en realidad, la premisa de nuestro triunfo. Justamente en la magnitud y en las dificultades de nuestro cometido radica la posibilidad de que sólo los más calificados elementos de lucha han de seguirnos en nuestro camino. Esta selección será la que garantice el éxito.

***

Todo cruzamiento de razas conduce fatalmente, tarde o temprano, a la extinción del producto híbrido mientras en el ambiente coexista, en alguna forma de unidad racial, el elemento cualitativamente superior representado en este cruzamiento. El peligro que amenaza al producto híbrido desaparece en el preciso momento de la bastardización del último elemento puro de raza superior.

En esto se dunda el proceso de la regeneración natural que, aunque lentamente, contando con un núcleo de elementos de raza pura y siempre que haya cesado la bastardización, llega a absorver, poco a poco, los gérmenes del envenenamiento racial.

Un estado de concepción racista, tendrá en primer lugar, el deber de librar al matrimonio del plano de una perpétua degradación racial y consagrarlo como la institución destinada a crear seres a la imagen del Señor y no monstruos, mitad hombre, mitad mono.

Toda protesta contra esta tesis, fundándose en razones llamadas humanitarias, están en una abierta oposición con una época en la que, por un lado, se da a cualquier degenerado la posibilidad de multiplicarse, lo cual supone imponer a sus descendientes y a los contemporáneos de éstos indecibles penalidades, en tanto que, por el otro, se ofrece en droguerías y hasta en puestos de venta ambulante, los medios destinados a evitar la concepción en la mujer, aún tratándose de padres completamente sanos. En el Estado actual de «orden y tranquilidad», es pues un crimen ante los ojos de las famosas personalidades nacional-burguesas el tratar de anular la capacidad de procreación de los sifilíticos, tuberculosos, tarados atávicos, defectuosos y cretinos; inversamente, nada tiene para ellos de malo ni afecta a las «buenas costumbres» de dicha sociedad, constituida de puras apariencias y miope por inercia, el hecho de que millones de los más sanos restrinjan prácticamente la natalidad.

¡Qué infinitamente huérfano de ideas y de nobleza es todo este sistema! Nadie se inquieta ya por legar a la posteridad lo mejor, sino que llanamente, se deja que las cosas sigan su curso…

Es deber del Estado racista, reparar los daños ocasionados en este orden. Tiene que comenzar por hacer de la cuestión raza el punto central de la vida general. Tiene que velar por la conservación de su pureza y tiene también que consagrarse al niño como al tesoro más preciado de su pueblo. Está obligado a cuidarse de que solo los individuos sanos tengan descendencia. Debe inculcar que existe un oprobio único: engendrar estando enfermo o siendo defectuoso; pero que frente a esto, hay una acción que dignifica: renunciar a la descendencia. Por el contrario deber á considerar execrable el privar a la nación de niños sanos. El Estado tendrá que ser el garantizador de un futuro milenario frente al cual nada significan, y no harán más que doblegarse, el deseo y el egoísmo individuales. El Estado tiene que poner los más modernos recursos médicos al servicio de esta necesidad. Todo individuo notoriamente enfermo y atávicamente tarado, y como tal, susceptible de seguir trasmitiendo por herencia sus defectos, debe ser declarado inepto para la procreación y sometido al tratamiento práctico. Por otro lado, el Estado tiene que velar por que no sufra restricciones la fecundidad de la mujer sana como consecuencia de la pésima administración económica de un régimen de gobierno que ha convertido en una maldición para los padres la dicha de tener una prole numerosa.

Aquel que física y mentalmente no es sano, no debe, no puede perpetuar sus males en el cuerpo de su hijo. Enorme es el trabajo educativo que pesa sobre el Estado racista en este orden, pero su obra aparecerá un día como un hecho más grandioso que la más gloriosa de las guerras de esta nuestra época burguesa. El Estado tiene que persuadir al individuo, por medio de la educación, de que estar enfermo y endeble no es una afrenta, sino simplemente una desgracia digna de compasión; pero que es un crimen y por consiguiente, una afrenta, infamar por propio egoísmo esa desgracia, trasmitiéndola a seres inocentes.

El Estado deberá obrar prescindiendo de la comprensión o incompresión, de la popularidad o impopularidad que provoque su modo de proceder en este sentido.

Apoyada en el Estado, la ideología racista logrará, a la postre, el advenimiento de una época mejor, en la cual los hombres, no se preocuparán más que de la selección de perros, caballos y gatos, sino de levantar el nivel racial del hombre mismo; una época en la cual unos, reconociendo su desgracia, renuncien silenciosamente, en tanto que los otros den gozosos su tributo a la descendencia.

Que esto es factible, no se puede negar en un mundo donde cientos de miles se imponen voluntariamente el celibato sin otro compromiso que el precepto de una religión.

Cuando una generación adolece de defectos y los reconoce y hasta los confiesa, para luego conformarse con la cómoda disculpa de que nada se puede remediar, quiere decir que esa sociedad hace tiempo que inició su decadencia.

Nosotros no debemos hacernos ninguna ilusión. ¡No! Bien sabemos que nuestro mundo burgués de hoy es ya incapaz de ponerse al servicio de ninguna elevada misión de la humanidad porque, sencillamente, en cuanto a calidad, es pésima su condición. Y es pésima debido menos a una maldad intencionada, que a una incalificable indolencia y a todo lo nocivo que de ello emana. He aquí también la razón porque aquellos clubs que abundan bajo la denominación genérica de «partidos burgueses», hace tiempo que no son otra cosa que comunidades de intereses creados de determinados grupos profesionales y clases, de suerte que su máximo objetivo se concreta ya sólo a la defensa más apropiada de intereses egoístas. Ocioso es, por cierto, querer explicar que un gremio tal de «burgueses políticos» pueda prestarse a todo menos a la lucha, especialmente si el sector adversario no se compone de timoratos sino de masas proletarias fuertemente aleccionadas y dispuestas a todo.

✳✳✳

Si consideremos como el primer deber del Estado la conservación, el cuidado y el desarrollo de nuestros elementos sociales, en servicio y por el bien de la nacionalidad, lógico es pues que ese celo protector no debe acabar con el nacimiento del pequeño congénere, sino que el Estado tiene que hacer de él un elemento valioso, digo de reproducirse después.

Fundándose en esta convicción, el Estado racista no particulariza su misión educadora a la mera tarea de insuflar conocimientos del saber humano. No, su objetivo consiste, en primer término, en formar hombres físicamente sanos.

Seguidamente, en segundo plano, está el desarrollo de las facultades mentales y aquí, a su vez, en el fomento de la fuerza de voluntad y de decisión, habituando al educando a asumir gustoso la responsabilidad de sus actos. Como corolario viene la instrucción científica.

El Estado racista debe partir del punto de vista de que un hombre, si bien de instrucción modesta pero de cuerpo sano y de carácter firme, rebosante de voluntad y de espíritu de acción, vale más para la comunidad del pueblo que un superintelectual enclenque.

Por tanto, el entrenamiento físico, en el Estado racista, no constituye una cuestión individual, ni menos algo que incumbe sólo a los padres, interesando a la comunidad sólo en segundo o tercer término, sino que es una necesidad de la conservación nacional representada y garantizada por el Estado. Del mismo modo que en lo tocante a la instrucción escolar interviene hoy el Estado en el derecho de la autodeterminación del individuo y le supedita al derecho de la colectividad, sometiendo al niño a la instrucción obligatoria, sin previo consentimiento de los padres, así también, pero en una escala mayor, tiene el Estado racista que imponer un día su autoridad frente al desconocimiento o a la incomprensión del individuo en cuestiones que afectan a la conservación del acervo nacional. Su labor educativa deberá estar organizada de tal suerte, que el cuerpo del niño sea tratado convenientemente desde la primera infancia, para que así adquiera el temple físico necesario al desarrollo de su vida. Tendrá que velar, ante todo, porque no se forme una generación de sedentarios.

La escuela, en el Estado racista, deberá dedicar a la educación física infinitamente más tiempo del actualmente fijado.

No debería transcurrir un solo día sin que el adolescente deje de consagrarse por lo menos durante una hora por la mañana y durante otra por la tarde al entrenamiento de su cuerpo, mediante deportes y ejercicios gimnásticos. En particular, no puede prescindirse de un deporte que justamente ante los ojos de muchos que se dicen «racistas» es rudo e indigno: el pugilato. Es increíble cuán erróneas son las opiniones difundidas en este respecto en las esferas «cultas», donde se considera natural y honorable que el joven aprenda esgrima y juegue a la espada, en tanto que el boxeo lo conceptúan como una torpeza. ¿Y por qué? No existe deporte alguno que fomente como este él espíritu de ataque y la facultad de rápida decisión, haciendo que el cuerpo adquiera la flexibilidad del acero. No es más brutal que dos jóvenes diluciden un altercado con los puños que con una lámina de aguzado acero. Tampoco es menos noble que un hombre agredido se defienda de su agresor con los puños, en vez de huir para apelar a la policía.

El tipo humano ideal que busca el Estado racista, no está representado por el pequeño moralista burgués o la solterona virtuosa, sino por la retemplada encarnación de la energía viril y por mujeres capaces de dar a luz verdaderos hombres. Es así como el deporte no sólo está destinado a hacer del individuo un hombre fuerte, diestro y audaz, sino también a endurecerle y enseñarle a soportar inclemencias.

Si toda nuestra esfera superior de intelectuales no hubiese sido educada tan exclusivamente en medio de reglas de atildado trato y hubiese aprendido también a boxear, jamás habría sido posible la revolución de 1918, revolución hecha por rufianes, desertores y otros maleantes. Porque lo que a estos les dio el triunfo no fue el fruto de su osadía, ni de su fuerza de acción, sino más bien el resultado de la cobarde y miserable falta de entereza por parte de los que entonces dirigían el Estado y eran los responsables.

Nuestro pueblo alemán, que actualmente yace en la ruina expuesto a las patadas del resto del mundo, necesita justamente aquella fuerza de sugestión que engendra la confianza en sí mismo. Este sentimiento de confianza en sí mismo, tiene que ser inculcado desde la niñez. Toda la educación y la instrucción del joven deben estribar en la tarea de cimentar la convicción de que en ningún caso él es menos que otros. Mediante su vigor físico y su agilidad, debe recobrar la fe en la invencibilidad de su raza, pues, aquello que otrora condujera al ejército alemán a la victoria, fue la suma de confianza que poseía en sí mismo cada uno de sus componentes y, a su vez, todos en el comando. Lo que ha de levantar de nuevo la pueblo alemán, es sin duda la convicción de la posibilidad de volver al goce de su libertad.

Pero esta convicción no puede ser sino el resultado de un sentimiento común arraigado en el alma de millones.

Tampoco en esto debemos hacernos ilusiones, porque si enorme fue en magnitud el desastre sufrido por nuestro pueblo, no menos enorme tienen que ser el esfuerzo que hagamos para que un día quede dominada la calamidad que nos aflige. Sólo gracias a un supremo esfuerzo de la voluntad nacional y sólo gracias, también, a un sumum de ansia libertaria y de pasión ardiente, ha de poderse compensar lo que hoy nos falta.

***

El Estado racista tiene que llevar a cabo y supervigilar el entrenamiento físico de la juventud, no únicamente durante los años de la vida escolar; su obligación se extiende también al periodo postescolar, en que debe velar que mientras el joven se halle en el desarrollo, ese desarrollo se efectúe en bien suyo. Es un absurdo admitir que terminado el periodo escolar cese súbitamente el derecho de supervigilancia del Estado sobre la vida de sus jóvenes ciudadanos, para volver a ponerlo en práctica cuando el individuo entra a prestar su servicio militar. Ese derecho es una obligación y como tal tiene carácter permanente.

Es indiferente la forma en que el Estado prosiga esta educación. Lo esencial es que lo haga buscando los medios más convenientes. En líneas generales, esa educación podría constituir una especie de preparación previa para el servicio militar, de manera que el ejército no tenga ya necesidad, como hasta ahora, de iniciar al joven en las más elementales nociones de los ejercicios reglamentarios, y así no incorporaría ya reclutas del tipo corriente de hoy, sino que, simplemente, convertiría en soldado al conscripto ya de antemano excelentemente entrenado.

El objetivo principal de la instrucción militar tendrá que ser, empero, el mismo que otrora constituyera el mayor mérito del antiguo ejército: el lograr que esa escuela haga del joven un hombre; allí no aprenderá a obedecer solamente, sino a adquirir asimismo las condiciones que lo capaciten para poder mandar un día. Deberá aprender a callar no sólo cuando se le reprenda con razón, sin también —si es necesario— en el caso inverso.

Cumplido el servicio militar, dos documentos deben extendérsele: 1.°) su diploma de ciudadano, como título jurídico que lo habilite para ejercer en adelante una actividad pública; 2.°) su certificado de salubridad, como testimonio de sanidad corporal para el matrimonio.

Análogamente al procedimiento que se emplea con el muchacho, el Estado racista puede orientar la educación de la muchacha, partiendo de puntos de vista iguales. También en este caso tiene que recaer la atención ante todo sobre el entrenamiento físico; inmediatamente después, conviene fomentar las facultades morales y por último las intelectuales.

La finalidad de la educación femenina es inmutablemente, moldear a la futura madre.

***

Con qué frecuencia había motivo en la guerra para quejarse de que nuestro pueblo fuese tan poco capaz de guardar discreción. ¿Cuán difícil fue por esto substraer al conocimiento del enemigo secretos importantes? Pero debemos preguntarnos, ¿qué hizo la educación alemana de la anteguerra para inculcar en el individuo la noción de la discreción y si se trató siquiera de presentarla como una varonil y valiosa virtud? Para el criterio de nuestros educadores actuales todo esto es sólo una bagatela, una bagatela sin embargo que le cuesta al Estado innumerables millones en concepto de gastos judiciales, ya que el 90 por 100 de todos los procesos por difamación o motivos análogos, proviene únicamente de la falta de discreción. Expresiones irresponsablemente lanzadas van de boca en boca con igual desparpajo; nuestra economía nacional sufre constantemente perjuicios, debido a imprudentes revelaciones sobre métodos especiales de fabricación, etc., a tal punto que, hasta los mismos preparativos secretos relacionados con la defensa del país, resultan ilusorios, porque sencillamente el pueblo no aprendió a guardar reserva, sino, más bien, a divulgarlo todo. Por cierto que en una guerra ese prurito de hablar puede conducir a la pérdida de batallas y a contribuir así notablemente al desenlace desfavorable de la contienda. También aquí se debe compartir la persecución de que aquello que no se ejercitó en la juventud mal puede saberse practicar en la vejez. Hoy en día, en la escuela, es igual a cero el desarrollo consciente de las buenas y nobles cualidades del carácter. En lo futuro, se impone darle a este aspecto toda la significación que merece. Lealtad, espíritu de sacrificio y discreción son virtudes indispensables a un gran pueblo; virtudes cuya enseñanza y cultivo, en la escuela, tienen más importancia que muchas de las asignaturas que llenan los programas escolares.

El Estado racista, en consecuencia, al lado del trabajo de entrenamiento corporal debe dar, dentro de su labor educativa, una máxima significación a la formación del carácter. Numerosos defectos morales que en la actualidad pesan sobre nuestro pueblo, podrían ser, si no extirpados completamente, por lo menos atenuados en gran parte, gracias a las ventajas de un sistema de educación bien orientado.

***

Todos nos hemos lamentado a menudo de que en aquellos funestos tiempos de noviembre y diciembre de 1918, todas las autoridades hubieran claudicado y de que, desde el monarca al último divisionario ya nadie tuviese la entereza de obrar por propia iniciativa. También este terrible hecho fue el resultado de nuestra educación, pues, en esta catástrofe, no hizo más que revelarse, en una medida desfigurada hasta la enormidad, aquella falla que, en pequeño, era común a todos. Esa falta de voluntad y no precisamente la carencia de armas, es lo que hoy nos hace incapaces de una resistencia verdadera. Tal defecto está arraigado en el alma de nuestro pueblo, oponiéndose a toda decisión que entrañe un riesgo y como si lo magno de una acción no se manifestase justamente en la osadía. Sin darse cuenta, un general alemán encontró la fórmula clásica para definir semejante ausencia de voluntad: «Yo acostumbro a obrar —decía— sólo cuando cuento con 51 por 100 de probabilidades de éxito». Aquí, en estos «51 por 100» radica la causa del trágico desastre alemán. Aquél que exige previamente del destino la garantía del éxito, renuncia desde luego al mérito de una acción heroica, ya que ésta estriba precisamente en la persuasión de que, ante el peligro fatal de una situación dada, se opta por el paso que quizás pudiera resultar salvador.

Bien se puede decir que corresponde a la misma línea de conducta el temor a la responsabilidad que flota en el ambiente. También en este caso el error está en la falsa educación de nuestra juventud, error que después llega a saturar el conjunto de la vida pública y que encuentra, por último, su culminación inmortal en la institución del gobierno parlamentario.

Del mismo modo que el Estado racista tendrá un día que dedicar una máxima atención a la educación de la voluntad y del espíritu de decisión, deberá igualmente imbuir, desde un comienzo, en los corazones de la juventud la satisfacción de la responsabilidad y el valor de reconocer la propia culpa.

***

Con escasas modificaciones, podrá el Estado racista incorporar a su sistema educacional el plan de la instrucción científica vigente que constituye en realidad el principio y el fin de toda labor educativa del Estado actual.

Ante todo, el cerebro juvenil no debe, por lo general, ser sobrecargado de conocimientos que, en una proporción de un 95 por 100, no son aprovechados por él y son, por consiguiente, olvidados.

Tómese, por ejemplo, el tipo normal del empleado público de 35 a 40 años de edad, que haya cursado en un Gymnasium o en otro establecimiento de humanidades (Oberrealschule); si se examinan los conocimientos que penosamente adquirió en la escuela, se verá cuán poco quedó de todo aquello!

En particular, se impone una reforma en el método de enseñar la historia. Probablemente en país alguno se aprende más historia que en Alemania, y tampoco, en el mundo, habrá un pueblo que, a semejanza del nuestro, sepa servirse tan pésimamente de las lecciones que ella ofrece. En un 99 por 100 de los casos, es ínfimo el resultado de la forma actual de la enseñanza en este ramo de la ciencia. A menudo la memoria retiene sólo algunas fechas y nombres, en tanto que es notoria la falta absoluta de una orientación grande y clara. Todo lo esencial, es decir, aquello que en realidad debe aprenderse, sencillamente, no se enseña; queda librado a la intuición más o menos genial del alumno, deducir de un cúmulo de fechas y de la sucesión de los hechos, las causas determinantes de los procesos históricos.

Es justamente en la enseñanza de la historia en la que se debe proceder a una simplificación de los programas. La utilidad de este estudio consiste en precisar las grandes líneas de la evolución humana, ya que no se aprende historia con la sola finalidad de enterarse de lo que fue, sino para encontrar en ella una fuente de enseñanza necesaria al porvenir y a la conservación de la propia nacionalidad. No se diga que el estudio a fondo de la historia supone el conocimiento minucioso de fechas, como base para la deducción de las grandes líneas. Esta deducción incumbe a los investigadores científicos.

Por lo demás, es tarea de un Estado racista, velar porque, al fin, se llegue a escribir una historia universal donde el problema racial ocupe lugar predominante.

En la enseñanza de la historia cabe sobre todo no prescindir del estudio de la época clásica. La historia romana, debidamente apreciada en sus grandes aspectos, es y será siempre el mejor maestro de todos los tiempos.

***

La segunda modificación indispensable en los programas escolares, bajo el Estado racista, se refiere a lo siguiente: Signo característico de la época materialista en que vivimos es el hecho de que nuestra instrucción se concrete más y más a las ciencias exactas, es decir, las matemáticas, la física, la química, etc. Por necesario que esto fuese en tiempos en que dominan la técnica y la química, no por eso deja de entrañar un inminente peligro el exclusivismo científico creciente de la instrucción general, en una nación. Por el contrario, la instrucción general debería ser siempre de índole idealista.

Conviene establecer una diferenciación precisa entre la instrucción general y las especializaciones profesionales; y por lo mismo que estas últimas están amenazadas de descender cada vez más a un plano de servicio exclusivo al dios Mamon, la instrucción general de orientación idealista debería ser mantenida a manera de contrapeso.

También, en este caso, es necesario grabar firmemente el principio de que la industria y la técnica, el comercio y las profesiones, pueden florecer solamente mientras una comunidad nacional, inspirada en fines idealistas, les dé las condiciones inherentes a su desarrollo. Pero estas condiciones no radican en el egoísmo materialista, sino en un espíritu altruista, dispuesto al sacrificio.

***

Como el Estado actual no representa en sí más que una simple forma, es muy difícil educar hombres con esa orientación y menos aun imponerles deberes. Una forma es susceptible de romperse fácilmente. De todos modos, el concepto «Estado» carece hoy de un sentido claro y no queda otro camino que el de la educación «patriótica» corriente. En la Alemania de la anteguerra, descansaba este «patriotismo» en una glorificación poco inteligente y a menudo muy sosa de minúsculos potentados, lo cual implicaba desde luego renunciar al culto que se debía a las figuras realmente eminentes de nuestro pueblo.

Es obvio anotar que en estas condiciones no era posible concebir un entusiasmo nacional verdadero. A nuestros hombres-símbolos no se les supo presentar como a héroes máximos ante los ojos de la generación del presente, haciendo que la atención general se concretase a ellos, creándose así un sentimiento cívico común.

Desde que la revolución derrotista de 1918 hiciera su entrada triunfal en Alemania y el patriotismo monárquico tocara, con ello, a su fin, el objeto de la enseñanza de la historia en nuestras escuelas no es otro realmente que la mera adquisición de conocimientos. El Estado, tal como ahora existe, no requiere del sentimiento nacional y lo que anhela tampoco lo logrará jamás. Si en una época regida por el principio de las nacionalidades, no pudo existir un decidido patriotismo dinástico, mucho menos factible es ahora el entusiasmo republicano. Y no debe caber duda alguna de que, bajo el lema «Por la república» el pueblo alemán nunca habría permanecido cuatro largos años en los campos de batalla.

Es evidente que la república alemana debe su tranquila existencia a la docilidad con que por doquier acepta voluntariamente cuanto tributo se le impone o la facilidad con que suscribe todo pacto que implique un renunciamiento nacional.

Es lógico que esta república goce de simpatías en el resto del mundo; un débil es siempre más agradable para los que de él se sirven, que un espíritu fuerte. A la república alemana se la quiere y se la deja vivir por la sencilla razón de que no se podría encontrar un mejor aliado para la obra de esclavización de nuestro pueblo. El Estado alemán racista tendrá que luchar por su existencia. Es evidente que no podrá mantenerse ni defender su vida por la sola virtud de suscribir un Plan Dawes. El Estado racista requerirá para su existencia y seguridad justamente de todo eso de lo cual hoy se cree que se puede prescindir. Cuanto más incomparable y valioso se haga este Estado en su forma y en su fondo, mayor será la emulación y la resistencia que le opongan sus detractores. Sus ciudadanos mismos y no sus armas, serán entonces sus mejores medios de defensa; no lo protegerán barricadas sino la muralla viva de hombres y mujeres plenos de amor supremo a la patria y de fanático entusiasmo nacional.

El tercer aspecto a considerar en lo concerniente a la instrucción es este: También la ciencia tiene que servir al Estado racista como un medio hacia el fomento del orgullo nacional. Se debe enseñar desde este punto de vista no sólo la historia universal, sino toda la historia de la cultura humana. No bastará que un inventor aparezca grande únicamente como inventor, sino que debe aparecer todavía más grande como hijo de su nación. La admiración que inspira todo hecho magno, debe transformarse en el orgullo de saber que el promotor del mismo fue un compatriota. Del innumerable conjunto de los grandes hombres que llenan la historia alemana, se impone seleccionar los más eminentes para inculcarlos en la mente de la juventud, de tal modo que esos nombres se conviertan en columnas inconmovibles del sentimiento nacional.

Para que este sentimiento nacional sea legítimo desde un comienzo y no consiste en una mera apariencia, justo es que en los cerebros plasmables de la juventud se cimente un férreo principio: Quién ama a su patria prueba ese amor sólo mediante el sacrificio que por ella está dispuesto a hacer. Un patriotismo que no aspira sino al beneficio personal, no es patriotismo. Tampoco es nacionalismo, el nacionalismo que abarca sólo determinadas clases sociales. Los hurras nada prueban y no le dan derecho a llamarse patriota a quien así exclama, si no está imbuido de la noble solicitud de velar por la conservación de su raza. Solamente puede uno sentirse orgulloso de su pueblo cuando ya no tenga que avergonzarse de ninguna de las clases sociales que forman este pueblo. Pero cuando una mitad de él vive en condiciones miserables e incluso se ha depravado, el cuadro es tan triste, que no hay razón para sentir orgullo. Sólo cuando una nación es, material y moralmente, sana en todas sus partes constitutivas, puede la satisfacción de pertenecer a ella, que experimenta el individuo, exaltarse con derecho a la categoría del elevado sentimiento que denominamos orgullo nacional. Pero este noble orgullo puede sentirlo únicamente aquél que es consciente de la grandeza de su pueblo.

El miedo que el «chauvinismo» le inspira a nuestra época constituye el signo de su impotencia. Es evidente que el mundo de hoy va camino de una gran revolución. Y todo se reduce al interrogante de si ella resultará en bien de la humanidad aria o en provecho del judío errante.

Mediante una apropiada educación de la juventud, podrá el Estado racista contar con una generación capaz de resistir la prueba en la hora de las supremas decisiones.

Será vencedor aquel pueblo que primero opte por este camino.

***

La culminación de toda labor educacional del Estado racista consistirá en infiltrar instintiva y racionalmente en los corazones y los cerebros de la juventud que le está confiada, la noción y el sentimiento de raza. Ningún adolescente, sea varón o mujer, deberá dejar la escuela antes de hallarse plenamente compenetrado con lo que significa la puridad de la sangre y su necesidad. Además, esta educación, desde el punto de vista racial, tiene que alcanzar su perfección en el servicio militar, es decir, que el tiempo que dure este servicio hay que considerarlo como la etapa final del proceso normal de la educación del alemán en general.

Si en el Estado racista ha de tener capital importancia la forma de la educación física e intelectual, no menos esencial será para él la selección de los elementos mejores. Este aspecto se toma hoy en cuenta muy superficialmente. Por lo general, es sólo a los hijos de familias de alta situación económica y social a quienes, desde luego, se conceptúa dignos de recibir una instrucción superior. El talento juega aquí un rol secundario. Propiamente se puede apreciar sólo de modo relativo. Es posible, por ejemplo, que un muchacho campesino, aunque de instrucción inferior con respecto al hijo de una familia que ocupa desde generaciones atrás un rango elevado, posea más talento que éste. El hecho de que el niño burgués revele mayores conocimientos, nada tiene que ver en el fondo con el talento mismo, sino que radica en el cúmulo notoriamente más grande de impresiones que este niño recibe ininterrumpidamente como resultado de su múltiple educación y del cómodo ambiente de vida que le rodea.

En la actualidad existe quizá un solo campo de actividad donde realmente influye menos el origen social que el talento innato: el Arte. En él se evidencia manifiestamente que el genio no es atributo de las esferas superiores y ni de la fortuna. No es raro que los más grandes artistas procedan de las más pobres familias.

Se pretende afirmar que lo que tratándose del arte es innegable, no cabe en las llamadas ciencias exactas. Si bien, a base de un cierto entrenamiento mental, es posible infiltrar en el cerebro de un hombre de tipo corriente, conocimientos superiores a los de su medio; pero todo esto no es más que ciencia muerta y, por tanto, estéril. Este hombre resultará una enciclopedia viviente, mas, será un perfecto inútil en todas las situaciones difíciles y momentos decisivos de la vida.

Solo allí donde se aunen la capacidad y el saber, pueden surgir obras de impulso creador. Si en los últimos decenios el número de inventos importantes aumentó extraordinariamente, sobre todo en los Estados Unidos, no fue sin duda por otra razón que por la circunstancia de que allí —más que en Europa— un porcentaje considerable de talentos procedentes de las esferas sociales inferiores, tiene la posibilidad de lograr una instrucción superior. La facultad inventiva no depende, pues, de la simple acumulación de conocimientos, sino de la inspiración del talento.

También en este orden el Estado racista tendrá un día que dejar sentir su acción educativa. El Estado racista no tiene por misión el mantenimiento de la influencia de una determinada clase social; su tarea consiste más bien en la selección de los más capacitados dentro del conjunto nacional, para luego promoverlos a la posición de dignidad que merecen.

Además, el rol del Estado racista no se reduce solamente a la obligación de dar al niño en la escuela primaria una determinada instrucción, sino que le incumbe también el deber de fomentar el talento, orientándolo convenientemente.

Ante todo, tiene que considerar como su más alto cometido, el abrir las puertas de los establecimientos fiscales de instrucción superior a todos los dotados de talento, sea cual fuere su origen social.

Aun por otra razón tiene que obrar en este sentido la previsión del Estado: Los círculos intelectuales en Alemania, se han hecho tan exclusivistas y están tan esclerosados que han perdido todo contacto vivo con las clases inferiores. Este exclusivismo resulta doblemente nefasto: primero, porque estos círculos carecen de comprensión y simpatía para la gran masa, y segundo, porque les falta fuerza de voluntad, la cual es siempre menos firme en los círculos intelectuales con espíritu de casta, que en la pueblo mismo.

La preparación política, así como el pertrechamiento técnico para la guerra mundial, fueron deficientes, no porque nuestros hombres de gobierno hubiesen tenido escasa instrucción, sino justamente por lo contrario, pues, aquellos hombres eran superinstruídos, atestados de saber y de espiritualidad, pero huérfanos de todo instinto sano y privados de energía y audacia. Fue una fatalidad que nuestro pueblo hubiera tenido que luchar por su existencia bajo el gobierno de un canciller que era un filósofo sin carácter. Si en lugar de un Bethmann-Hollweg hubiésemos tenido por Führer a un hombre popular de recia contextura, no se habría vertido en vano la sangre heroica del granadero raso.

Ese mismo exagerado culto de lo puramente intelectual entre nuestros elementos dirigentes, fue el mejor aliado para la chusma revolucionaria de 1918.

La iglesia católica ofrece un ejemplo del cual se puede aprender mucho. En el celibato de sus sacerdotes radica la obligada necesidad de reclutar siempre las generaciones del clero entre las clases del pueblo y no de entre sus propias filas. Pero precisamente este aspecto de la institución del celibato no se sabe apreciar a menudo en su verdadera importancia. Al celibato se debe la asombrosa lozanía del gigantesco organismo de la iglesia católica, con su ductilidad espiritual y su férrea fuerza de voluntad.

Será misión del Estado racista, velar porque su sistema educacional permita una constante renovación de las capas intelectuales subsistentes mediante el aflujo de elementos jóvenes procedentes de las clases inferiores.

El Estado tiene la obligación de seleccionar del conjunto del pueblo, con máximo cuidado y suma minuciosidad, aquel material humano notoriamente dotado de capacidad por la naturaleza, para luego utilizarlo en servicio de la colectividad.

Cuando dos pueblos de índole idéntica entran en competencia, el triunfo le corresponderá al que en la dirección del Estado tenga representados a sus mejores valores, y el vencido será en cambio aquel cuyo gobierno no semeje más que una gran pesebrera común para determinar dos grupos o clases sociales, sin que se hayan tomado en cuenta las aptitudes innatas que debería reunir cada uno de los elementos dirigentes.

En cuanto al concepto trabajo, el Estado racista tendrá que formar un criterio absolutamente diferente del que hoy existe. Valiéndose, si es necesario, de un proceso educativo que dure siglos, dará al traste con la injusticia que significa menospreciar el trabajo del obrero. Como cuestión de principio, tendrá que juzgar al individuo no conforme al género de su ocupación, sino de acuerdo con la forma y la bondad del trabajo realizado. Esto parecerá monstruoso en una época en que el amanuense más estúpido, por el solo hecho de que trabaja con la pluma, está por encima del más hábil mecánico-técnico. Esta errónea apreciación no estriba, como ya se ha dicho, en la naturaleza de las cosas, sino que es el producto de una educación artificial, que no existió antes. La actual situación anti-natural se funda pues en los morbosos síntomas generales que caracterizan el materialismo de nuestros tiempos.

En su ausencia, todo trabajo tienen un doble valor: el puramente material y el ideal. El primero no depende de la importancia del trabajo hecho, materialmente aquilatado, sino de su necesidad intrínseca. La comunidad tiene que reconocer, idealmente hablando, la igualdad de todos, desde el momento en que cada uno, dentro de su radio de acción —sea cual fuere— se esfuerza por cumplir lo mejor que puede.

La recompensa material le será acordada a aquél cuyo trabajo esté en relación con el provecho que redunde a favor de la comunidad; la recompensa ideal, en cambio, debe consistir en la apreciación que puede reclamar para sí todo aquel que consagre al servicio de su pueblo las aptitudes que le dio la naturaleza y que la colectividad se encargó de fome ntar.

***

Es posible que el oro se haya convertido hoy en el soberano exclusivo de la vida, pero no cabe duda de que un día el hombre volverá a inclinarse ante dioses superiores. Y es posible también que muchas cosas del presente deban su existencia a la sed de dinero y de fortuna; mas, es evidente que muy poco de todo esto representa valores cuya no-existencia podría hacer más pobre a la humanidad.

También en esto, le corresponde un cometido especial al movimiento nacionalsocialista, que, en la actualidad, predice el advenimiento de una época que daría a cada uno lo que necesite para su existencia, cuidando, sin embargo, como cuestión de principio, que el hombre no viva pendiente únicamente del goce de bienes materiales. Esto encontrará un día su expresión en forma de una gradación sabiamente limitada de los salarios, de tal suerte que hasta el último de los que trabajen honradamente pueda contar en todo caso, como ciudadano y como hombre, con una existencia honesta y ordenada.

Y qué no se diga que éste sería un estado de cosas ideal, impracticable en el mundo en que vivimos, e imposible de ser jamás logrado.

Tampoco nosotros somos tan ingenuos como para creer que se podría llegar a crear una época exenta de anomalías.

Pero esta consideración no salva el imperativo que se tiene de combatir errores reconocidos como tales, corregir defectos y aspirar a la consecución de lo ideal. La dura realidad se encargará por sí sola de imponernos múltiples limitaciones. Y justamente por eso, el hombre debe empeñarse en servir al fin supremo sin dejarse arredrar en su propósito, por la misma razón que no se puede renunciar a los tribunales de justicia, porque estos incurren en errores, ni menos detestar los medicamentos porque, pese a ellos, siguen existiendo enfermedades.

Cuídese mucho de saber apreciar debidamente la fuerza de un ideal.

Subditos y ciudadanos

En general, la institución que hoy erróneamente se llama «Estado» distingue sólo dos clases de individuos: los ciudadanos y los extranjeros. Ciudadanos son aquellos que, en virtud de su nacimiento o por efecto de su naturalización, poseen los derechos de la ciudadanía. Extranjeros son todos los que gozan de esos derechos en otro Estado.

El derecho de ciudadanía se adquiere en primer lugar, como ya se ha dicho anteriormente, por haber nacido el individuo dentro de la circunscripción territorial de un Estado. Los aspectos de raza y de nacionalidad de origen, no juegan aquí rol alguno. Un negro, por ejemplo, procedente de un protectorado colonial alemán, con residencia fija, en Alemania, engendra, según ese criterio, en su hijo, un «ciudadano alemán», y del mismo modo todo niño judío, polaco, africano o asiático, nacido en Alemania, puede ser declarado, sin mayor trámite, ciudadano de este país.

Aparte de la ciudadanización por nacimiento, ese mismo derecho es susceptible de adquirirse más tarde. Todo el proceso de tal sistema de ciudadanización, no es muy diferente del trámite prescrito para el ingreso de un nuevo miembro en un club de automóviles. Un rasgo de pluma basta para hacer de cualquier mongol «un alemán» auténtico.

No es que solamente se omita considerar el origen racial de semejante nuevo ciudadano, sino que hasta se prescinde de tomar en cuenta su estado de sanidad corporal. Nada importa que el sujeto esté más o menos carcomido por la sífilis; para el «Estado» actual, él es un bienvenido como conciudadano, siempre que no sea una carga económica o un peligro político.

Bien sé que todo esto se oye con desagrado; mas, difícilmente podrá imaginarse la existencia de algo que sea más ilógico y más absurdo que nuestro actual derecho de ciudadanía. Existe una nación extranjera en la cual se deja ya sentir, por lo menos tímidamente, la iniciación de un mejor criterio: es en los Estados Unidos de Norte América, donde se nota el empeño de buscar en este orden el consejo de la razón. Al prohibir terminantemente la entrada en su territorio de inmigrantes afectados de enfermedades infecto-contagiosas y excluir de la naturalización, sin reparo alguno, a los elementos de determinadas razas, los EE.UU. reconocen en parte el principio que fundamenta la concepción racial del Estado nacionalsocialista.

El Estado nacionalsocialista clasifica a sus habitantes en tres grupos: Los ciudadanos, los súbditos y los extranjeros.

En principio, el hecho de nacer en territorio alemán no supone más que la calidad de súbdito, calidad que como tal no capacita para investir cargos públicos, ni menos para actuar en política, sea activa o pasivamente, participando en elecciones. Es fundamental establecer la raza y la nacionalidad de cada súbdito.

El súbdito joven de nacionalidad alemana, tiene que absorver el ciclo de instrucción escolar, que es obligatorio para los alemanes. De este modo se somete a la educación que conforma el carácter de todo connacional alemán, conciente de su raza y de su patria. Despúes deberá cumplir con los requisitos de entrenamiento físico que prescribe el Estado, para ingresar finalmente en el servicio del ejército. La preparación que se da en este período es de un carácter general.

Concluido el período del servicio militar, le será entregada solemnemente al adulto la carta de ciudadanía, que vendrá a constituir para él, el título más valioso de su vida terrenal. Con esto ingresa en el goce de todos los derechos ciudadanos y de los privilegios inherentes, pues el Estado debe hacer una cortante diferenciación entre los que, como patriotas, son los sostenes y defensores de su existencia y de su grandeza, y aquellos elementos que se establecen en el territorio de un Estado con fines únicamente «utilitaristas».

Tendrá que conceptuarse más dignificante ser ciudadano de este Reich, aún como simple barrendero, que el hacerse rey en un Estado extranjero.

No obstante, el rango de dignidad impone sagrados deberes. A los hombres deshonestos o faltos de carácter, a los criminales y traidores a la patria, etc., podrá privárseles del honor de la ciudadanía y hacer que vuelvan a la categoría de simples súbditos.

La joven alemana tiene la condición de súbdito y adquiere el derecho de ciudadanía por virtud del matrimonio. El Estado puede también conceder este derecho a las mujeres alemanas que vivan del ejercicio autorizado de una profesión u oficio.

La personalidad y la concepción nacionalista del Estado

Una ideología que, rechazando el principio democrático de la masa, se empeñe en consagrar este mundo a favor de los mejores pueblos, es decir a favor del hombre supe rior, está lógicamente obligada a reconocer también el precepto aristocrático de la selección dentro de cada nación, garantizando así el gobierno y la máxima influencia de los más capacitados en sus respectivos pueblos. Esta concepción se funda en la idea de la personalidad y no en la mayoría.

Ha entendido muy superficialmente y nada sabe de lo que nosotros llamamos una ideología (Weltanschauung) aquel que cree que un Estado nacionalsocialista se distingue de otros Estados en el aspecto puramente mecánico, por efecto de una mejor estructuración de su vida económica, es decir, por virtud de una compensación más equitativa entre riqueza y pobreza o por el rol más influyente de la gran masa social en el proceso económico de la Nación o, por último, mediante salarios justos a base de anular un sistema de diferencias demasiado grandes en este orden.

Todo esto no ofrece la menor seguridad de subsistencia ni menos aun de grandiosidad. Un pueblo que se aferrase a tales reformas, verdaderamente externas, no habrá logrado nada que le garantice una posición de vanguardia en el concierto de las naciones. Un movimiento de opinión que ve su cometido únicamente en un proceso de compensación general, aunque seguramente justificado, no alcanzará a efectuar en realidad una reforma magna del estado de cosas existente, y ello es debido a la sencilla razón de que toda su labor queda a la postre limitada a aspectos superficiales, sin poder darle al pueblo aquella contextura moral que le permita, con una seguridad que casi pudiéramos llamar matemática, desarraigar definitivamente aquellos defectos bajo los cuales sufrimos hoy.

Para una mejor comprensión, será conveniente, tal vez, lanzar una mirada retrospectiva sobre los orígenes verdaderos y las causas determinantes del desarrollo de la cultura humana.

El primer paso que exteriormente alejó de modo visible al hombre, del mundo animal, fue el ingenio. Seguramente, las primeras medidas inteligentes que aplicó el hombre en su lucha contra los animales, se derivaron, en su origen de la acción individual de sujetos particularmente capacitados. También en aquellos tiempos constituyó indudablemente la personalidad, el punto de partida de decisiones y de hechos que después fueron adoptados por la Humanidad entera como las realidades más naturales; justamente lo mismo que ocurrió con determinado principio militar convertido hoy —digámoslo— en el fundamente de toda estrategia, y que originariamente debió su concepción a la idea de un solo cerebro, adquiriendo valor universal a través de los años y quizá hasta de los milenios, como algo perfectamente inherente al hombre.

Una segunda iniciativa vino a complementar la primera; el hombre había aprendido a poner al servicio de su lucha por la existencia, otros elementos y hasta seres vivos; y he aquí como nació la verdadera actividad creadora del hombre, cuyos frutos constituyen la realidad que ahora experimentamos por doquier. Los inventos materiales, comenzando por el uso de la piedra tallada como arma, que condujeron a la domesticación de animales, y le dieron al hombre fuego artificialmente producido y así sucesivamente, hasta llegar a los múltiples y asombrosos descubrimientos de nuestros días, permiten reconocer en el individuo al representante de todo ese trabajo creador y esto con tanta más claridad, cuanto menos distantes se hallen de nuestro tiempo o cuanto más importantes y transcendentales sean. En el fondo, todos estos inventos contribuyen a situar al hombre cada vez más sobre el nivel del mundo animal, hasta alejarlo radicalmente de éste. La finalidad que llenan con ello no es otra, en su más hondo sentido, que la de servir a la constante evolución de la especie humana. Del mismo modo, el trabajo de elucubración puramente teórico, que escapa a toda medida, pero que sin embargo es condición inherente a la totalidad de los descubrimientos materiales, aparece también como producto exclusivo de la personalidad. No es la masa quien inventa, ni es la mayoría la que organiza o piensa; siempre es el individuo, es la personalidad, la que por doquier se revela.

Una comunidad humana, reune las características de hallarse bien organizada, si sabe fomentar del mejor modo posible las fuerzas creadoras del hombre y utilizarlas provechosamente en servicio de la comunidad. Deberá encarnar la aspiración de colocar cabezas por encima de la masa y hacer que, consiguientemente, ésta se subordine a aquéllas.

Según esto, la comunidad organizada no solamente no está facultada para impedir que las cabezas surjan del seno de la masa, sino que, por en contrario, debe entrar en la modalidad de su carácter, el impulsar y facilitar esa revelación.

La selección de aquellas cabezas se opera ante todo en virtud de la misma dura lucha por la vida.

La administración del Estado, así como el poder que representa la organización militar de la nación, están igualmente regidas por la idea del rol que juega la figura de la personalidad.

Dentro del estado de cosas actual, subsiste todavía en el espíritu de las instituciones mencionadas, la idea de la personalidad con el atributo de autoridad para con los subordinados y la obligación de responsabilidad para con los superiores. La vida política, en cambio, se ha alejado completamente de la observación de este principio fundamental.

Y así como, mientras toda la cultura humana no constituye más que el resultado de la actividad creadora de la personalidad, el valor del principio mayoritario hace su aparición de efecto decisivo en el seno de la comunidad y ante todo en el gobierno, empezando de este modo a envenenar paulatinamente, desde las altas esferas, el conjunto de la vida nacional, vale decir, destruyéndola en realidad. También la influencia disociadora del judío en el organismo de pueblos extraños al suyo, es imputable, en el fondo, sólo a su eterno empeño de socavar, en las naciones que le dieron acogida, el significado de la personalidad y exaltar en su lugar la importancia de la masa. Así el principio de organización constructiva, peculiar a la raza aria, es reemplazado por el principio destructor que vive en el judío, convertido de este modo en el «fermento de descomposición» de pueblos y de razas y, en un sentido más amplio, en el factor de disolución de la cultura humana.

El marxismo representa el espécimen de la aspiración judía con su tendencia de anular la significación preponderante de la personalidad, para sustituirla por el número de la masa. Políticamente corresponde a esa orientación y se nos manifiesta comenzando desde las más íntimas células de la administración comunal, hasta las más elevadas esferas gubernamentales del Reich; económicamente, encarna el sistema de un movimiento sindicalista que no sirva a los verdaderos intereses del trabajador, sino exclusivamente a los propósitos disociadores del judaísmo internacional.

La ideología nacionalsocialista, tiene que diferenciarse fundamentalmente de la del marxismo en el hecho de reconocer no sólo el valor de la raza, sino también la significación de la personalidad, constituyendo ambas las columnas básicas de toda la estructura de su construcción.

El Estado nacionalsocialista tiene que velar por el bienestar de sus ciudadanos reconociendo, en todos los aspectos, la significación que encarna la personalidad y fomentando así en cada dominio de la actividad humana aquel grado máximo de capacidad productiva que, a su vez, le permite al individuo un máximo grado de beneficio.

La mejor constitución política de un Estado y su forma de gobierno, es aquella que con la seguridad más natural lleva a situaciones de importancia preponderante en influencia directa, a los más calificados elementos de la comunidad nacional.

Desaparecen las decisiones por mayoría y sólo existe la personalidad responsable. Bien es cierto que junto a cada hombre dirigente hay consejeros que asesoran, pero la decisión definitiva corresponde adoptarla a uno solo.

Por principio, no admite el Estado nacionalsocialista que en ramos especiales, por ejemplo en cuestiones de índole económica, se solicite el consejo o el dictamen de gentes que, debido a su preparación profesional y género de actividad, no tienen idea del asunto del cual se trata. Es por esta razón que, desde luego, subdivide sus corporaciones representativas en cámaras políticas y cámaras profesionales. Para garantizar una labor fecunda de cooperación entre esas cámaras, existe —como instancia de selección— un senado permanente, al cual están todas ellas subordinadas.

En cámara ni senado alguno, tendrá lugar jamás una votación, porque son organizaciones de trabajo y no máquinas de sufragio. Cada miembro tiene voto consultivo, pero no voto de decisión, el cual es sólo atributo nato del respectivo presidente responsable.

Este principio de conexión irrestringida entre la noción de la absoluta responsabilidad, por una parte, y la noción de autoridad absoluta, por la otra, dará lugar a la formación paulatina de una selección del elemento Führer, algo que hoy, en la época del parlamentarismo irresponsable, es sencillamente inconcebible.

En lo que respecta a la posibilidad de llevar a la práctica estas concepciones, pido no olvidar que el principio parlamentario de decisión por mayoría, no dominó en la humanidad en todos los tiempos; por el contrario, hizo su aparición sólo en períodos muy cortos de la Historia que significaron siempre épocas de decadencia para pueblos y Estados.

Pero no se debiera creer que por virtud de medidas de gobierno puramente teóricas, fuese factible provocar una tal transformación que, lógicamente, no podría limitarse a la sola Constitución del Estado, sino que tendría que penetrar también en toda la legislación, es decir, abarcar la totalidad de la vida civil. Una revolución de características semejantes sólo se produce y podrá producirse por obra de un movimiento cimentado en el espíritu de esas ideas renovadoras, que encarne ya en sí el alma del futuro Estado.

De ahí que el movimiento nacionalsocialista debe identificarse ya en la actualidad, con tales ideas y llevarlas a la práctica dentro de su propia organización a fin de que, en el momento dado, se encuentre en condiciones, no únicamente de señalarle al gobierno esas mismas directrices, sino también de poner a disposición de éste, el cuerpo ya conformado de su tipo ideal de Estado.

Ideología y organización

El estado nacionalsocialista, cuyo cuadro he tratado de delinear a grandes rasgos, no podrá, en el fondo, considerarse como tal por el solo hecho de reconocer todo lo que es indispensable a su existencia. El saber qué apariencia ha de tener el Estado nacionalsocialista no es lo esencial; es más importante el problema de su formación. De ningún modo se puede esperar que los partidos militantes de hoy, que son en primer término los beneficiarios del Estado actual, se resuelvan por impulso propio a un cambio radical de cosas y decidan modificar espontáneamente su criterio político. Eso aparece todavía manos factible, si se tiene en cuenta que los elementos realmente dirigentes de esos partidos son judíos y nada más que judíos.

Intentando llevar a la práctica la visión ideal de un Estado nacionalsocialista, se impone buscar, independientemente de los poderes de la vida pública actual, una fuerza nueva que quiera y que esté capacitada a afrontar la lucha, por este ideal. Y lucha es en efecto y así la consideramos aquí, pues, la primera tarea no consiste en crear una concepción nacionalsocialista del Estado, sino, ante todo, en eliminar la concepción judaica existente. En este caso, como en muchos otros de la Historia, el obstáculo capital no estriba en la conformación del nuevo estado de cosas, sino en la dificultad de abrir paso a este estado. Prejuicios e intereses creados, formando una cerrada falange, se oponen por todos los medios al triunfo de una idea que consideran incómoda o que les parece amenazante.

Por ingrata que le fuese al individuo una doctrina naciente, de grande y trascendental significación ideológica, tendrá que aplicar sin reparo la sonda de la crítica más severa, como su arma primordial de lucha.

Da una prueba de escasa penetración en el desarrollo de los procesos históricos, el manifiesto interés que tienen los pseudo-nacionalistas al afirmar que en ningún caso intentan desplegar actividad de crítica negativa, sino únicamente de trabajo constructivo. También el marxismo persiguió una finalidad y también él sabe de un trabajo constructivo (aunque en su caso se trate sólo de instituir el despotismo de la finanza judía internacional). Pero no por eso anteriormente, durante setenta años, dejó el marxismo de ejercitar su crítica demoledora y disociante, hasta que el antiguo Estado monárquico, debió derrumbarse, corroído por ese ácido que obraba sin cesar. Entonces fue cuando el marxismo comenzó su pretendida obra «constructiva».

Una ideología que irrumpe, tiene que ser intolerante y no podrá reducirse a jugar el rol de un simple «partido junto a otros», sino que exigirá imperiosamente que se la reconozca como exclusiva y única, aparte de la transformación total —de acuerdo con su criterio— del conjunto de la vida pública. No podrá, por tanto, admitir la coexistencia de ningún factor representativo del antiguo régimen imperante.

Esta intolerancia es también propia de las religiones. Tampoco el Cristianismo se redujo sólo a levantar su altar, sino que, obligadamente, tuvo que proceder a la destrucción de los altares paganos. Únicamente, gracias a esa fanática intolerancia, pudo surgir la fe apodíctica, cuya condición previa consiste, precisamente en la intolerancia.

Una concepción ideológica saturada de un infernal espíritu intolerante, podrá ser rota solamente por una idea que, siendo pura en principio y verídica en absoluto, esté impulsada por el mismo espíritu de intolerancia y sostenida por una voluntad no menos fuerte que la que anima a aquélla.

Los partidos políticos se prestan a compromisos; las concepciones ideológicas jamás. Los partidos políticos cuentan con competidores; las concepciones ideológicas suponen y proclaman su infalibilidad.

Una concepción ideológica llevará sus principios al triunfo, sólo cuando en las filas de sus adeptos reúna a los elementos de más entereza y de mayor fuerza de acción de su época y de su pueblo, haciendo de ellos la falange de una organización apta para la lucha. Pero para esto es necesario que esta concepción ideológica —tomando en cuenta a estos elementos—, puntualice en su mundo general de ideas, ciertos postulados que, por su precisión y presentados en una forma apropiada, puedan servir de credo a la nueva comunidad humana. Mientras que el programa de un partido netamente político no es más que una receta para el buen resultado de las próximas elecciones, el programa de una concepción ideológica representa la fórmula de una declaración de guerra contra el orden establecido, contra el estado de cosas existente, en fin, contra el criterio dominante de la época.

No se requiere que individualmente cada uno de los que luchan por esta ideología esté al corriente y conozca exactamente el pensar íntimo y las reflexiones políticas de los dirigentes del movimiento. Así como en la práctica tendría poca eficacia un ejército donde cada soldado fuese un general, no precisamente por su rango, sino por poseer la misma instrucción y la misma penetración que el jefe, así también no triunfará un movimiento político, representante de toda una ideología, si es que no aspira a ser otra cosa que un mero receptáculo de «geniales». No. Este movimiento necesita también indispensablemente del concurso del soldado raso, sin el cual no es posible mantener la cohesión de la disciplina interior.

Es peculiar al carácter de una organización, que ésta sólo pueda subsistir, cuando una jefatura inteligente tenga a su disposición un vasto sector de la masa, de orientación más sentimental que racional. Sería más difícil, a la larga, disciplinar una compañía de 200 hombres, todos igualmente capacitados e inteligentes, que otra que cuente con 190 elementos de mentalidad inferior a la de los 10 restantes, mejor instruidos.

La socialdemocracia supo sacar de esa conclusión un máximo provecho. También su organización abarca un ejército de oficiales y soldados. El artesano alemán, licenciado del servicio militar, pasó a ser su soldado y el intelectual judío a ser el oficial.

Eso que nuestra burguesía solía observar con asombro, es decir, el hecho de que sólo las llamadas multitudes ignaras eran partidarias del marxismo, fue en realidad la condición básica que le aseguró a éste el triunfo. En efecto, mientras los partidos burgueses con su intelectualismo estratificado, representaban un conjunto indisciplinado y nulo, el marxismo formó de su material humano poco inteligente, un ejército de soldados políticos, que seguían al dirigente judío con la misma ciega obediencia que otrora a su oficial alemán en el ejército del Reich.

Jamás se quiso comprender que la potencialidad de un partido político no reside en la inteligencia ni en la independencia espiritual de cada uno de sus miembros, sino más bien en la obediencia disciplinada con que ellos se subordinan a sus dirigentes. Lo decisivo es la capacidad personificada en la jefatura misma. Quiere esto decir, por consiguiente, que para llevar a la victoria una ideología, se impone previamente la transformación de ésta en un movimiento de lucha, cuyo programa deberá lógicamente tener muy en cuenta el material humano de que dispone.

Si la idea nacionalsocialista, saliendo de su propósito poco definido de hoy, quiere alcanzar un día un éxito brillante, tiene que remarcar determinadas tesis tomadas de su amplio conjunto ideológico. Por eso el programa de nuestro movimiento está condensado en veinticinco puntos fundamentales, que, en primer término, tienen el objeto de proporcionar al hombre del pueblo un cuadro general de las aspiraciones que encarna nuestra lucha. Esos veinticinco puntos constituyen, por decirlo así, un catecismo político que, por una parte, tiene a ganar adeptos a favor de la causa, y por la otra, se presta a reunir a éstos y cohesionarlos, identificarlos bajo la noción de un deber común.

En el caso de una teoría política que evidentemente es justa en sus líneas generales, resulta menos peligroso conservar una fórmula, aunque ya no responda enteramente a la realidad, que modificarla y dejar de este modo librado a la discusión pública y a sus temerarias consecuencias, el dogma del movimiento, considerado hasta entonces como granítico. Esto es imposible mientras el movimiento luche para imponerse. Lo esencial no debe buscarse jamás en la fórmula exterior, sino siempre en el sentido interior, es decir, en el fondo, que es inmutable. En propio interés del movimiento no se puede sino desear que éste mantenga la energía necesaria para salvaguardar aquel sentido interior, apartando todos los factores que podrían ocasionar inseguridad en la convicción de los adeptos e incluso deserciones.

También en esto la iglesia católica debe servirnos de ejemplo, ya que a pesar de que su cuerpo doctrinal está en colisión en muchos puntos —y en parte inmotivadamente—, con el estudio de las ciencias exactas y la investigación, jamás se resigna a sacrificar ni un ápice del contenido de su doctrina. Con razón supo conocer que su fuerza de resistencia no consiste en adaptarse con más o menos habilidad a los resultados siempre variables de la investigación científica en el transcurso del tiempo, sino en el hecho de un aferramiento inquebrantable a sus dogmas ya expuestos, que son los que le dan al conjunto el carácter de una fe. He ahí por qué la Iglesia católica se mantiene hoy más firme que nunca.

El Partido Obrero Alemán Nacionalsocialista recibió, con su programa de las veinticinco tesis, un fundamento que debe serle inconmovible. Ni ahora ni en el futuro, no es ni será tarea de los miembros de nuestro movimiento ocuparse de criticar o de alterar los puntos de ese programa; les incumbe más bien la obligación de mantener su lealtad hacia ellos. La mayoría de nuestros correligionarios sabe que la esencia del movimiento reside menos en la letra muerta de nuestros principios, que en la interpretación, que nosotros, los nacionalsocialistas, le damos.

Nuestro movimiento debió, en sus comienzos el nombre que hoy lleva, al reconocimiento de estas verdades, también de ellas surgió más tarde el programa del partido y es además en este reconocimiento unánime, donde igualmente radica el secreto de su difusión.

Ya es una consecuencia de la acción del movimiento nacionalsocialista el hecho de que, en la actualidad, todo género de asociaciones, sociedades y simples grupos, y si se quiere hasta «grandes» partidos reclamen para si el derecho de adjudicarse la palabra «völkisch» (racista). Sin nuestra influencia, jamás se le habría ocurrido a ninguna de tales organizaciones ni siquiera pronunciar esa palabra; probablemente no habrían tenido ni la más remota idea de su significación y en particular sus hombres dirigentes habrían carecido de toda relación con el sentido profundo que este concepto entraña. Solo gracias a la labor del Partido Obrero Alemán Nacionalsocialista se le dio una significación substancial al vocablo «völkisch», que se difundió después en labios de gentes de toda catadura. Sobre todo nuestra brillante acción de propaganda ha demostrado la fuerza que encierra el pensamiento racista, hasta tal punto que los demás partidos, imbuidos por su ansía de ganar adeptos, afirman que también ellos persiguen fines semejantes.

No menos peligrosos son los que trafican como pseudoracistas forjando planes fantásticos y que no tienen otro fundamento que alguna monomanía. En el mejor de los casos, estas gentes no pasan de ser estériles teorizantes que, a menudo, creen poder disfrazar su vacuidad espiritual con la presencia de una luenga barba y la aparatosidad de un germanismo extravagante.

En contraste con todos estos infructuosos ensayos, vale la pena de rememorar aquella época en que el joven movimiento nacionalsocialista comenzó su lucha.

Nuestra lucha en los primeros tiempos. La importancia de la oratoria

Perduraba aun la resonancia de nuestra primera asamblea realizada el 24 de febrero de 1920 en la sala de fiestas de la Hofbräuhaus, de Munich, cuando comenzaron los preparativos para una próxima reunión. Contrariamente al criterio hasta entonces sustentado sobre el riesgo que entrañaba efectuar pequeñas asambleas políticas una vez al mes y quizás cada quince días, resolvimos que en adelante debía llevarse a cabo semanalmente un gran mitin.

En aquella época la sala de fiestas de la Hofbräuhaus llegó a tener para nosotros, nacionalsocialistas, una significación casi sacramental. Cada semana un mitin y cada vez más concurrida la sala y cada vez, también, más ferviente el auditorio. En nuestras conferencias discutíamos sobre la «culpabilidad de la guerra», tema del cual nadie se ocupaba en aquellos tiempos; nos interesábamos igualmente por los tratados de paz y, en fin, por todo aquello que, ideológicamente o desde el punto de vista de la agitación política, parecía conveniente o necesario.

Un mitin popular de grandes proporciones formado por excitados elementos proletarios y no por flemáticos burgueses y donde se tenía por tema el «Tratado de Versalles», era considerado entonces como un ataque contra la república y como el síntoma de una tendencia reaccionaria si no monárquica. Ya a las primeras palabras que implicaban una crítica para el «Tratado de Versalles» se podía oír en el auditorio la exclamación violenta de la frase estereotipada: ¿Y qué es el Tratado de Brest-Litowsk? «¡Brest-Litowsk!» continuaba gritando la muchedumbre hasta quedar ronca o bien hasta que el orador renunciaba a su propósito de persuadir. Ante un pueblo semejante, uno habría podido darse con la cabeza contra la pared de desesperación. Era un pueblo sordo, reacio a querer comprender que Versalles constituía una deshonra y un oprobio, y que hasta se resistía a reconocer que ese tratado significaba una inicua expoliación contra la nación alemana. El trabajo destructor del marxismo y el veneno de la propaganda enemiga habían anulado la razón de aquellas gentes. En realidad no había derecho para quejarse puesto que la culpa pesaba gravemente sobre nuestra burguesía. ¿Qué había hecho ella para atajar tan terrible obra disociadora y combatirla imponiéndose el deber de abrir paso a la verdad, mediante una labor de difusión popular bien encaminada y minuciosa?

En aquella época era para mí claro el hecho de que para el insignificante núcleo de nuestro movimiento, en sus comienzos, debía dilucidarse la cuestión de la culpabilidad de la guerra, estableciendo la verdad histórica. Ya en aquellos días, sin temer a la impopularidad, al odio ni a la lucha, asumí una actitud abiertamente contraria al criterio dominante con respecto a las grandes cuestiones de un principio, en las cuales toda la opinión pública sostenía un punto de vista erróneo.

Existe naturalmente, sobre todo para un movimiento todavía incipiente, la gran tentación de adherirse y vociferar con los demás cuando un adversario mucho más poderoso ha logrado, gracias a su arte de seducción, inducir al pueblo a una resolución absurda o a adoptar una actitud falsa. Y esto precisamente cuando unas pocas razones, aunque sólo de mera apariencia, juzgadas desde el punto de vista del propio movimiento, podían colaborar en aquel mismo sentido.

Más de una vez, experimenté casos en os cuales fue necesario el máximum de energía para impedir que la nave de nuestro movimiento se lanzase o mejor dicho, resultase arrastrada por la corriente general artificialmente provocada.

Nosotros no hemos «impetrado», por cierto, la gracia de las masas, sino que por doquier hemos afrontado los desvaríos de este pueblo.

En corto tiempo había aprendido algo muy importante, esto es, a arrebatarle al enemigo de la mano el arma de su réplica. Pronto se hizo notorio que nuestros adversarios, particularmente sus oradores controversistas, aparecían en escena con un «repertorio» determinado y en el cual se repetían siempre los mismos argumentos contra nuestros asertos, de tal modo que la sistematicidad del procedimiento permitía deducir que se trataba de un definido y unitario entrenamiento. Y así era en efecto. Aquí nos fue dado conocer la extraordinaria disciplina de la propaganda puesta en acción por nuestros adversarios, y aun hoy me siento orgulloso de haber encontrado el medio de neutralizar la eficacia de esta propaganda y de anular también a sus mismos autores. Dos años más tarde me había hecho maestro en este arte.

En cada uno de los discursos, era esencial orientarse previamente acerca del probable contenido y la forma de las objeciones que podrían ser formuladas en el curso de la discusión. Convenía desde un comienzo mencionar las posibles impugnaciones del adversario y demostrar su inconsistencia.

Esa fue la razón por la que hoy, después de mi primera conferencia sobre el «tratado de paz de Versalles», que dicté para la tropa de mi regimiento en mi calidad de «educador», optara por cambiar el tema hablando en lo sucesivo simultáneamente acerca de los «tratados de paz de Brest-Litowsk y de Versalles»; pues, a poco tiempo y, a decir verdad, ya en el curso de la primera de mis nuevas conferencias, pude constatar que la gente no tenía en realidad ni la menor idea de lo que era el tratado de Brest-Litowsk, pero que sin embargo, gracias a la hábil propaganda de sus partidos políticos, había sido posible presentar a éste y no al de Versalles, como uno de los actos de violencia más vergonzosos del mundo. La persistencia con que semejante mentira era difundida entre la gran masa del pueblo, hizo que millones de alemanes creyesen ver en el tratado de Versalles una justa compensación para el crimen cometido por nosotros en Brest-Litowsk, considerando, en consecuencia, injusta toda oposición al tratado de Versalles. Y ésta fue también una de las causas que contribuyó a que en Alemania se arraigara aquella tan desvergonzada como monstruosa palabra: «reparación». Simulación canallesca que aparecía realmente ante los ojos de millones de nuestros azuzados compatriotas como la patentización de una justicia superior. ¡Horrible, pero fue así!

En mis conferencias confrontaba ambos tratados, los comparaba, punto por punto, demostrando cuán inmensamente humano era en verdad el tratado de Brest-Litowsk frente a la inhumana crueldad del de Versalles. El resultado debió ser sorprendente. Traté el tema en asambleas de dos mil personas, donde a menudo se concentraba sobre mí la mirada hostil de mil ochocientos. Pero tres horas más tarde me vía rodeado de una muchedumbre poseída de indignación sagrada y de furia inaudita. Una vez más se desarraigaba de los corazones y de los cerebros de miles una gran mentira para en su lugar quedar inculcada una verdad.

Estas asambleas tuvieron para mí, además, la ventaja de haber ido yo adaptándome poco a poco al carácter de un orador de grandes mítines; se me había hecho corriente, el tono patético y la mímica que se requiere para hablar en una gran sala ante un auditorio integrado por miles de seres.

Al servicio de nuestra labor de difusión pusimos también la propaganda impresa y por eso las primeras asambleas se caracterizaron por la circunstancia de que las mesas se hallaban cubiertas de volantes, periódicos, revistas, folletos, etc., etc. Sin embargo a la palabra hablada le atribuíamos importancia capital, porque en realidad sólo ella es capaz de incoar grandes evoluciones, y esto debido a simples razones de orden psicológico.

El orador tiene en el auditorio al cual se dirige un punto permanente de referencia, siempre que sepa leer en la expresión de sus oyentes hasta qué punto estos son capaces de seguirle y comprender sus ideas y que sepa ver también si la impresión y el efecto producido por sus palabras, conducen al propósito deseado. El escritor, en cambio, nada sabe de sus lectores. En consecuencia, no podrá concentrarse a un determinado público situado al alcance de sus ojos, sino que deberá dar a sus exposiciones un carácter general.

Un impreso de tendencia determinada será leído en la mayoría de los casos únicamente por gentes que ya se cuentan entre los adeptos de esa corriente. Un volante o un anuncio puede quizás, debido a su concisión, contar con la posibilidad de atraer pasajeramente la atención de una persona que piensa de modo diferente. Mejores perspectivas de éxito tiene en este orden la propaganda gráfica en todas sus formas incluso el film. Un gráfico proporciona en tiempo mucho más corto, quisiera decir casi de golpe, una explicación que por escrito se obtendría sólo después de penosa lectura.

El orador se dejará influenciar siempre por la masa, de modo que, instintivamente, fluyen de sus labios justamente aquellas palabras que él necesita para tocar el alma de sus oyentes. Si ve que no le comprenden, formulará sus conceptos en formas tan primitivas y claras que indudablemente el último de todos ha de entenderle; si se percata de que no son capaces de seguirle, entonces desarrollará sus ideas tan cuidadosa y lentamente que el más supino de entre ellos no quedará en zaga; y si, finalmente, nota que sus oyentes no parecen hallarse convencidos de la veracidad de lo expuesto, optará por repetir lo mismo cuantas veces sea necesario, siempre en forma de nuevos ejemplos, refutando el mismo las objeciones que, sin serle manifestadas, capta él en el seno del auditorio, replicándolas y desmenuzándolas hasta que en definitiva, el último sector de oposición revele, a través de su actitud y de la expresión de los que lo forman, que ha capitulado ante la lógica argumentación del orador.

Además no es raro que se trate de destruir en las gentes prejuicios que no tienen arraigo en su intelecto, sino que inconscientemente están basados únicamente en el instinto. Vencer esa barrera de animadversión instintiva, de odio apasionado y de repulsión preconcebida, es mil veces más difícil que rectificar una opinión científica deficiente o errónea. Las concepciones falsas y la deficiente instrucción, son susceptibles de corregirse mediante la enseñanza; en cambio jamás se rectificarán por el mismo medio, las resistencias del sentimiento. Sólo una llamada a esas fuerzas misteriosas, es capaz de obrar sobre estas resistencias. Muy difícilmente puede lograrlo el escritor, pues quizás sea este poder, privilegio exclusivo del orador.

Lo que al marxismo le dio el asombroso poder sobre las muchedumbres, no fue de ningún modo la obra escrita, de carácter judío, sino más bien la enorme avalancha de propaganda oratoria que, en el transcurso de los años, se apoderó de las masas. Entre cien mil obreros alemanes no hay, por término medio, cien que conozcan la obra de Marx, obra que desde un principio fue estudiada mil veces más por los intelectuales y ante todo por los judíos que por los verdaderos adeptos del marxismo situados en las vastas esferas inferiores del pueblo; ya que tampoco esta obra fue escrita para la masa, sino exclusivamente para los dirigentes intelectuales de la máquina judía de conquista mundial, máquina que se cebó luego con un combustible muy diferente: la prensa. Esto es lo que distingue a la prensa marxista de nuestra prensa burguesa. La prensa marxista está escrita por agitadores, en tanto que la burguesía, aun queriendo hacer también agitación se sirve sólo de «plumíferos».

Corresponde plenamente a la falta de sentido práctico de la mentalidad alemana, la creencia de que lógicamente el escritor tiene que ser de inteligencia superior al orador.

Tal criterio resulta graciosamente ilustrado por el comentario de un periódico nacionalista, al decir que a menudo decepciones ver publicado el discurso de un orador notable. Esto me recuerda una crítica análoga que conocí durante la guerra. Se analizaba minuciosamente los discursos de Lloyd George, por entonces ministro de municiones, para llegar a la ingeniosa conclusión de que aquellos discursos, moral y científicamente considerados, eran de valor secundario y por lo demás productos banales y simples. Yo mismo recibí en forma de un pequeño folleto algunos de los discursos de Lloyd George y no pude menos de reír a carcajadas pensando que, naturalmente, un vulgar emborronador de cuartillas no podía tener capacidad para comprender aquellas piezas maestras de captación psicológica de las masas. El tal escritorcillo juzgaba aquellos discursos exclusivamente a través de la impresión que habían producido en su mente presuntuosa, cuando en realidad el gran demagogo inglés concretaba sus discursos únicamente al propósito de ejercer la mayor influencia posible sobre la masa de sus oyentes y, en un sentido más amplio, sobre la totalidad de las clases bajas del pueblo. Considerados desde este punto de vista, los discursos de Lloyd George constituían admirables producciones porque testimoniaban un conocimiento verdaderamente asombroso de la psicología de las multitudes.

Compárense estos discursos con el impotente balbuceo de Bethmann-Hollweg[6]. Lo cierto es que aparentemente los discursos de éste eran de más sentido intelectual, pero en realidad no demostraban otra cosa que la incapacidad de aquel hombre para hablar a su pueblo. Que Lloyd George era en ingenio no sólo equivalente, sino mil veces superior a un Bethmann Hollweg, lo comprobó el hecho de que Lloyd George encontró para sus discursos aquella forma y aquella expresión que debieron abrirle el corazón de su pueblo y que a la postre redujeron a ese pueblo a su incondicional voluntad. El sobresaliente talento político de este inglés se manifiesta precisamente en la sencillez de su lenguaje, en lo elemental de sus formas de expresión y en el empleo de ejemplos simples y fácilmente comprensibles.

***

La asamblea popular es, desde luego, indispensable porque el individuo que, como futuro prosélito de un naciente movimiento, se siente huraño al principio, entregándose fácilmente al temor del aislamiento encuentra allí el cuadro de una comunidad numerosa, lo cual tiene, para la mayoría de las gentes, influencia reconfortante y alentadora.

El mismo individuo formando parte de una compañía o de un batallón, rodeado de todos sus camaradas, se lanzará más desaprensivamente al asalto que cuando se halle solo. Agrupado, sentiríase siempre protegido hasta cierto punto, aunque, prácticamente, mil razones demuestren lo contrario.

El sentimiento de comunidad que inspira la manifestación colectiva no sólo alecciona al individuo, sino que cohesiona y contribuye también a crear el espíritu de cuerpo. La voluntad, el ansia y también la energía de miles, se acumula en cada uno. El hombre que, lleno de dudas y vacilaciones, entra en una tal asamblea, sale de ella íntimamente reconfortado: se convirtió en miembro de la comunidad.

¡Jamás debe olvidar esto el movimiento nacionalsocialista!

La lucha contra el frente rojo

En los años 1919 y 1920 y también en 1921, concurrí personalmente a los llamados mítines burgueses. Siempre me produjeron igual repulsión que en mi niñez la cucharada prescrita de aceite de bacalao. Se debe tomar y se dice que es muy bueno, pero su gusto es horrible.

He conocido a los profetas de una concepción ideológica burguesa y no me sorprende, sino que más bien comprendo ahora, por qué no dan importancia a la palabra articulada. Por entonces visité reuniones de demócratas, de nacionalistas alemanes, del partido populista alemán y del partido populista bávaro (el partido católico de Baviera). Lo que resalta a primera vista era la homogeneidad del auditorio que se componía casi exclusivamente de los miembros del respectivo partido. El conjunto, falto de toda disciplina, parecía más un club de aburridos jugadores de cartas que un mitin del pueblo que acababa de sufrir una gran revolución. Los oradores mismo hacían por su parte todo lo posible para mantener esa atmósfera pacífica. Discurseaban o, mejor dicho, leían discursos del estilo de un ingenioso artículo de prensa o de una disertación científica, evitando toda expresión de tono fuerte y dejando escapar sólo de vez en cuando algún pobre chiste académico ante el cual los miembros del directorio reían consabidamente, no a carcajadas, sino con mesura y con la reserva del caso.

Cierta vez concurrí a una asamblea en la Sala de Wagner de Munich con motivo de conmemorar la batalla de las naciones en Leipzig. En la tribuna se hallaba reunida la mesa directiva: a la izquierda, uno de monóculo, a la derecha otro de monóculo y en medio de ambos uno sin monóculo. Los tres de levita, dando la impresión que se trataba o de un tribunal de justicia que tenía que dictar una sentencia de muerte o de un bautizo solemne; en todo caso más parecía una ceremonia religiosa que otra cosa. El pretendido discurso, que, impreso, habría producido quizá mejor efecto, lo produjo sencillamente desastroso, pues, apenas transcurridos tres cuartos de hora, toda la concurrencia estaba como dominada por un sueño hipnótico.

***

Ciertamente, en comparación con tales reuniones, las asambleas nacionalsocialistas no eran asambleas «pacíficas». En ellas se estrellaban las corrientes de dos concepciones ideológicas diferentes y concluían no con canciones patrióticas mecánicamente entonadas, sino con la explosión fanática del sentimiento de patria y de raza.

Ya desde el principio fue una necesidad establecer rigurosa disciplina en nuestras reuniones y a asegurar autoridad absoluta al dirigente de la asamblea. Pues lo que nosotros exponíamos no era la laxa charlatanería de un «conferencista» burgués, sino algo que, en el fondo y la forma se prestaba siempre a provocar la réplica del adversario.

Y adversarios habían en nuestras asambleas. Con que frecuencia venían en grupos compactos presididos por algunos agitadores y reflejando en sus fisonomías la convicción: «Hoy daremos al traste con ustedes». Y cuantas veces pedía todo de un hijo y sólo la singular energía del dirigente de la asamblea y la brutal decisión de nuestros encargados de hacer guardar el orden, podían poner coto a los propósitos de nuestros adversarios.

Y tenían motivo suficiente para sentirse provocados.

Bastaba ya el color rojo de nuestras proclamas para atraerlos al local de nuestras asambleas. La burguesía corriente se mostraba extremadamente indignada al pensar que también nosotros nos hubiésemos apoderado del rojo de los bolchevistas, y creía ver en esto algo de doble sentido.

Habíamos elegido el color rojo para nuestras proclamas, después de minuciosa y honda reflexión, buscando con ello provocar a los de izquierda, hacer que montasen en cólera y así inducirles a que concurrieran a nuestras asambleas, aunque sólo fuese con la intención de molestarnos; mas de este modo nos daban la ocasión de hacerles escuchar nuestra palabra.

Cuán gracioso nos fue, en aquellos años, constatar de cerca, en el cambio continuo de la táctica de nuestros adversarios, la desorientación y la impotencia que les dominaba. Se dirigían llamadas al «proletariado consciente de su clase» invitándola a concurrir en masa a nuestras asambleas para reducir con el puño proletario a los representantes de la «agitación monárquica y reaccionaria».

Nuestras asamblea estaban repletas de obreros ya tres cuartos de hora antes de que comenzasen. Semejaban un barril de pólvora, capaz de explotar en cualquier momento, teniendo ya la mecha encendida. Mas, los hechos se produjeron siempre de otro modo. Aquellas gentes entraban como adversarios y salían, si no convencidos de nuestra causa, por lo menos imbuidos de espíritu reflexivo y hasta crítico, respecto de su propia doctrina.

Cuando al fin de dos, tres y muchas veces de ocho y diez asambleas, quedó establecido que el sabotear nuestras reuniones era más fácil en la teoría que en la práctica y que el resultado de cada una de nuestras asambleas, significaba un nuevo desmembramiento de las fuerzas rojas, se lanzó el lema contrario: «¡Proletarios, socios y socias.

No concurráis a las asambleas de los agitadores nacionalsocialistas!» La misma táctica, eternamente vacilante, podía observarse también en la prensa roja. De pronto, se ensayaba ignorarnos por completo para luego persuadirse de la ineficacia de ese método y volver a echar mano del procedimiento contrario. Se había comenzado por tratarnos como a verdaderos criminales de la humanidad. Artículo tras artículo, puntualizando nuestra pretendida criminalidad, documentándola siempre de nuevo con historias de escándalos y otras cosas, aunque todas inventadas de A a Z, completaban la obra difamatoria.

Entonces adopté el punto de vista que fuera como fuese —y se mofasen o renegasen de nosotros, ya nos presentasen como polichinelas o como criminales— lo importante era que nos mencionaran, que se ocupasen constantemente de nosotros y que, poco a poco, resultáramos ante los ojos del obrero, realmente como el único poder al cual se combatía. Lo que en verdad éramos somos y lo que en verdad queríamos, ya habríamos de mostrárselo un buen día a la jauría israelita de la prensa.

Una de las razones por la que en aquellos tiempos no se llegó a sabotear directamente nuestras asambleas, fue también, por cierto, la increíble cobardía de los dirigentes de nuestros adversarios. En todas las situaciones críticas se concretaban a destacar por delante a unos cuantos mozalbetes mientras ellos esperaban fuera del local el resultado del proyectado sabotaje.

En aquel tiempo, nos vimos forzados a velar nosotros mismos por el mantenimiento del orden en nuestras reuniones, ya que jamás podían contar con la protección de las autoridades; contrariamente, sabíamos por experiencia que esa protección favorecía siempre a los perturbadores pues, el único resultado efectivo de la intervención de la autoridad, esto es, la policía, era la disolución de la asamblea, es decir, su clausura. Y no otro era en verdad el intento y la finalidad que perseguían los saboteadores enemigos. A decir verdad, la policía ha hecho escuela de una práctica que, por su ilegalidad, constituye lo más monstruoso que uno pueda imaginarse. Cuando, por medio de amenazas, las autoridades se dan cuenta de que existe el peligro de que se sabotee una reunión, en lugar de arrestar a los provocadores, se prohíbe a los inocentes la realización de la asamblea; procedimiento del cual el tipo corriente de autoridad policíaca se siente muy orgulloso calificándolo como «medida preventiva para evitar una infracción de la ley».

En relación con todo esto había que considerar aún lo siguiente: Toda asamblea protegida únicamente por la policía, desacredita a sus organizadores ante los ojos de la gran masa.

Nuestro joven partido debía, pues, velar por sí, defenderse así mismo y destruir también por sí sólo al terrorismo del adversario.

Dos condiciones garantizaban la seguridad de nuestras asambleas:

I) Una mano dirigente enérgica y psicológicamente apropiada.

II) La presencia de un grupo organizado para hacer guardar el orden.

Cuando, por entonces, los nacionalsocialistas celebrábamos una asamblea, nosotros mismos y no otros éramos los soberanos. Más de una vez ocurrió que un puñado de nuestros camaradas se impuso heroicamente sobre una masa furiosa y violenta de elementos rojos. Seguramente que a la postre habría podido ser dominado aquel puñado de quince o veinte hombres, pero los otros sabían muy bien que antes, se les hundiría el cráneo al doble o al triple número de ellos. Y a esto no querían arriesgarse.

Como brillaban los ojos de mis muchachos cuando les explicaba la necesidad de su misión y les recalcaba que la mayor sabiduría del mundo será siempre inútil mientras no se halle respaldada por una fuerza que la proteja y defienda, y que la dulce diosa de la paz puede aparecer sólo al lado del dios de la guerra, como que toda obra grande de esa paz, necesita la protección y el apoyo de la fuerza. Alcancé a inspirarles una idea mucho más viva de la que tenían sobre el servicio militar obligatorio. No en el sentido estereotipado del espíritu de viejos y anquilosados funcionarios al servicio de la autoridad muerta de un Estado que había dejado de ser, sino con plena conciencia del deber que le impone al individuo el sacrificio de su vida por la existencia del conjunto de su pueblo, en todo tiempo y en todo caso.

¡Y como actuaron esos muchachos después!

Como enjambre de avispas caían sobre los perturbadores de nuestras asambleas, fuese cual fuere la proporción numérica de éstos, sin temor a ser heridos, dispuestos a todo sacrificio y plenos siempre de la gran idea de abrirle paso a la sagrada misión de nuestro movimiento.

Ya en el verano de 1920 nuestra organización destinada al mantenimiento del orden fue adquiriendo poco a poco formas precisas y en la primavera de 1921 se formaron compañías de a cien hombres, subdivididas a su vez en grupos. Y esto resultó indispensable por lo mismo que, entre tanto, la actividad asambleísta del partido había ido aumentando constantemente.

* * *

La organización de nuestras tropas de orden, trajo consigo la solución de una cuestión muy importante: Hasta entonces el movimiento no poseía una insignia especial ni menos una bandera del partido. La ausencia de tales símbolos suponía inconvenientes no sólo momentáneo, sino que también era, para el porvenir, cosa inadmisible. Los inconvenientes consistían, ante todo, en el hecho de que nuestros correligionarios carecían en absoluto de un signo exterior que revelase su pertenencia y que, por otra parte, caracterizara el movimiento con una enseña como símbolo opuesto al emblema de la Internacional.

Más de una vez tuve en mi juventud ocasión de darme cuenta y penetras instintivamente la enorme significación psicológica que entraña un tal símbolo. Después de la guerra, vi en Berlín un mitin marxista delante del palacio real.

Un mar de banderas rojas, de brazaletes rojos y de flores rojas, daban a esta demostración, aproximadamente de ciento veinte mil personas, un aspecto exterior muy imponente, y yo mismo sentía y comprendía la facilidad con que el hombre del pueblo se deja dominar por la magia seductora de un espectáculo de tan grandiosa apariencia.

La clase burguesa que, políticamente no tiene ni representa en verdad concepción ideológica alguna, carecía por consiguiente de un símbolo propio; constaba de «patriotas» y llevaba por doquier los colores del Reich de la postguerra[7].

La bandera negro-blanco-rojo del antiguo imperio fue nuevamente adoptada por los llamados partidos nacionalburgueses.

No cabe duda de que el símbolo de una época que fue dominada por el marxismo en condiciones y circunstancias poco gloriosas, mal puede servir de emblema para destruir, en nombre de éste, ese mismo marxismo. Por sagrados y queridos que fuesen los antiguos colores para todo buen alemán que combatió bajo sus pliegues y vió el sacrificio de tantos, esos colores de belleza única y de factura lozana y fresca, no se prestaban para constituir el símbolo de una lucha del porvenir.

Contrariamente a los políticos burgueses, siempre sostuve dentro de nuestro movimiento el punto de vista de que para la nación alemana significaba una verdadera suerte haber perdido la antigua bandera. Desde el fondo de nuestros corazones deberíamos dar gracias al destino de que haya querido preservar a nuestra gloriosa bandera de guerra de todos los tiempos, del oprobio de servir de sábana para la prostitución más vergonzosa.

Nosotros, los nacionalsocialistas, no podemos ver en la antigua bandera del Reich un símbolo expresivo de nuestra propia actividad, pues, no aspiramos a hacer resucitar el Imperio que cayó víctima de sus propios defectos, sino más bien a erigir un nuevo Estado. El movimiento que, en este sentido, lucha ahora contra el marxismo, tenía desde entonces, que llevar en su bandera el símbolo del nuevo Estado.

La cuestión de nuestra bandera, es decir, lo relacionado con su aspecto, nos preocupó por entonces muy intensamente. De todos lados recibíamos sugestiones bien intencionadas, pero carentes de valor práctico. Por mi parte me pronuncié por la conservación de los antiguos colores, no sólo porque, como soldado, son para mí lo más sagrado de la vida, sino también por su efecto estético ya que mejor que cualquier otra combinación armonizan con mi propio modo de sentir. Yo mismo, después de innumerables ensayos, logré precisar una forma definitiva: sobre un fondo rojo, un disco blanco y en el centro de éste, la cruz gamada en negro. Igualmente, después de largas experiencias, pude encontrar una relación apropiada entre la dimensión de la bandera y la del disco y entre la forma y tamaño de la swástica. Y así quedó.

Inmediatamente se mandaron confeccionar brazaletes de a misma combinación para nuestras tropas de orden, esto es, un brazalete rojo sobre el cual aparece el disco blanco y la swástica negra. También la insignia del partido fue creada siguiendo las mismas directrices.

En el verano de 1920 lucimos por primera vez nuestra bandera. Correspondía admirablemente a la índole de nuestro naciente movimiento: jóvenes y nuevos eran ambos.

¡Y es realmente un símbolo! No sólo porque mediante esos colores, ardientemente amados por nosotros y que tantas glorias conquistaron para el pueblo alemán, testimoniamos nuestro respeto al pasado, sino porque eran también la mejor encarnación de los propósitos del movimiento. Como socialistas nacionales, vemos en nuestra bandera nuestro programa. En el rojo, la idea social del movimiento; en el blanco la idea nacionalista y en la svástica la misión de luchar por la victoria del hombre ario y al mismo tiempo, por el triunfo de la idea del trabajo productivo, idea que es y será siempre antisemita.

Dos años más tarde, cuando nuestra tropa de orden se había convertido en una «sección de asalto» (SA Sturm Abteilung) que abarcaba muchos miles de hombres, se hizo necesario darle a esta organización de lucha de la nueva concepción ideológica, un símbolo especial de la victoria: el estandarte.

***

Por entonces no existía, fuera de los partidos marxistas, ningún partido, especialmente de carácter nacional, que hubiese podido preciarse de organizar mítines populares tan imponentes como los nuestros. La sala de Münchener-Kindl-Keller en Munich, que puede dar cabida a cinco mil personas, estuvo más de una vez atestada hasta reventar; quedaba un solo local cuya enorme capacidad había hecho que no nos atreviéramos aun a tomarlo como lugar de reunión, en el Circo Krone.

En los últimos días de enero de 1921, volvieron a presentarse graves incidencias para Alemania. La Convención de París, que obligaba al Reich a pagar la absurda suma de cien mil millones de marcos oro, debía ser puesta en vigencia en forma del ultimátum de Londres.

Con este motivo, una cooperativa de las llamadas asociaciones nacionalistas, existente desde hacía largo tiempo en Munich, había querido organizar un mitin general de protesta. Entretanto, pasaron los días insensiblemente; los grandes partidos no habían tomado ni la menor nota del tremendo suceso y la cooperativa misma no pudo resolverse a fijar la fecha de la demostración proyectada.

El martes, 10 de febrero de 1921, exigí urgentemente una definitiva decisión. Se me había pedido que esperara hasta el miércoles y ese día insistí en obtener de todos modos una clara información sobre si la asamblea tendría al fin lugar y cuándo. La respuesta fue nuevamente evasiva e imprecisa. Se decía que se tenía la «intención» de reunir la cooperativa para el miércoles siguiente.

Ante semejante estado de cosas, se me había agotado la paciencia y acabé por organizar yo mismo el mitin de protesta. El miércoles al medio día, dicté a máquina, en diez minutos, el texto de la proclama y al mismo tiempo ordené alquilar para el día siguiente, jueves 3 de febrero, el local del Circo Krone.

Por entonces, esto significaba exponerse a un enorme riesgo; no sólo porque era dudoso llegar a llenar tan enorme local, sino también porque se corría el peligro del sabotaje. Pero una sola cosa era segura: que el fracaso podía significar un retroceso de varios años para el desarrollo del movimiento.

Para pegar las proclamas no disponíamos más que de un solo día, esto es, el jueves mismo. Por desgracia, llovía ya por la mañana y parecía fundado el temor de que en tales circunstancias, mucha gente prefería quedarse en casa a concurrir con lluvia y nieve a una asamblea donde posiblemente habría muertos y heridos.

Dos camiones, que hice alquilar, fueron decorados de rojo y provistos de algunas banderas nuestras; cada uno de los camiones iba ocupado por quince o veinte correligionarios, con la orden de recorrer diligentemente las calles de la ciudad, distribuir volantes, en una palabra, hacer propaganda para el mitin de la noche. Esta fue la primera vez que se vio circular camiones con banderas rojas conduciendo elementos no marxistas.

A las siete de la noche, el local del circo no estaba todavía suficientemente concurrido. Cada diez minutos se me informaba por teléfono y me sentía un tanto inquieto. No obstante, al poco tiempo vinieron informaciones más favorables.

Cuando entré en el amplio local, experimenté la misma sensación de alegría que un año antes al realizarse nuestra primera reunión en la sala de fiestas de la Hofbräuhaus en Munich. Tuve que abrirme paso entre el apiñado público y cuando llegué a la tribuna pude darme cuenta de la magnitud del éxito. Más de 5.600 entradas habían sido vendidas y si a esto se añadía el número de los sin trabajo, estudiantes pobres y los elementos de nuestra guardia encargada de mantener el orden, posiblemente la concurrencia pasaba de 6.500 personas.

«El porvenir o la ruina». Tal era el tema de mi conferencia. Hablé aproximadamente por espacio de dos horas y media, y ya, después de los primeros treinta minutos, supe que el mitin alcanzaría un éxito grandioso, porque sentía el contacto con aquellos miles de individuos. A partir de la primera hora, los aplausos con exclamaciones espontáneas cada vez mayores, empezaron a interrumpir mi discurso para luego, después de la segunda hora, volver a aplacarse y quedar el público sumido en aquel silencio religioso que, en ocasiones posteriores, tantas y tantas veces debí volver a experimentar en aquel mismo local. En cuanto hubo pronunciado la última palabra, estalló el entusiasmo popular en máximo fervor patriótico, cantando el himno nacional «Deutschland ubre alles».

Las gacetas burguesas publicaron fotografías y comentarios mencionando únicamente que se había tratado de una demostración «nacional» y omitiendo en su «modestia característica» citar los nombres de los organizadores.

Después de aquella iniciación en 1921, intensifiqué considerablemente nuestra actividad asambleísta en Munich, optando por celebrar en adelante no sólo una reunión, sino muchas veces dos y hasta tres por semana, en el verano y al finalizar el otoño. Nuestros mítines se realizaron siempre en el local del Circo Krone y con íntima satisfacción pudimos constatar que cada vez teníamos el mismo éxito.

El resultado fue una creciente adhesión al movimiento y un aumento notable del número de miembros del partido.

* * *

Es natural que ante semejantes éxitos no quedaran inactivos nuestros adversarios. Y es así como se resolvieron a llevar a cabo en un último esfuerzo un acto de terrorismo que definitivamente pusiese fin a nuestra actividad asambleísta.

Para el encuentro decisivo, habían elegido una de nuestras reuniones en la sala de fiestas de la Hofbräuhaus, donde yo debía hablar. En efecto, el 4 de noviembre de 1921, entre las 6 y 7 de la tarde, recibí las primeras informaciones concretas anunciando que nuestra asamblea de aquella noche sería saboteada a toda costa.

Fue atribuible a una infeliz circunstancia, no haber podido tener antes tal comunicación. Aquel mismo día habíamos desocupado nuestra venerable oficina en la Sterneckergasse en Munich, para trasladarnos a otra, es decir, habíamos dejado el antiguo local, sin poder aun instalarnos en el nuevo, debido a que en éste se hacían todavía trabajos preparatorios. El teléfono tampoco estaba expedito y he aquí porque resultaron en vano muchas tentativas encaminadas a informarnos telefónicamente sobre el proyectado sabotaje.

La consecuencia de esto fue que nuestra asamblea de aquella noche iba a estar protegida solamente por un grupo escaso de nuestra guardia de orden. Su número no pasaba de cuarenta y seis. Como nuestra organización de alarma no estaba todavía suficientemente perfeccionada, hubiera sido imposible por la noche, en el término de una hora, disponer de un conveniente refuerzo.

Cuando a las ocho menos cuarto llegué al vestíbulo de la Hofbräuhaus, no podía ya dudarse de la intención de nuestros adversarios. La sala se hallaba repleta y por eso la policía clausuró la entrada. Nuestros enemigos, que habían tenido buen cuidado de venir muy temprano, llenaban la sala, mientras que nuestros adeptos quedaron en su mayor parte fuera. El pequeño grupo de las S.A. esperaba en el vestíbulo y ordené formar a los cuarenta y seis hombres que la componían. Les dije a mis muchachos que seguramente aquella noche, por primera vez, tendrían que probar, a sangre y fuego, su fidelidad al movimiento y que ninguno de nosotros debería salir del local salvo que nos sacasen muertos; dije que yo personalmente quedaría en la sala y que jamás podría imaginar que uno solo de ellos fuese capaz de abandonarme; finalmente, subrayé que si viese que alguno se portaba como un cobarde yo mismo le arrancaría el brazalete y la insignia del partido. Luego les insté a reaccionar inmediatamente contra la menor tentativa de sabotaje, sin olvidar ni por un momento que la mejor forma de defensa es siempre el ataque.

La exclamación «¡Heil!»[8] pronunciada tres veces, más vigorosamente que nunca, fue la respuesta a mis palabras.

Una vez en la sala, puede apreciar la situación con mis propios ojos. Los concurrentes estaban apiñadamente sentados y me esperaban ya con penetrantes miradas. Infinidad de fisonomías llenas de odio se tornaban hacia mí, en tanto que otros me dirigían insultos seguidos de irónicas gesticulaciones. Estaban convencidos de su superioridad numérica y querían demostrarlo.

A pesar de todo, la asamblea fue inaugurada y empecé mi discurso.

Más o menos después de hora y media —había podido hablar durante ese tiempo no obstante las constantes interrupciones— un pequeño error psicológico que cometí al contestar una interrupción, y de lo cual yo mismo me di cuenta apenas hube respondido, dio ocasión a la señal de ataque.

Gritos furiosos y de repente un hombre que salta sobre una silla y exclama: «¡Libertad!» A la señal dada los «campeones» de la libertad comenzaron su obra.

Pocos instantes después dominaba en el local el bramido de una inmensa horda humana sobre la cual volaban cual descargas de obuses infinidad de vasos de cerveza, y en medio de todo, el crujir de silletazos, vasos que se estrella, chillidos estridentes y silbatina.

El espectáculo era salvaje.

Yo quedé de pie en mi puesto y desde allí pude observar cómo todos mis muchachos cumplieron su deber admirablemente.

Apenas había principiado la danza entraron mis «hombres de asalto», como desde entonces les llamé. Cual lobos, en grupos de ocho o diez, caían sucesivamente sobre sus adversarios y poco a poco fueron éstos arrollados y echados del recinto. No habían transcurrido cinco minutos cuando vi que casi todos los míos sangraban y estaban heridos. A cuántos de ellos me fue dado conocerles precisamente entonces. A la cabeza, mi bravo Maurice, además, mi actual secretario privado Hess y muchos otros que, aun gravemente heridos, atacaban siempre de nuevo mientras podían mantenerse en pie. En uno de los rincones, al fondo de la sala, quedaba todavía un considerable bloque de adversarios que oponía tenaz resistencia. Inesperadamente detonaron dos tiros de revólver disparados desde la entrada de la sala, y con esto se inició un tremendo tiroteo. A partir de este momento era imposible precisar de donde venían los disparos, pero una cosa pude establecer claramente: desde aquel instante el ardor combativo de mis muchachos sangrantes había llegado al paroxismo, acabando por arrojar de la sala vencidos a los últimos perturbadores.

Pasaron aproximadamente veinticinco minutos. En la sala parecía como si hubiese estallado una granada. Muchos de mis correligionarios heridos, fueron curados de urgencia, otros fueron transportados por la ambulancia, pero a pesar de todo habíamos quedado dueños de la situación. Hermann Esser, que aquella noche presidía la reunión, declaró: «La asamblea continúa. La palabra la tiene el conferenciante» Y continué hablando.

Ya habíamos clausurado la reunión cuando entró de prisa y muy excitado un oficial de policía, moviendo nerviosamente los brazos y gritando: «La asamblea queda disuelta».

Sin querer tuve que reírme, ante semejante alarde auténticamente policíaco.

Realmente, mucho habíamos aprendido aquella noche y nuestros adversarios mismos no olvidaron jamás la lección recibida.

El fuerte es más fuerte cuanto está solo

En el capítulo precedente, he mencionado la existencia de una cooperativa de asociaciones alemanas nacionalracistas.

Ahora deseo ocuparme brevemente del problema.

Por lo general se comprende bajo la denominación «cooperativa de trabajo» un grupo de asociaciones que, con el fin de facilitar su labor, se someten ente sí a recíprocas obligaciones, eligiendo un directorio común con más o menos facultades, para luego poder llevar a cabo una acción conjunta. De esto se infiere que ha de tratarse de sociedades, asociaciones o partidos cuyos propósitos y procedimientos no se diferencien demasiado los unos de los otros. Existe la difundida convicción de que una tal cooperativa alcanza un enorme incremento de fuerza de acción y que, automáticamente, transforma en una potencia a los grupos que la componen, por sí solos débiles y pequeños.

Esta creencia es errónea en la mayoría de los casos.

A mi modo de ver, es interesante y necesario para una comprensión mejor de la cuestión, dilucidar cómo se forman las sociedades, asociaciones, etc. Un hombre proclama una verdad, preconiza la solución de un determinado problema, expone una finalidad y crea por último un movimiento destinado a servir a su propósito. Así es cómo se funda una asociación o un partido que, de acuerdo con su respectivo programa, debe conducir a la supresión de anomalías existentes o a determinar un nuevo estado de cosas.

Tan pronto como ha quedado iniciado, un movimiento de esta índole, entra prácticamente en posesión de un cierto derecho de prioridad.

Sería natural y comprensible que todos aquellos que persiguen una misma finalidad, se incorporen a un tal movimiento reformándolo para, de esta manera, servir mejor a la idea común. El que esto no sea así, puede atribuirse a dos causas. La primera querría yo calificarla de casi trágica, en tanto que la segunda, tiene un fondo miserable y hay que buscarla en la flaqueza de la naturaleza humana.

La causa trágica, reside en que cuando se trata del cumplimiento de un determinado cometido, los hombres no se concretan a reunirse en una agrupación única, a pesar de que por lo general en el mundo toda acción grandiosa marca la realización de un deseo ha tiempo latente en millones de corazones; un anhelo acariciado por muchos en silencio.

Corresponde al carácter de los grandes problemas contemporáneos el que miles de individuos se empeñen en su solución y que muchos de ellos se consideren predestinados o bien que el destino mismo proponga varias soluciones a la prueba de selección, para hacer que a la postre, en el libre juego de fuerzas, se incline la victoria final a favor del más fuerte, esto es, del más apto y capaz de resolver el problema. Sin embargo, la persuasión de que justamente ese hombre es el predestinado exclusivo, suele la más de las veces llegar tarde a la conciencia de los demás.

Es así como en el transcurso de los siglos y muchas veces dentro de una misma época, aparecen hombres diferentes que crean movimientos encaminados a defender finalidades comunes o por lo menos consideradas como análogas por la gran masa.

Lo trágico está en que aquellos hombres, sin conocerse entre sí, aspiran a llegar al mismo objetivo por caminos totalmente diferentes. Íntimamente convencidos de su propia misión, se creen obligados a ir cada uno asiladamente por su ruta.

Pero, ¿cómo podrá apreciarse desde fuera si el rumbo elegido es bueno o malo, si al no darse paso al libre juego de fuerzas, se sustrae al juicio doctrinal de hombres infatuados de su saber, la decisión definitiva, para dejarla librada a la irrefutable prueba del éxito visible que, en último análisis, confirmará siempre la conveniencia y utilidad de una acción?

En la Historia vemos que, a juicio de la mayoría, las dos posibilidades que se hubieran podido elegir para solucionar el problema alemán y cuyos gestores principales eran Austria y Prusia —los Habsburgo y los Hohenzollern— debieron haber sido desde un comienzo fusionadas en una sola. Siguiendo ese criterio debióse, contando con energías cohesionadas, confiar indiferentemente en la conveniencia de cualquiera de las dos posibilidades. En tal caso se habría optado por el camino de la parte más representativa que por entonces era Austria; pero está fuera de duda que la orientación austríaca nunca hubiera conducido a la creación de un Reich alemán.

La cuestión de la fundación de ese Reich, no fue el fruto de una voluntad común puesta al servicio de un procedimiento también común, sino más bien el resultado de una lucha consciente y a veces inconsciente por la hegemonía política, lucha de la cual surgió a la postre la Prusia vencedora. Y quien no niegue la verdad, ofuscado por la política partidista, tendrá que reconocer que la pretendida sabiduría humana jamás hubiera llegado a una decisión tan sabia como aquella a que llegó la sabiduría de la vida, esto es, que el libre juego de fuerzas, quiso que fuera realidad. En efecto, ¿quién hubiera creído seriamente, hace doscientos años, en los países alemanes, que la Prusia de los Hohenzollern y no el reino de los Habsburgo iba a convertirse un día en el núcleo creador y directriz del nuevo Reich? En cambio, ¿quién podría hoy desconocer que de ese modo obró mejor el destino? ¿Y quién sería capaz de figurarse un Reich alemán basado en los principios de una dinastía corrupta y degenerada, como la de los Habsburgo?

No, el desarrollo natural debió colocar al mejor en el puesto que le correspondía, ciertamente después de una lucha de siglos.

Así fue y así será eternamente.

Por eso no es de lamentar que, en un comienzo, hombres de lucha, diferentes, se encaminen en pos del mismo objetivo. El más vigoroso y el más diligente se revelará entonces y será el vencedor.

**

Existe aún a menudo una segunda causa, por la que en la vida de los pueblos, movimientos análogos en apariencia tratan de alcanzar, por caminos diferentes, un objetivo aparentemente también análogo. Esta causa es no sólo trágica, sino infinitamente miserable. Radica en la infeliz mezcla de emulación, envidia, ambición e inclinación a la ratería, características que desgraciadamente se encuentran reunidas en ciertos sujetos de la humanidad.

Bastará que uno vaya por un nuevo camino para que muchos haraganes paren mientes presintiendo algún buen bocado al fin de la jornada. Ahora bien, creado el nuevo movimiento y formulado su programa, afluyen tales gentes aseverando que persiguen el mismo objetivo. Pero de ningún modo los guía un propósito sincero al incorporarse a un tal movimiento y reconocer la prioridad de éste, sino que se concretan a robarle su programa para luego fundar a base de él un partido propio.

Ciertamente la fundación de toda aquella serie de grupos, partidos, etc., llamados «nacionalistas» que tuvo lugar en los años de 1918-19, fue el resultado del natural desenvolvimiento de las cosas y sin mala intención por parte de sus impulsores. Ya en 1920, la N.S.D.A.P.[9] y la D.S.P.[10] habían nacido inspirándose ambas en los mismos propósitos, pero no obstante independientemente la una de la otra. Por cierto que Julius Streicher estuvo al principio íntimamente convencido de la misión y del futuro de su movimiento; empero, tan pronto como llegara a reconocer de manera clara e indubitable el vigor y el crecimiento de la N.S.D.A.P., mayores a los de su propio partido, suspendió sus actividades e instó a sus correligionarios a que se engranasen en el movimiento triunfante de la N.S.D.A.P. y continuaron luchando desde esas filas por el objetivo común. Decisión sumamente correcta, aunque muy grave desde el punto de vista personal.

De esta suerte no resultó pues ninguna división durante aquella primera época de nuestro movimiento. Lo que hoy caracterizamos con la palabra «división nacionalista de partidos» debe exclusivamente su existencia a la segunda de las causas que he mencionado.

Repentinamente surgieron programas políticos plagiados del nuestro; se proclamaron principios tomados del conjunto de nuestras ideas; precisáronse objetivos por cuya consecución hacía años que luchábamos y se eligieron, por último, caminos ya trillados por la N.S.D.A.P.

Todo lo que era incapaz de mantenerse en pie sobre sus propias bases, acabó por fusionarse en cooperativas de trabajo, partiendo seguramente de la convicción de que ocho cojos, apoyados mutuamente, pueden constituir un gladiador.

Jamás debe olvidarse que todo lo realmente grande en este mundo, no fue obra de coaliciones, sino el resultado de la acción triunfante de uno solo. Las grandes revoluciones ideológicas de trascendencia universal son imaginables y factibles únicamente como luchas titánicas de grupos individuales y nunca como empresas fruto de coaliciones.

En consecuencia, el Estado nacionalsocialista jamás será creado por la voluntad convencional de una «cooperativa nacionalista», sino sólo gracias a la férrea voluntad de un movimiento único que sepa imponerse por encima de todos los demás.

Ideas básicas sobre el objetivo y la organización de las S.A.

La revolución de 1918 en Alemania, abolió la forma monárquica de gobierno, disoció el ejército y la administración pública y quedó librada a la corrupción política. Con esto se destruyeron también los fundamentos de lo que se denomina la autoridad del Estado, la cual reposa casi siempre, sobre tres elementos que, esencialmente, son la base de toda autoridad.

El primer fundamento inherente a la noción de autoridad es siempre la popularidad. Pero una autoridad que sólo descansa sobre este fundamento es en extremo débil, inestable y vacilante. De ahí que todo representante de una autoridad cimentada exclusivamente en la popularidad; tenga que esforzarse por mejorar y asegurar la base de esta autoridad mediante la formación del poder.

En el poder, esto es, en la fuerza, vemos representado el segundo fundamento de toda autoridad; desde luego, un fundamento mucho más estable y seguro, pero siempre más eficaz, que la popularidad.

Reunidas la popularidad y la fuerza, pueden subsistir un determinado tiempo y con esto, se crea el factor tradición que es el tercer fundamento que consolida la autoridad. Sólo cuando se aunan los tres factores; popularidad, fuerza y tradición, puede una autoridad considerarse inconmovible.

***

Si bien es cierto que la revolución logró demoler, con su impetuoso golpe, el edificio del antiguo Estado, no es menos cierto que esto se debió, en último análisis, a la circunstancia de que el equilibrio normal, dentro de la estructura de nuestro pueblo, se hallaba ya destruido por la guerra.

Cada pueblo, en su conjunto, consta de tres grandes categorías: por una parte, un grupo extremo formado por el mejor elemento humano, en el sentido de la virtud y que se caracteriza por su valor y su espíritu de sacrificio; en el extremo opuesto, la hez de la humanidad, mala en el sentido de ser el espécimen del egoísmo y el vicio. Entre ambos extremos, se sitúa la tercera categoría, que en la vasta capa media de la sociedad, en la cual no se refleja ni deslumbrante heroísmo, ni bajo instinto criminal.

Los períodos de florecimiento de un pueblo se conciben únicamente gracias a la hegemonía absoluta del extremo positivo representado por los buenos elementos.

Los períodos de desarrollo normal y regular, o lo que es lo mismo, de una situación estable, se caracterizan y subsisten mientras dominan los elementos de la categoría media, en tanto que los dos extremos se equilibran o se anulan recíprocamente.

Finalmente, las épocas de decadencia de un pueblo, son el resultado de la preponderancia de los elementos malos.

Concluida la guerra, Alemania ofrecía el siguiente cuadro: La clase media, la más numerosa de la nación, había rendido cumplidamente su tributo de sangre; el extremo bueno se había sacrificado casi íntegramente con heroísmo ejemplar; el extremo malo, en cambio, acogiéndose a leyes absurdas y, por otra parte, debido a la no aplicación de las sanciones del código militar, quedó desgraciadamente intacto.

Esta hez, bien conservada, de nuestro pueblo, fue la que después hizo la revolución y pudo hacerla sólo porque el extremo bueno de la nación había dejado de ser.

Sin embargo, difícilmente podía una autoridad apoyarse en forma duradera sobre la «popularidad» de los saqueadores marxistas. La república «antimilitarista» necesitaba soldados. Mas, como el sostén primordial y único de su autoridad de Estado, es decir, su popularidad, radicaba sólo en una comunidad de rufianes, ladrones, salteadores, desertores y emboscados —en una palabra, en aquella categoría que hemos venido en llamar el extremo malo de la nación— vano esfuerzo era el tratar de reclutar en estos círculos hombres dispuestos a sacrificar la propia vida en servicio del nuevo ideal, ya que aquellos no aspiraban en modo alguno a consolidar el orden y el desenvolvimiento de la república alemana, sino simplemente al pillaje a costa de la misma. Los que verdaderamente personificaban el pueblo, podían gritar hasta desgañitarse sin que nadie les respondiese desde aquellas filas.

Por aquel entonces se presentaron numerosos jóvenes alemanes dispuestos a vestir de nuevo el uniforme de soldado, para ponerse —como se les había hecho creer— al servicio de la «tranquilidad y el orden». Se agruparon como voluntarios en formaciones libres y aunque sentían ensañado odio contra la revolución marxista, inconscientemente empezaron a protegerla consolidándola prácticamente.

El auténtico organizador de la revolución y su verdadero instigador —el judío internacional— había medido justamente las circunstancias del momento. El pueblo alemán no estaba todavía madura para ser arrastrado al sangriento fango bolchevique, como ocurrió con el pueblo ruso. En buena parte se debía esto a la homogeneidad racial existente en Alemania entre la clase intelectual y la clase obrera; además, a la sistemática penetración de las vastas capas del pueblo con elementos de cultura, fenómeno que encuentra paralelo sólo en los otros Estados Occidentales de Europa y que en Rusia es totalmente desconocido. Allí, la clase intelectual estaba constituida, en su mayoría, por elementos de nacionalidad extraña al pueblo ruso o por lo menos de raza no eslava.

Tan pronto como en Rusia fue posible movilizar la masa ignara y analfabeta en contra de la escasa capa intelectual que no guardaba contacto alguno con aquélla, estuvo echada la suerte de este país y ganada la revolución. El analfabeto ruso quedó con ello convertido en el esclavo indefenso de sus dictadores judíos, los cuales eran lo suficientemente perspicaces para hacer que su férula llevase el sello de la «dictadura del pueblo».

**

Si independientemente de los defectos evidentes del antiguo Estado, tomados como causa, nos preguntamos el porqué del éxito de la revolución de 1918 como acción en sí, llegaremos a estas conclusiones:

1.º Porque la noción del cumplimiento del deber y la obediencia estaban estratificadas en nosotros.

2.º A causa de la cobarde pasividad observada por nuestros llamados partidos conservadores.

A esto conviene añadir:

Que el anquilosamiento de las nociones del cumplimiento del deber y de la obediencia, tenía su honda raíz en la índole de nuestra educación carente de sentido nacional y orientada netamente hacia el Estado. De ahí resulta el desconcierto entre medios y fines. La conciencia y la noción del cumplimiento del deber, así como la obediencia, no son fines en sí, como tampoco el Estado es un fin en sí mismo; todos juntos deben constituir los medios conducentes a facilitar y garantizar la existencia en este mundo a una comunidad de seres psíquica y físicamente afines.

En la hora crítica en que un pueblo, debido a los manejos de unos cuantos malhechores, sucumbe visiblemente para quedar a merced de la más dura humillación, la obediencia y el cumplimiento del deber para con aquellos, es formulismo doctrinario, es locura. Según el concepto nacionalsocialista, en tales momentos no obra la obediencia para con superiores pusilánimes, sino la lealtad para con la comunidad del pueblo. Aparece entonces el deber de la responsabilidad personal frente al conjunto de la nación.

La revolución triunfó porque nuestro pueblo, mejor dicho nuestros gobernantes, habían perdido el concepto vivo de estas nociones, para dar paso a una concepción puramente doctrinaria y formalista de las mismas.

En lo concerniente al segundo punto, habría que subrayar lo siguiente: La causa profunda de la pusilanimidad de los partidos «conservadores», fue, en primer lugar, la desaparición del sector activo y bien intencionado de nuestro pueblo, el cual se desangró durante la guerra. Prescindiendo de todo esto, nuestros partidos burgueses, que podemos clasificar como las únicas instituciones políticas cimentadas sobre la plataforma del antiguo Estado, se hallaban persuadidos de que debían defender sus convicciones exclusivamente en el terreno intelectual y por medios intelectuales, ya que el empleo de la fuerza material era facultad privativa del Estado.

Pero en el momento en que en el mundo de la democracia burguesa, surgió el marxismo, constituía un solemne absurdo apelar a la lucha con «armas espirituales»; absurdo que después debió acarrear tremendas consecuencias.

Las únicas organizaciones que en aquellos tiempos habrían tenido el valor y la fuerza necesarias para enfrentarse con el marxismo y sus masas solivantadas, era, en un comienzo, los cuerpos de voluntarios, más tarde las agrupaciones de auto-defensa, las guardias civiles, etc., y, por último las ligas tradicionalistas.

Lo que a los marxistas les dio el triunfo, fue la perfecta cohesión existente entre su voluntad política y el carácter brutal de su acción. En cambio, lo que privó a los sectores nacionalistas de toda influencia en los destinos de Alemania, fue la falta de una colaboración eficiente entre el poder de la fuerza y la voluntad de una genial aspiración política.

Cualquiera que hubiese sido la aspiración de los partidos «nacionalistas», el valor de éstos debía ser siempre nulo, porque esos partidos no contaban con ningún poder para defenderla, y mucho menos para imponerla en la calle.

Las ligas de defensa disponían de todo poder y dominaban prácticamente la calle, pero carecían de una idea política y también de una finalidad política definida.

Fue el judío el que con asombrosa habilidad, supo lanzar, mediante su prensa, la idea del «carácter apolítico» de las ligas de defensa, ensalzando y proclamando siempre, con no menos refinamiento, la índole puramente espiritual de la lucha política. Millones de alemanes ingenuos repetían semejante farsa, sin presentir, ni en lo más mínimo, que de ese modo, se desarmaban prácticamente ellos mismos y caían, indefensos, en manos del judío.

Pero también esto, es susceptible de una explicación natural: la falta de una idea grande e innovadora significa siempre la limitación de la fuerza combativa. La convicción de tener el derecho de valerse hasta de las armas más brutales, ha de ir unida permanentemente a la fe fanática en la necesidad del triunfo de un nuevo orden de cosas revolucionario en el mundo. He aquí la razón porqué jamás apelará al último recurso aquel movimiento que no lucha en pro de fines y de ideales elevados.

La revelación de una nueva gran idea, fue el secreto del éxito de la Revolución francesa; asimismo a la idea debe su triunfo la revolución rusa y sólo por la idea, también, ha podido ganar el fascismo la fuerza necesaria para someter venturosamente un pueblo a una reforma de vastas proporciones.

Paulatinamente, el marxismo logró obtener, con la consolidación de la Reichswehr[11] el apoyo indispensable para su autoridad y, obrando lógica y consecuentemente, comenzó a disolver las ligas nacionales de defensa que ya le parecían peligrosas y superfluas.

***

Con la fundación de la N.S.D.A.P. apareció por primera vez un movimiento cuyo objetivo no radicaba, como en el caso de los partidos burgueses, en una restauración mecánica del pasado, sino en la aspiración de erigir un Estado orgánicamente nacional, en lugar del absurdo mecanismo estatal existente.

Desde el primer día, el joven movimiento sostuvo el punto de vista de que su idea debía ser propagada por medios espirituales, pero que esa acción espiritual tendría que estar garantizada en caso necesario por la fuerza del puño. Fiel a su convicción sobre la enorme importancia encarnada en la nueva doctrina, consideró natural que ningún sacrificio sería demasiado grande al tratarse de la consecución de sus fines.

Es lección eterna de la Historia, que una concepción ideológica apoyada en el terror jamás podrá ser reducida por virtud de procedimientos legales de la autoridad establecida, sino únicamente por obra de otra concepción ideológica nueva y de acción no menos audaz y resuelta de aquélla. Oír esta verdad les será siempre desagradable a los funcionarios encargados de velar por la seguridad del Estado. El poder público podrá garantizar el orden y la tranquilidad sólo cuando el Estado se halle identificado con la ideología dominante.

Aquel Estado que, incondicionalmente, capituló ante el marxismo, el 9 de noviembre de 1918, no podrá reaparecer de la noche a la mañana como el vencedor de ese mismo marxismo; por el contrario: burgueses sabihondos, ocupando carteras ministeriales, chochean ya hoy preconizando la conveniencia de no gobernar contra el proletariado: mas, al identificar al obrero alemán con el marxismo, no solamente incurren en una cobarde mixtificación de la verdad, sino que, mediante su interpretación capciosa, tratan también de disimular su propia incapacidad frente a la idea y la organización marxista.

261

***

He explicado cómo en la vida práctica de nuestro joven movimiento fue formándose paulatinamente una guardia para la protección de nuestros mítines, y cómo ésta adoptó poco a poco el carácter de una fuerza de orden, tendiendo, finalmente, a constituir toda una organización.

El primer cometido de esta fuerza de orden era, pues, limitado. Al principio: consistía en la tarea de facilitar la realización de los mítines los cuales, no mediando esa fuerza, habrían sido saboteados sin dificultad por los adversarios. Ya en aquella época, estaba nuestra fuerza de orden entrenada, para la ciega ejecución del ataque, pero no porque se hubiera hecho un culto del «laqui»[12] como se solía decir en ciertos necios círculos nacionalistas, sino, llanamente, porque aquella fuerza supo comprender que hasta el hombre más genial puede quedar anulado ante los golpes de este «laqui», como en efecto no es raro en la historia el caso de eminentes cabezas que sucumbieron bajo el puño de ilotas minúsculos. Nuestra organización no trataba de imponer la violencia como finalidad sino que quería salvaguardar de la violencia a los predicadores de la finalidad ideal. Y al mismo tiempo, entendiendo que no estaba obligada a amparar a un Estado que no defendía a la nación; se encargó de proteger a esa nación contra los que amenazaban destruir el pueblo y el Estado.

Como su nombre indica, la sección de asalto (S.A. Sturm-Abteilung) no representa más que una sección de nuestro movimiento, esto es, un eslabón, del mismo modo que la propaganda, la prensa, los institutos científicos, etc., no constituyen otra cosa que eslabones del partido.

El pensamiento capital que privó en la organización de nuestra «sección de asalto» fue siempre, junto al propósito del entrenamiento físico, el hacer de ella una fuerza moral inquebrantable, hondamente compenetrada con el ideal nacionalsocialista y consolidada en grado máximo por su espíritu de disciplina. Nada debía tener de común con una organización aburguesada y menos aun con el carácter de una sociedad secreta.

La causa de mi oposición tenaz, en aquellos tiempos, al intento de hacer que la «sección de asalto» de la NSDAP. se presentase a manera de una liga de defensa, tenía su razón de ser en lo siguiente: Desde un punto de vista puramente objetivo, no es posible realizar la educación militar de un pueblo mediante instituciones privadas, salvo que se cuente con enormes subvenciones del Estado. Pensar de otro modo supondría atribuirse a sí mismo demasiada capacidad. Desde luego, está fuera de discusión el hecho de que, a base de la llamada «disciplina voluntaria» se pueda crear, pasando de un cierto límite, organizaciones que tengan importancia militar. Aquí hace falta el instrumento esencial del mando, es decir, la sanción disciplinaria. Bien es cierto que en otoño de 1918 o, más propiamente en la primavera de 1919, fue factible formar «cuerpos de voluntarios», que tenían no sólo la ventaja de contar entre sus componentes una mayoría de excombatientes educados, por tanto, en la escuela del antiguo ejército, sino también la circunstancia de que las obligaciones impuestas al individuo, lo sometían incondicionalmente a la disciplina militar, por lo menos durante un tiempo limitado.

Aun en la hipótesis de que, no obstante las dificultades puntualizadas, lograse una liga de defensa instruir militarmente, año por año, un cierto número de alemanes, esto es, en el orden moral, físico y técnico; el resultado, a pesar de todo, tendría que ser inevitablemente nulo en un Estado que, consecuente con su tendencia política, no deseara, e incluso detestase una tal militarización por estar en contradicción absoluta con el objetivo intimo que persiguen sus dirigentes que son al propio tiempo sus corruptores.

Esta es la situación en el presente. ¿O es que acaso no pondría en ridículo al régimen de gobierno actual, querer dar sigilosamente instrucción militar a algunas decenas de miles de hombres, siendo ese mismo régimen el que pocos años antes abandonara ignominiosamente a ocho millones y medio de soldados de admirable preparación y cuyos servicios a la patria fueron rechazados y correspondidos con vejámenes? ¿Cómo, entonces formar soldados para un Estado que otrora vilipendiara y escupiera a los soldados más gloriosos, permitiendo que se les arrancasen del pecho sus condecoraciones y se les arrebatasen las cocardas, pisotearan sus banderas y denigrasen sus méritos? ¿Acaso dio jamás ese Estado paso alguno que tendiera a restaurar el honor mancillado del antiguo ejército sancionando a sus disociadores y detractores? ¡Ciertamente que no! Por el contrario, vemos hoy entronizados a esos elementos en los más altos puestos públicos.

Analizando el problema de la conveniencia o inconveniencia de crear ligas voluntarias de defensa, no podría dejar de preguntarme: ¿Para qué se instruye a la juventud? ¿A que fin servira y en que momento deberá ser movilizada?

Si el estado actual tuviese alguna vez que echar mano de reservas preparadas de esta manera, jamás lo haría en defensa de los intereses nacionales contra el enemigo externo, sino únicamente en servicio de los opresores de la nación en el momento en que estallase el furor del pueblo engañado, traicionado y vendido.

Desde luego, ya por esa sola razón la S.A. no debía tener nada de parecido con una organización militar. Era simplemente un medio protector y educativo del movimiento nacionalsocialista y su cometido residía en un campo totalmente diferente al de las llamadas ligas de defensa. Tampoco debía constituir una organización secreta, porque el objetivo de las organizaciones secretas tiene que ser fatalmente contrario a la ley.

Lo que nosotros, los nacionalsocialistas, necesitábamos y necesitaremos siempre, no son cien o doscientos conspiradores desalmados, sino cientos de miles de fanáticos adeptos, que luchen por nuestra ideología. Nuestra obra no ha de realizarse en conciliábulos, sino en imponentes demostraciones populares y tampoco valiéndose del puñal, el veneno, la pistola, sino conquistando en abierta lid el dominio de la calle. Tenemos que enseñarle al marxismo que el futuro dueño de la calle ha de ser el nacionalsocialismo, que un día será también el dueño del Estado.

El peligro de las organizaciones secretas estriba también actualmente en el hecho de que sus miembros desconocen por completo la magnitud de su cometido y se hacen la idea de que la suerte de un pueblo podría realmente, tornarse favorable de súbito, gracias a la perpetración de un asesinato político. Tal criterio puede tener justificación histórica únicamente cuando un pueblo gime bajo la tiranía de algún opresor genial, del cual se sabe que sólo su personalidad extraordinaria la que garantiza la consistencia interior y la temeridad del régimen imperante.

En los años de 1919 y 1920 existía el peligro de que miembros de organizaciones secretas, inspirándose en los grandes ejemplos de la Historia y hondamente conmovidos por la infinita desgracia nacional, intentaran vengarse de los corruptores de la patria, en la creencia de que así se pondría fin a la miseria del pueblo. Pero era absurdo semejante propósito, por la sencilla razón de que el marxismo no había triunfado gracias al genio superior y la significación personal de un solo individuo, sino más bien debido a la incalificable flaqueza moral y la cobarde inacción del mundo burgués. Al fin y al cabo, es todavía comprensible capitular ante un Robespierre, un Dantón o un Marat, pero siempre será vergonzoso someterse a un famélico Scheidemann, a un obeso Erzberger o un Friedrich Ebert y a otros minúsculos políticos. Vano hubiera sido eliminar a alguno de ellos, porque el resultado no habría hecho más que acelerar la entronización de otro no menos sanguinario y ávido que el antecesor.

***

Si la S.A. no debía ser una organización de índole militar, ni tampoco una intuición secreta, fuerza era deducir de esto las conclusiones siguientes:

1.ª) Su instrucción tenía que efectuarse consultando la conveniencia del partido y no desde el punto de vista militar.

Tratándose del entrenamiento físico, no debía darse importancia capital a la práctica de ejercicios militares, sino más bien a la actividad deportiva. He considerado siempre más importantes el boxeo y el jiu-jitsu que un curso de tiro, que, siendo deficiente, habrá de resultar forzosamente malo. El entrenamiento corporal tiene que inculcar en el individuo la convicción de su superioridad física y darle, con ella, aquella confianza que radica eternamente en la conciencia de la propia fuerza; además, deben enseñársele aquellas destrezas deportivas que sirvan de armas para la defensa del movimiento nacional-socialista.

2.ª) Para evitar desde el primer momento que la S.A. tuviera un carácter secreto, no bastaba que su uniforme la revelase de modo inconfundible, sino que ya la magnitud de sus efectivos tenía que señalarle el camino que conviniera al partido y que fuese del dominio público. No debería reunirse furtivamente, sino por el contrario, marchar al aire libre, estableciendo con esto una práctica que destruyera definitivamente todas las leyendas que la acusaban de ser una «organización secreta».

3.º) La forma de la organización de la S.A. así como su uniforme y equipo, no debían copiarse de los modelos del antiguo ejército, sino elegirse conforme a las necesidades del cometido que el incumbía.

***

Tres sucesos fueron de trascendental importancia para el desenvolvimiento de la S.A.:

1.°) La gran demostración de protesta de todas las asociaciones patrióticas, realizada en el verano de 1922 en la Konigsplatz de Munich contra la Ley de protección de la República.

También el movimiento nacionalsocialista había tomado parte en aquella demostración. El desfile general de la N.S.D.A.P. estuvo precedido por seis grupos de a cien hombres de la S.A. de Munich, seguidos de las secciones políticas de los miembros del partido. Teníamos además dos bandas de música y llevábamos, más o menos, quince banderas. La llegada de los nacionalsocialistas a la gran plaza de reunión, ya ocupada hasta la mitad, despertó entusiasmo desbordante en la multitud. Tuve el honor de ser uno de los oradores que dirigieron la palabra a aquel gentío que pasaba de sesenta mil personas.

El éxito del mitin fue portentoso, sobre todo porque, pese a las amenazas de los rojos, se demostró por primera vez que también el Munich nacionalsocialista era capaz de salir a la calle.

2.°) El desfile de octubre de 1922 en Coburgo.

Diferentes asociaciones nacionalsocialistas habían acordado celebrar en Coburgo una reunión el «Día Alemán». Yo también recibí una invitación con la recomendación expresa de llevar conmigo algunos acompañantes.

En efecto, como «acompañantes» seleccioné ochocientos hombres de la S.A., formando catorce secciones, las cuales debían ser trasladadas, en tren especial, de Munich a la ciudad de Coburgo, que desde hacía poco se hallaba bajo la jurisdicción de Baviera. Era la primera vez que un tren especial de esa índole corría en Alemania. En todas las estaciones del trayecto, donde se agregaban nuevos elementos de la S.A. nuestro tren era motivo de gran expectación.

Llegados a Coburgo, fuimos recibidos por una delegación del comité organizador de la reunión y se nos entregó un pliego que, a manera de «convenio», contenía una orden de los sindicatos obreros de la ciudad, es decir, del partido independiente y del comunista, prohibiéndosenos desfilar en columnas cerradas y con banderas desplegadas y música (habíamos traído expresamente una banda compuesta de cuarenta y dos instrumentos).

Rechacé de planos condiciones tan denigrantes y no dejé de expresarles a los señores de la delegación mi extrañeza por el hecho de que se mantuvieran tratos y celebrasen acuerdos con aquellas gentes. Declaré terminantemente que la S.A. formaría al instante en secciones para marchar por las calles de la ciudad con música y flameantes banderas.

Y así fue.

Ya en la plaza de la estación nos esperaba una exaltada muchedumbre de varios miles que vociferaba, apostrofándonos con los «cariñosos» apelativos de asesinos, bandidos, criminales, etc., etc. La joven S.A. mantuvo su disciplina ejemplar. Había formado en secciones delante del edificio de la estación y demostraba una total indiferencia ante los denuestos del populacho. Debido a la timidez de las autoridades policíacas, nuestro desfile, en una ciudad que desconocíamos completamente, no fue dirigido hacia el alojamiento preparado para nosotros en la periferia de la población, sino hacia el Hofbräuhauskeller, situado muy cerca del centro de la ciudad. Apenas había acabado de entrar en el patio del Hofbräuhauskeller nuestra última sección, una gran multitud trató de seguirnos y en medio de ensordecedores gritos, quiso penetrar en el local, impidiéndolo la policía que clausuró la entrada. Como la situación se hiciera insoportable, ordené a la S.A. formar de nuevo, la arengué brevemente y exigí de la policía la inmediata apertura de las puertas. Al fin, después de largo vacilar, se accedió a mi demanda.

Reanduvimos de nuevo el camino, para poder llegar a nuestro alojamiento y fue en este trayecto, donde los representantes del verdadero socialismo, de la igualdad y de la fraternidad, apelaron al recurso de las piedras.

Esto debió poner punto final a nuestra paciencia. Durante diez minutos, llovieron piedras a derecha e izquierda, y un cuarto de hora más tarde no quedaba en la calle un solo comunista.

Por la noche se produjeron todavía graves choques. Patrullas de la S.A., encontraron horrendamente maltratados a elementos nacionalsocialistas que habían sido asaltados aisladamente. La reacción de los nuestros no se dejó esperar.

Al día siguiente estaba dominado el terror rojo bajo el cual Coburgo sufría desde años atrás.

Con la característica hipocresía del judío marxista, se quiso incitar de nuevo, por medio de volantes, a hombres y mujeres, «camaradas del proletariado internacional», para que otra vez se lanzasen a la calle. Tergiversando completamente la verdad de los hechos, se afirmaba que nuestras «hordas de asesinos» habían dado comienzo a una guerra de exterminio contra los «pacíficos» obreros de Coburgo. A la 1,30 de aquel día, debía realizarse la gran «demostración popular» integrada por decenas de miles de obreros de todos los alrededores de Coburgo, como decían sus organizadores. Resuelto a eliminar definitivamente el terror rojo, hice formar a las 12 a la S.A., que, entretanto, había engrosado sus filas hasta alcanzar un efectivo de mil quinientos hombres, y con ella, me puse en marcha pasando por la plaza donde iba a tener lugar la anunciada demostración comunista.

Pero en vez de decenas de miles no vimos allá más que unos pocos centenares, los cuales ante nuestra presencia se mantuvieron más o menos tranquilos y hasta se retiraron en parte.

Entonces pudimos notar cómo la atemorizada población recobraba poco a poco su serenidad, se revestía de valor y hasta osaba saludarnos con aclamaciones. Por la noche, cuando nos dirigíamos a la estación, en muchos lugares del trayecto estalló, a nuestro paso, un júbilo espontáneo.

Una vez en la estación, el personal ferroviario nos declaró inesperadamente que no conducía el tren. Comencé por hacer saber a algunos de los organizadores del sabotaje que, en tal caso, apresaría a cuanto pícaro cayese en mi poder y que el tren partiría manejado por nosotros mismos, sin descuidarnos, por cierto, de llevar en la locomotora, en el tender y en cada carro unas docenas de los famosos «camaradas de la solidaridad internacional». Tampoco omití llamar la atención de esos señores sobre el hecho de que el viaje a cargo nuestro, significaría, naturalmente, una muy arriesgada empresa y no sería raro que todos resultásemos descalabrados, aunque nos consolaba pensar que, por lo menos, no nos solos iríamos al otro mundo sino, que en igualdad y confraternidad, nos acompañarían los señores comunistas.

Ante mi actitud resuelta, el tren partío puntualmente y a la mañana siguiente llegamos a Munich sanos y salvos.

La experiencia hecha en Coburgo nos había enseñado, pues, cuán útil era introducir el uso de un uniforme regular en la S.A., y esto, no sólo para fortalecer el espíritu de cuerpo, sin también para evitar confusiones y evitar el no poder reconocerse entre sí. Hasta entonces la S.A. había llevado únicamente un brazalete como distintivo; después vino el uso de la blusa y la conocida gorra.

Otra experiencia adquirida en Coburgo, fue mostrarnos la necesidad que había de ir anulando sistemáticamente el terror rojo y restablecer la libertad de reunión en aquellos lugares donde, desde años atrás, se hacía imposible toda demostración de otros partidos.

3.°) La ocupación del ruhr por los franceses en los primeros meses de 1923 tuvo enorme trascendencia para el desarrollo de la S.A.

Esta ocupación, que no nos vino de sorpresa, engendró la fundada esperanza de que, al fin, terminaría la política cobarde de las sumisiones y que, con ello las ligas de defensa asumirían un rol perfectamente definido. Tampoco la S.A., que ya por entonces abarcaba en su organización muchos miles de hombres jóvenes y fuertes, debía quedar privada de prestar su concurso a este servicio nacional. En la primavera y durante el verano de 1923, se operó la transformación de la S.A., en una organización militar de combate.

La conclusión del año 1923 que a primera vista fue triste para Alemania, constituyó, sin embargo, considerada desde un elevado aspecto, una necesidad, puesto que en este año se acabó de una vez con aquella transformación militar de la S.A. perjudicial al movimiento e inutilizada por la actitud que asumió el Gobierno del Reich. Así surgió, para nuestro ideal nacionalsocialista la posibilidad de retornar un día al punto en que, anteriormente, habíamos tenido que dejar el verdadero camino.

La NSDAP, constituida sobre bases nuevas, en 1925, tiene que reconstruir, educar y organizar su S.A. de acuerdo con los principios ya mencionados en el comienzo de este capítulo. La NSDAP, vuelve a sus sanas concepciones de antes y vuelve también a ver como tarea suprema, el propósito de crear con su S.A. un instrumento que refuerce y sostenga la lucha ideológica del movimiento.

La NSDAP, no ha de tolerar que la S.A. descienda a la categoría de una liga de defensa, ni tampoco al nivel de una organización secreta; tiene que esforzarse, más bien, por hacer de ella una guardia de cien mil hombres del ideal nacionalsocialista y por lo tanto, del ideal racial en su sentido más hondo.

La máscara del federalismo

En el invierno de 1919 y más todavía en la primavera y el verano de 1920, el joven partido nacionalsocialista se vio obligado a definir su posición frente a un problema que, durante la guerra, habría asumido extraordinaria importancia.

En la breve descripción contenida en la primera parte de este libro, acerca de los síntomas que pude constatar personalmente sobre el desastre alemán que se avecina, hice referencia a la índole especial de la propaganda ejercitada tanto por los franceses como por parte de los ingleses, para fomentar la antigua querella entre el Norte y el Sur de Alemania. En la primavera de 1915 aparecieron sistemáticamente en el frente alemán los primeros volantes de agitación contra Prusia, señalándose a este país como al único culpable de la guerra.

En 1916 alcanzó esta campaña un grado de desarrollo consumado a la par hábil y villano. Pronto comenzó a dar sus frutos aquella agitación hecha entre los alemanes del Sur contra los del Norte, y que estaba calculada para estimular los más bajos instintos.

Es fuerza hacer a las autoridades responsables de entonces, tanto en el gobierno como en el ejército —pero ante todo en el comando bávaro— un reproche que no pueden eludir: y este es que, en criminal olvido del cumplimiento de su deber, no obrasen con la entereza necesaria, frente a semejante campaña. ¡Nada se hizo! Por el contrario, incluso parecía que en algunos sectores no se veía con desagrado aquella campaña, pensándose con evidente limitación mental, que, mediante aquella funesta influencia, no sólo se oponía una barrera al desenvolvimiento de unidad alemana, sino que con ello, se producía también, automáticamente, una intensificación de la tendencia federalista.

¡Raramente ha de encontrarse en la Historia un caso de deliberado descuido con efectos más graves! El debilitamiento que se creía infligir a Prusia afectó a toda Alemania y su consecuencia fue precipitar el desastre, que significó no sólo la ruina del conjunto nacional de Alemania, sino asimismo la de cada uno de los Estados alemanes en particular.

Munich, la ciudad donde con más violencia ardía el odio artificialmente concitado hacia Prusia, debió ser la primera en lanzar el grito revolucionario contra su tradicional monarquía.

Pero sería un error atribuir exclusivamente a la propaganda de guerra enemiga el origen de ese espíritu hostil a Prusia.

La forma increíblemente insensata en que estaba organizada nuestra economía de guerra, que, con una centralización rayana en el absurdo, mantenía bajo su tutela todo el territorio del Reich, y lo explotaba, fue una de las causas principales que engendraron aquel sentimiento antiprusiano; pues, para la concepción de la gente del pueblo, los comités de aprovisionamiento, que tenían su central en Berlín, estaban identificados con la capital y, a su vez, Berlín con Prusia.

Demasiado malicioso era el judío, para no haberse dado cuenta, ya entonces, de que la infame campaña de explotación que él mismo había organizado contra el pueblo alemán, bajo la capa de los comités, de aprovisionamiento, provocaría y debía provocar resistencia. Mientras esa resistencia no implicó para él un peligro, no tenía porqué temerla; pero a fin de prevenir una explosión de las masas movidas por la desesperanza y la indignación, descubrió que no podía haber receta mejor que la de desviar el furor popular en otro sentido, como medio de neutralizarlo.

¡Luego vino la revolución!

El judío internacional, Kurt Eisner, comenzó a intrigar en Baviera contra Prusia. Dando al movimiento revolucionario bávaro un cariz deliberadamente hostil contra el resto de Alemania, no obraba ni en lo más mínimo animado del propósito de servir intereses de Baviera, sino, llanamente, como un ejecutor del judaísmo. Explotó los instintos y antipatías del pueblo bávaro para poder, por ese medio, desmoronar más fácilmente a Alemania. Pero pronto el Reich en ruina habría caído en manos del bolchevismo.

Óptimos frutos produjo el arte con que los agitadores bolcheviques supieron presentar la eliminación de la república del Consejo de Soldados como una victoria del «militarismo prusiano» sobre el pueblo bávaro «anti-militarista y antiprusiano». Cuando en Munich se realizaron alas elecciones para la dieta constituyente de Baviera, Kurt Eisner contaba en su favor escasamente con diez mil adeptos y el partido comunista apenas si llegaba a tres mil, en tanto que al producirse el fracaso de la república comunista, el número de ambos grupos había alcanzado ya un total aproximado de cien mil.

Desde aquella época, me empeñé personalmente en la lucha contra la descabellada agitación de los Estados alemanes entre sí. En toda mi vida no creo haber emprendido jamás obra más popular que aquella campaña mía de resistencia contra la animadversión existente contra Prusia. Durante el gobierno del consejo de soldados tuvieron lugar en Munich los primeros mítines donde se excitaba el odio contra el resto de Alemania, en especial contra Prusia, en una forma tal, que no sólo entrañaba peligro de vida para el alemán del Norte que se arriesgase a concurrir a un mitin de aquellos, sino que aquellas demostraciones concluían casi siempre con la estúpida vonciglería de «¡Abajo Prusia!», «¡Separémonos de Prusia!», ¡»Guerra a Prusia»!, etc., estado de ánimo que hallaba su expresión cabal en el grito de guerra de un «insuperable» representante de los altos intereses de Baviera en el Reichstag, que decía : Preferimos morir como bávaros antes que perecer como prusianos.

La campaña que yo había iniciado, apoyado, al principio, únicamente por unos cuantos de mis camaradas de la guerra, debió ser luego fomentada por el joven movimiento nacionalsocialista como un deber sagrado. Aun hoy me llena de orgullo poder decir que, en aquellos tiempos —contando sólo casi exclusivamente con nuestros correligionarios bávaros—, dimos al traste, poco a poco, pero de modo seguro, con aquel brote separatista, mezcla de ignorancia y traición.

Obvio sería explicar que la agitación del sentimiento anti-prusiano, nada tenía que ver con el federalismo alemán.

Desde luego, sorprendía el hecho de una «actividad federalista» empeñada en disolver o disgregar un Estado federal alemán ya existente. Un federalista sincero, para quien la concepción bismarckiana del Reich unido, no representara una mentida frase, mal podía, desear la disgregación del Estado prusiano, creado y perfeccionado por el mismo Bismarck, y menos, todavía, alentar abiertamente aspiraciones separatistas. No era contra los autores de la constitución de Weimar — que dicho sea de paso fueron en su mayoría alemanes del Sur y judíos—, contra quienes se dirigían las injurias y ataques de esos pseudo-federalistas; su acción iba contra los elementos representativos de la antigua Prusia conservadora, esto es, justamente contra lo antagónico del espíritu de Weimar. La circunstancia de que en aquella campaña se tuviera buen cuidado de no aludir a los judíos, no debe sorprendernos mayormente, pero nos dará la clave del enigma.

Así como antes de la revolución de 1918, el judío supo desviar de sus comités de aprovisionamiento o mejor dicho de sí mismo, la atención pública, aleccionando contra Prusia a las muchedumbres y en particular al pueblo bávaro, así también, después de la revolución, debía él cubrir de nuevo de cualquier modo el botín de su pillaje que, ahora, era diez veces mayor. Y otra vez ganó su juego, en este caso, sembrando rencillas y odios entre los elementos nacionales de Alemania; así intrigó a los bávaros de tendencia conservadora contra los prusianos no menos conservadores. El bávaro, no veía el Berlín de los cuatro millones de activos e incansables habitantes, sino aquel otro flojo y corrompido, de los más detestables barrios del Oeste. ¡Pero su odio no iba contra aquel mundo malsano; su objetivo era la ciudad «prusiana»! ¡Aquello eral realmente desesperante!

Lentamente se inició un cambio en este estado de cosas. Es evidente que ya en el invierno de 1918-19, comenzó a dejarse sentir un algo colectivo que podía interpretarse como antisemitismo. Más tarde, gracias al impulso del movimiento nacionalsocialista, se abordó el problema judío de manera activa, ante todo, porque sacando este problema de la esfera limitada de círculos burgueses, se supo hacer de él, el motivo propulsor de un gran movimiento popular. Pero tan pronto como esto fue posible, el judío empezó a organizar su defensa. Volvió a recurrir a su vieja táctica. Con asombrosa celeridad, lanzó en el seno mismo del movimiento la chispa de la discordia y sembró así, el germen de la desunión. La única posibilidad de embargar la atención pública con otros problemas y detener el ataque concentrado contra el judaísmo, residía — dada la situación reinante— en promover la cuestión del ultramontanismo y provocar, de esta suerte, la consabida lucha entre el catolicismo y el protestantismo. Jamás podrán reparar el daño causado aquellos hombres que agitaron esta cuestión en el seno del pueblo alemán. En todo caso, el judío alcanzó el objetivo deseado: católicos y protestantes habían entrado en reñida controversia y el enemigo mortal del mundo ario y de la cristiandad toda, se reía ante sus mismas narices.

Considérese cuán funestas son las consecuencias que a diario trae consigo la bastardización judaica de nuestro pueblo y reflexiónese también de que este envenenamiento de nuestra sangre, sólo al cabo de siglos —o tal vez jamás— podrá ser eliminado del organismo nacional. Millares de nuestros conciudadanos pasan como ciegos ante el hecho del emponzoñamiento de nuestra raza, practicado sistemáticamente por el judío. Y las dos iglesias cristianas, —la católica y la protestante— se muestran ambas indiferentes frente a esta profanación y destrucción. Para el futuro de la humanidad, no radica la importancia del problema en el triunfo de los protestantes sobre los católicos, o de los católicos sobre los protestantes, sino en saber si la raza aria subsistirá o desaparecerá.

La situación de la iglesia en Alemania, no permite comparación alguna con Francia, España o Italia. En todos estos países se puede propagar, por ejemplo, la lucha contra el clericalismo o contra el ultramontanismo, sin correr el riesgo de que tal empeño resulte una disociación en el seno del pueblo francés, del español o del italiano. Cosa semejante, sería imposible en Alemania, porque seguramente los protestantes no tardarían en inmiscuirse en la lucha. Una crítica que en otros países sería sustentada exclusivamente por los católicos frente a las intromisiones de índole política cometidas por los dignatarios de su propia iglesia, en Alemania asumiría de hecho el carácter de una agresión del protestantismo contra el catolicismo. Así se explica que se pudiese soportar toda crítica, aunque fuese injusta, con tal de que viniera de sus propios feligreses, en tanto que se rechazara de plano en cuanto procediera de otro sector religioso.

Aquellos que, en el año de 1924, creyeron que la lucha contra el «ultramontanismo» constituía el supremo cometido del movimiento nacionalracista, no han destruido el ultramontanismo, pero sí han roto la unidad de la causa nacionalracista. También debo oponerme a admitir que en las filas de nuestro movimiento haya algún ingenio que suponga poder realizar lo que el mismo Bismarck no pudo. Será siempre el más alto deber de los dirigentes del nacionalsocialismo, combatir enérgicamente todo intento que tienda a poner el movimiento nacionalsocialista al servicio de aquellas luchas y separar ipso facto de nuestras filas a los propagandistas de propósitos semejantes. El más ferviente protestante puede alinearse al lado del más ferviente católico, sin que jamás surjan para él problemas de conciencia por su convicción religiosa. Por el contrario, la gigantesca lucha común que sostenían ambos contra el destructor del mundo ario les ha enseñado el respeto y la estimación mutuos. Y fue, precisamente en aquellos años, cuando el movimiento realizó una tenaz oposición contra el partido del Centro (partido Católico), no por motivos religiosos, sino exclusivamente por razones de índole nacional, racial y económica.

* * *

La lucha entre el federalismo y el unitarismo, que tan astutamente supieron suscitar los judíos en los años 1919 a 1921, obligó al movimiento nacionalsocialista, aun siendo contrario a esta lucha, a definir también su posición frente a las cuestiones esenciales resultantes de dicha controversia. ¿Debía Alemania ser Estado federal o unitario? A mi modo de ver lo segundo me parece lo más importante.

¿Qué es un Estado federal?

Por un Estado federal, entendemos una asociación de países soberanos que, en virtud de su propia soberanía, se fusionan voluntariamente, renunciando, cada uno de ellos a favor del conjunto, a aquella parte de sus propias prerrogativas capaz de posibilitar y garantizar la existencia de la federación constituida.

Esta fórmula teórica no tiene en la práctica aplicación absoluta en ninguno de los Estados federales del mundo y aun menos, en los Estados Unidos de Norte América. No fueron los Estados los que constituyeron la unión Federal Americana, sino que fue esta la que, previamente, dio forma a una gran parte de esos llamados Estados. Los amplios derechos privativos conferidos o, mejor dicho, reconocidos a los diferentes territorios americanos, no sólo correspondían al carácter de esta confederación de países, sino que estaba, ante todo, en relación con la magnitud de sus dominios y la extensión de la superficie territorial del conjunto, que es casi la de un continente. Por eso, en el caso de la Unión Americana, no se puede hablar de la soberanía política de los Estados, sino únicamente de sus derechos o mejor dicho de sus privilegios determinados y garantizados constitucionalmente.

Tratándose de Alemania, tampoco tiene aplicación exacta la definición dada, y esto a pesar del hecho indudable de que los respectivos países, existieron antes aisladamente, constituidos como Estados soberanos, habiendo nacido de la reunión de ellos el Reich Alemán. Más, la formación del Reich, no se debió a la libre voluntad o a la cooperación de esos Estados, sino a la influencia de la hegemonía de uno sólo de ellos: Prusia. Desde luego, ya la sola gran diferencia territorial existente entre los diversos Estados alemanes, no permite establecer un paralelo v. gr. con la institución federal americana. Esa diferencia territorial entre los más pequeños Estados de antaño y los grandes o, mejor dicho, el mayor de todos, evidencia la desigualdad de capacidades y por otra parte, la falta de uniformidad del aporte de cada uno a la fundación del Reich, o sea a la constitución del Estado federal.

La cesión que los respectivos Estados hicieron de sus derechos de soberanía a favor de la creación del Reich, fue espontánea sólo en una mínima parte; por lo demás, prácticamente no existían tales derechos o si existieron, fueron llanamente anexionados bajo la presión del poder de Prusia. Bien es verdad que, en esto, Bismarck no partió del principio de dar al Reich todo lo que buenamente se hubiese podido tomar de los diversos Estados, sino que exigió de ellos únicamente aquello que para el Reich era indispensable; con un criterio, por cierto, a la par moderado y sabio: contemplaba por un lado con un respeto máximo las costumbres y la tradición, y por el otro, le granjeaba de este modo al nuevo Reich un mayor contingente de afección y de colaboración entusiasta por parte de cada uno de los estados confederados. Pero sería fundamentalmente erróneo querer atribuir este proceder de Bismarck a la convicción que él podía tener de que, con lo hecho, se hallaría el Reich, para todos los tiempos, en posesión de una suma suficiente de derechos soberanos. Bismarck por el contrario no tuvo tal convicción. Su propósito no fue otro que dejar para el futuro aquello que por el momento, era difícil de realizar y de sobrellevar. En efecto, con el tiempo, vino creciendo la soberanía del Reich a costa de la soberanía de los Estados confederados. El tiempo justifico la previsión de bismarck.

El desastre de Alemania en 1918 y la destrucción del Estado monárquico, precipitó el curso de este desarrollo. Si con la eliminación del régimen monárquico y de sus representantes, se había asestado un rudo golpe al carácter federal del Reich, aun más fuerte debió ser el efecto, al aceptar Alemania las obligaciones resultantes del tratado de «paz» de Versalles.

Era natural y lógico que los Estados confederados perdiesen toda soberanía sobre el control de sus finanzas, desde el momento en que al Reich se le impuso, como consecuencia de la guerra perdida, una obligación financiera que jamás habría llegado a cumplirse mediante contribuciones parciales de los Estados. Las medidas posteriores conducentes a la centralización de los servicios de correos y ferrocarriles, fueron consecuencias inevitables de la esclavización de nuestro pueblo, paulatinamente iniciada por los tratados de paz.

El Reich de Bismarck era libre y estaba exento de obligaciones exteriores. No pesaban sobre él cargas financieras tan graves y al propio tiempo tan improductivas, como lo es la del Plan Dawes para la Alemania actual. Su incumbencia, en el interior, se limitaba a aspectos contados y absolutamente necesarios. Es natural que así se pudiera renunciar a mantener una administración financiera propia y vivir de las contribuciones de los Estados confederados; y es natural que corroborase admirablemente el sentimiento de adhesión de los Estados hacia el Reich, el hecho de que éstos continuaran en el ejercicio del derecho soberano de administrar sus propias rentas, aparte de la circunstancia de que, relativamente, era poco elevada la cifra de sus contribuciones al Reich.

El Estado alemán de la posguerra, se ve, pues ahora obligado, para poder subsistir, a cercenar cada vez más los privilegios de los respectivos países del Reich, no solamente por razones de índole material, sino también de orden ideal. Al exigir de sus súbditos hasta el último tributo, como consecuencia de su política financiera de exacción, este Estado tiene necesariamente que privarles también hasta de los últimos derechos, si es que no quiere que el descontento general conduzca un día al estallido de una rebelión.

En contestación al estado de cosas anteriormente reflejado, nosotros, los nacionalsocialistas, tenemos una regla fundamental que observar: Un Reich nacional y vigoroso que en su política exterior cuide y proteja en el más amplio sentido, los intereses de sus súbditos, puede ofrecer libertad interna sin riesgo para la estabilidad del Estado. Pero bajo otras circunstancias, un gobierno nacional fuerte puede también llegar a coartar considerablemente las libertades individuales lo mismo que las de los países confederados, sin detrimento de la idea del Reich y siempre que el ciudadano reconozca en estas medidas un medio hacia la grandeza nacional.

Es indiscutible que todos los Estados del mundo tienden en su organización interna a una cierta centralización administrativa, y Alemania no será en esto una excepción a la regla. La importancia particular de cada uno de ls países que forman una confederación, disminuye crecientemente tanto en el ramo de comunicaciones, como en el de orden administrativo. El tráfico y la técnica modernos, reducen de día en día, distancias y extensiones. Quien se inhiba de las consecuencias resultantes de hechos consumados, será, pues, un rezagado.

*　*　*

Si bien parece natural un cierto grado de centralización, sobre todo en los servicios de comunicaciones, no menos natural consideramos los nacionalsocialistas el deber de asumir una firme actitud contra una evolución semejante en el Estado actual, cuando las medidas pertinentes no buscan otro objetivo que el de cohonestar y facilitar una política exterior desastrosa. Justamente porque el Reich actual ha procedido a la llamada estatización de los ferrocarriles, correos, finanzas, etc., no obedeciendo a razones de elevado interés nacional, sino únicamente a la finalidad de tener en sus manos los recursos y la garantía necesarias para satisfacer su política de condescendencia con los Aliados, debemos los nacionalsocialistas hacer cuanto esté a nuestro alcance para obstaculizar y si es posible impedir la realización de una tal política.

Pero obrando así, nuestra norma será siempre de noble política nacional y jamás de tendencia mezquina y particularista.

Esta consideración, es indispensable para evitar que, entre nuestros correligionarios, surja la creencia de que nosotros los nacionalsocialistas tratamos de negarle al Reich el derecho de encarnar una soberanía mayor que la de los Estados que lo forman. Sobre este derecho no puede ni debe existir entre nosotros duda alguna, pues, Desde el momento en que el Estado en sí no significa para nosotros más que una forma, siendo lo esencial su contenido, es decir, la nación, el pueblo, claro está que todo lo demás, tiene que subordinarse obligadamente a los soberanos intereses de la nación.

Ante todo, dentro del conjunto nacional representado por el Reich no podemos tolerar la autonomía política o el ejercicio de soberanía de ninguno de los Estados en particular. Un día ha de acabar y acabará el desatino de mantener, por parte de los Estados confederados, sus llamadas representaciones diplomáticas en el exterior y entre ellos mismos. Mientras subsistan anomalías semejantes, no hay porqué asombrarse de que el extranjero ponga siempre en duda la estabilidad del Reich y obre de acuerdo con ello.

De todos modos, la importancia de los diversos países del Reich, tendrá en el futuro que gravitar, con preferencia, en el campo de la actividad cultural. El monarca que más hizo por el prestigio de Baviera no fue ningún testarudo particularista, contrario al sentimiento unitario nacional, sino un hombre que, junto a su afección por el Arte, aspiraba a la gran patria alemana —el Rey Luis I—.

Por encima de todo, se cuidará de preservar al ejército de influencias regionalistas. El Estado nacionalsocialista venidero, no deberá caer en el pasado error, de atribuir a la institución armada un cometido que no le corresponde ni puede ser propio de ella.

El ejército alemán no está en el Reich para servir de escuela a la conservación de peculiarismos regionales, sino más bien para formar una institución donde todos los alemanes, aprendan a comprenderse recíprocamente y a adaptarse los unos a los otros. Todo aquello que en la vida nacional pudiera significar antagonismo, ha de saberlo allanar el ejército obrando como el factor de unificación. Deberá, además, sacar al joven conscripto del horizonte estrecho de su campanario y situarlo en el ambiente de la nación. No serán las fronteras de su terruño las que él vea; sino las de la patria, pues, son éstas las que un día tendrá él que defender. Por eso, es improcedente dejarlo en su propio terruño en lugar de hacer que conozca otras partes de Alemania durante el tiempo de su servicio militar.

La doctrina nacionalsocialista no está llamada a servir aisladamente los intereses políticos de determinados Estados en la confederación del Reich, sino que aspira a ser un día la soberana de toda la nación. Ella tendrá que reorganizar y orientar la vida de un pueblo, y, por tanto, atribuirse imperativamente el derecho de pasar sobre fronteras establecidas por una evolución política que nosotros condenamos.

Propaganda y organización

Inmediatamente después de haber ingresado en el partido obrero alemán, tomé a mi cargo la dirección de la propaganda. Consideraba este ramo como el más importante del momento. La propaganda debía preceder a la organización y ganar a favor de ésta el material humano necesario a su actividad. Siempre fui enemigo de métodos de organización precipitados y pedantes, porque generalmente el resultado no es otro que un mecanismo muerto.

Por dicha razón, conviene más difundir previamente una idea mediante la propaganda dirigida desde una central durante un cierto tiempo y luego examinar el material humano paulatinamente reclutado, estudiándolo cuidadosamente a fin de seleccionar a los más capacitados para dirigentes. No será raro observar de esta manera, que algunos de los elementos aparentemente insignificantes, merecen considerarse como hombres que reúnen condiciones para Führer.

Sería totalmente erróneo querer encontrar en el acopio de conocimientos teóricos, las pruebas características de aptitud y competencia inherentes a la condición de Führer.

Con frecuencia ocurre lo contrario.

Los grandes teorizantes, sólo muy raramente son también grandes organizadores, y esto porque el mérito del teorizante y del programático reside, en primer término, en el conocimiento y definición de leyes exactas de índole abstracta, en tanto que el organizador tendrá que ser ante todo un psicólogo.

Más raro todavía es el caso de que un gran teorizante sea al mismo tiempo un gran Führer. Para ello tiene más capacidad el agitador —y se explica—, aunque esta verdad la oigan con desagrado muchos de los que se consagran con exclusividad a especulaciones científicas. Un agitador, capaz de difundir una idea en el seno de las masas, será siempre un psicólogo, aun en el caso de que no fuese sino un demagogo. En todo caso, el agitador podrá resultar un mejor Führer que un teorizante abstraído del mundo y extraño a los hombres. Porque conducir significa: saber mover muchedumbres.

El don de conformar ideas, nada tiene de común con la capacidad propia del Führer. Obvio sería discutir qué es lo que tiene mayor importancia: ¿o concebir ideales y plantear finalidades de la humanidad o realizarlas? Como pasa a menudo en la vida, también en este caso, lo uno y lo otro. La más bella concepción teórica quedará sin objetivo ni valor práctico alguno si falta el Führer que mueva las masas en aquel sentido. E inversamente ¿de qué serviría la genialidad del Führer y todo su empuje, si el teorizante ingenioso no precisase de antemano los fines de la lucha humana? Pero lo más raro, en este planeta, es hallar encarnados en una misma persona, al teorizante, al organizador y al Führer. Esta conjunción, es la que revela al hombre grande.

***

Como ya dije, durante la primera época de mi actividad en el movimiento, me dediqué por entero a la propaganda.

Gracias a ella, debió crearse, poco a poco, un pequeño núcleo de hombres imbuidos en la nueva doctrina, formando así el material que después iba a dar los primeros elementos básicos de una organización.

El cometido de la propaganda, consiste en reclutar adeptos, en tanto que el de la organización es ganar miembros.

Adepto a una causa, es aquel que de clara hallarse de acuerdo con los fines a que tiende la misma; miembro es el que lucha por ella.

La adhesión radica en el solo conocimiento de la idea, mientras que ser miembro supone el coraje de representar personalmente la verdad reconocida como tal y propagarla.

El conocimiento en su forma pasiva corresponde a la mentalidad de la mayoría humana que es negligente y cobarde; el ser miembro obliga a la acción y es propio únicamente de la minoría.

Según eso, la propaganda tendrá que laborar incesantemente a fin de ganar adeptos. Y la organización concretarse rigurosamente a seleccionar del conjunto de los adeptos sólo a los más calificados para conferirles la calidad de miembros.

✳✳✳

La propaganda orienta la opinión pública en el sentido de una determinada idea y la prepara para la hora del triunfo, en tanto que la organización pugna por ese triunfo mediante la cohesión activa, constante y sistemática de aquellos correligionarios que revelan disposiciones y aptitudes para impulsar la lucha hasta un final victorioso.

✳✳✳

El triunfo de una idea, será posible tanto más pronto cuanto más vastamente haya obrado en la opinión pública la acción de la propaganda y cuanto mayor haya sido también el exclusivismo, la rigidez y la firmeza de la organización, que es la que prácticamente sostiene la lucha.

Se infiere de esto que el número de adeptos jamás podrá ser demasiado grande; el número de miembros, en cambio, es susceptible de resultar más fácilmente demasiado grande, que demasiado pequeño.

***

El éxito decisivo de una revolución ideológica ha de lograrse siempre que la nueva ideología sea inculcada a todos e impuesta después por la fuerza, si es necesario. Por otra parte, la organización de la idea, esto es, el movimiento mismo, deberá abarcar solamente el número de hombres indispensable al manejo de los organismos centrales en el mecanismo del Estado respectivo.

***

El supremo deber de la organización estriba en velar para que posibles divergencias surgidas en el seno de los miembros del movimiento, no conduzcan a una división y con ello, a un debilitamiento de la labor del conjunto. Debe cuidar, además, de que el espíritu de acción no desaparezca, sino más bien se renueve y se consolide constantemente.

Las organizaciones, es decir, los conjuntos de miembros que sobrepasan un cierto límite, pierden paulatinamente su fuerza combativa y no son capaces de impulsar con interés y dinamismo la propaganda de una idea y menos de saber utilizarla convenientemente.

Por eso es esencial que en el momento en que el éxito se ha puesto del lado del movimiento, éste —obrando por simple instinto de conservación— suspende automáticamente la admisión de nuevos miembros y amplifique en el futuro su organización sólo a base de sumo cuidado y minucioso examen de los respectivos elementos. Únicamente así podrá el movimiento mantener su núcleo incólume y sano. Luego, hará que bajo tales circunstancias, sea exclusivamente este núcleo el que guíe y conduzca el movimiento, es decir, el que determine la propaganda destinada a lograr que se le reconozca universalmente y que —como dueño del poder— adopte procedimientos necesarios a la realización práctica de sus ideas.

***

Todos los grandes movimientos, sean de índole religiosa o política, debieron su éxito de imposición al conocimiento y aplicación de estos principios; sobre todo, no se conciben éxitos perdurables sin la observancia de tales leyes.

***

Como dirigente de la propaganda del partido, me esforcé no solamente en preparar el terreno para el gran desarrollo ulterior de nuestro movimiento, sino que gracias a un criterio radical en esta labor, me empeñé también por que la organización recibiera siempre los mejores elementos; ya que cuanto más extrema y fustigante era mi propaganda, tanto más atemorizados se sentían los débiles y tímidos, impidiéndose de esta suerte su ingreso en el núcleo central de nuestra organización.

¡Y en verdad, fue así!

Hasta mediados de 1921, bastó para la iniciación del movimiento, aquella actividad puramente propagandística. En el verano del mismo año, sucesos especiales aconsejaron la conveniencia de adaptar la organización al éxito cada vez más evidente de la propaganda.

En los años de 1919 y 1920, se hallaba a cargo de la dirección del movimiento, un comité elegido por las asambleas de miembros, las cuales a su vez estaban prescritas por los estatutos del partido. Ese comité encarnaba, aunque resultase paradójico, precisamente aquello que el movimiento se proponía combatir con todo rigor: el parlamentarismo.

Las sesiones del comité, de las cuales se llevaba protocolo y donde las resoluciones eran adoptadas por mayoría, representaban realmente un parlamento en pequeño.

Semejante absurdo no comulgaba conmigo y muy pronto dejé de asistir a las reuniones. Cumplía con mi deber de propaganda y esto era todo, por lo demás, no admitía que ningún ignorante tratase de inmiscuirse en mi ramo, de la misma manera que yo tampoco intentaba arrogarme ingerencias en las atribuciones de los demás.

Aquel absurdo debió tocar a su fin en el momento en que, aprobados los nuevos estatutos y llamado a ocupar la presidencia del partido, contaba yo con la autoridad suficiente.

El presidente es responsable de la marcha de todo el movimiento. Le incumbe la distribución de labores entre los miembros del comité, dependiente de él, y entre los colaboradores que fuesen necesarios. Cada uno, a su vez, es responsable único del cometido que se le confíe y está directamente subordinado al presidente, el cual debe velar por la cooperación de todos, ya sea seleccionando elementos o dando directivas generales.

Esta ley de la responsabilidad, como cuestión de principio, se hizo poco a poco carne dentro del movimiento.

Un movimiento que, en una época donde reina la norma mayoritaria en todo, acate el principio de la autoridad del Führer y la responsabilidad inherente a este principio, superará un día con seguridad matemática el estado subsistente y será el vencedor.

***

En diciembre de 1920 tuvo lugar la adquisición del «Völkischer Beobachter». Este periódico que, como su nombre indica, defendía en general los intereses nacionalracistas, debía ahora convertirse en el órgano oficial del partido.

Durante el primer tiempo aparecía dos veces por semana; en 1923, como publicación diaria y, finalmente en agosto, adoptó el formato conocido que hoy tiene.

Daba mucho que pensar el hecho de que, frente al poderío de la prensa judía, no existiese casi ningún periódico nacionalista de importancia efectiva. En gran parte esto era atribuible —como más tarde tuve ocasión de constatar personalmente en infinidad de casos prácticos— a la contextura comercial poco hábil de las empresas de índole nacionalracista en general. Se dejaban absorber demasiado por el criterio de que la convicción debía privar sobre el esfuerzo productivo; un punto de vista totalmente errado, si se tiene en cuenta que precisamente el esfuerzo productivo es el que representa la más bella expresión del modo de pensar, que no debe tener nada de externo y superficial.

Si honesto era el contenido del «Völkischer Beobachter», la administración de la empresa era comercialmente imposible. También aquí partíase de la opinión errada de que los periódicos nacionalracistas debían ser sostenidos mediante contribuciones voluntarias de los círculos nacionalracistas, en lugar de reflexionar que, al fin y al cabo, un periódico tiene que abrirse paso en competencia con los demás y que es indigno querer cubrir negligencias o errores de la gerencia de la empresa, por medio de donativos de patriotas bien intencionados.

Por mi parte, me esforcé por innovar aquel estado de cosas, de cuya gravedad me había dado cuenta, y la casualidad favoreció mi propósito, permitiéndome conocer al hombre que, desde entonces, ha prestado meritísimos servicios a la causa nacionalracista, no sólo como gerente de la empresa, sino también como el administrador del partido. En 1914, es decir, en el frente, había conocido (entonces era yo subordinado suyo) a este nuestro actual gerente. Max Amann.

Durante los cuatro años de la guerra, tuve ocasión de observar casi constantemente las extraordinarias condiciones de capacidad, diligencia y escrupulosidad que caracterizaban al que después debió ser mi colaborador.

Cuando en el verano de 1921, nuestro movimiento atravesaba una difícil crisis y me hallaba descontento del trabajo de algunos empleados, especialmente de uno de ellos, de muy pésimo recuerdo, apelé a mi antiguo camarada de regimiento, pidiéndole que tomara a su cargo la administración del partido. Amann ocupaba por entonces una posición respetable y sólo después de larga reflexión, se decidió a aceptar mi llamada, aunque bajo la expresa condición de reconocer la autoridad de uno solo y no ponerse jamás a merced de un comité de sabihondos.

Corresponde al mérito perdurable de este nuestro primer gerente, hombre de amplia preparación comercial, el haber introducido corrección y orden en el mecanismo administrativo del partido, quedando desde entonces estas características como ejemplares. Se trabajaba cual en una empresa privada: el personal de empleados debía distinguirse por su propio esfuerzo y de nada valía tratar de cobijarse en la calidad de correligionario. Es natural que un movimiento que tan acremente reprueba la corrupción política reinante en la administración del Estado marxista, tenga que mantener exento de vicios su propio aparato administrativo.

El año 1921 tuvo, además, la trascendencia de que en mi calidad de presidente del partido, conseguí, poco a poco, anular en nuestras diversas reparticiones, la influencia de un sinnúmero de miembros del comité. Había gentes dominadas por el prurito de la crítica y que vivían en una especie de permanente preñez de excelentes planes, ideas, proyectos, métodos, etc. Su mayor y máxima aspiración era, generalmente, constituir un comité de control que no tenía otro fin que espiar el trabajo honrado de los demás.

El procedimiento más eficaz para neutralizar tan inútiles comités que no hacían más que incubar resoluciones prácticamente irrealizables, consistía en encomendarles un trabajo efectivo cualquiera. ¡Qué risible era entonces ver como se esfumaba insensiblemente todo ese conjunto de individuos! Esto me hacía pensar en el Reichstag. Con qué presteza desaparecerían también de allí todos los señores diputados, si en lugar de su locuacidad se les impusiese una labor positiva, es decir, un trabajo que tuviese que ser realizado bajo la responsabilidad personal de cada uno de esos ¡ladrones!

En el curso de dos años, conseguí difundir más y más mi modo de pensar y hoy el movimiento nacionalsocialista está plenamente compenetrado con él.

El éxito material de aquel método mío de organización, quedó revelado el 9 de noviembre de 1923. Cuando cuatro años atrás ingresé en el movimiento, no se disponía ni de un simple sello: cuatro años más tarde —al producirse la disolución del partido y la confiscación de sus bienes y nuestro activo económico—, incluyendo los objetos de valor y el periódico, ascendía a la suma de 170.000 marcos oro.

El problema de los sindicatos obreros

En nuestro propósito de estudiar aquellos métodos que más pronto y más fácilmente podían abrir a nuestro movimiento el camino hacia el corazón de las masas, tropezábamos siempre con la objeción de que el obrero jamás llegaría a pertenecernos enteramente, mientras la representación de sus intereses de orden profesional y económico continuase en manos de individuos y de organizaciones políticas de orientación diferente.

Ya en la primera parte de este libro, he emitido mi opinión acerca del carácter, objetivo y conveniencia de los sindicatos obreros. Sostuve el punto de vista de que mientras no cambie —sea por efecto de medidas proteccionistas del Estado (generalmente infructuosas) o gracias a la influencia de una nueva educación—, la actitud que el patrón mantiene frente al obrero, no le quedará a éste otro recurso que asumir por sí solo la defensa de sus intereses, fundándose en el derecho que tiene como factor igualmente necesario en la vida económica de la nación. Subrayé además, que esto respondía en absoluto a la conveniencia de la comunidad toda, si es que por tal procedimiento se lograba ahorrar al conjunto nacional los graves daños resultantes de las injusticias sociales. Esta necesidad —dije también— tendrá que considerarse como justificada mientras, entre los patronos, existían hombres no sólo faltos de todo sentimiento para con los deberes, sino carentes de comprensión hasta para los más elementales derechos humanos.

***

Cuatro son las preguntas que nos habíamos planteado a este respecto:

I) ¿Son necesarios los sindicatos obreros?

A mi modo de ver, dentro del estado de cosas actual, son indispensables y se cuentan entre las más importantes instituciones económicas de la nación.

II) ¿Deberá la NSDAP organizar por sí misma sindicatos obreros o inducir a sus miembros a participar en cualquier forma de la actividad sindicalista?

El movimiento nacionalsocialista, que ve el objetivo de su lucha en la erección del Estado racial-nacionalsocialista, debe estar persuadido de que todas las instituciones de ese futuro Estado, tienen que emerger necesariamente del seno del movimiento mismo. Será el mayor de los errores creer que la sola posesión del mando y sin contar de antemano con un cierto contingente de hombres preparados, sobre todo ideológicamente, haga que ipso ipso y de la nada, pueda llevarse a cabo un nuevo plan de reorganización. También aquí tiene valor intrínseco el principio de que la forma exterior, de fácil creación mecánica, es siempre menos importante que el espíritu encarnado en esta forma.

Por tanto, no se debe imaginar que súbitamente han de extraerse de una cartera los proyectos destinados a una nueva estructuración del Estado, para luego desde «arriba» ponerlos en práctica por virtud de un mero decreto. Se puede, naturalmente, ensayar, pero, el resultado no será viable y a menudo aparecería tan sólo como un «niño muerto al nacer». Esto me recuerda el origen de la Constitución de Weimar y la tentativa de obsequiar al pueblo alemán, juntamente con aquella constitución con una nueva bandera que no tenía la menor relación con la historia de nuestro pueblo durante los últimos cincuenta años.

También el Estado nacionalsocialista tiene que ponerse a cubierto de experimentos semejantes. Podrá emerger únicamente de una organización ya existente desde tiempo atrás y que encarne el espíritu de su esencia misma, para crear un vital Estado nacionalsocialista.

Desde luego, ya este elevado punto de vista, obliga a nuestro movimiento a reconocer la necesidad de desplegar una actividad propia, cuando se trata de la cuestión sindicalista.

III) ¿Qué carácter deberá revestir un sindicato obrero nacionalsocialista? ¿Cuáles son sus fines y cuáles nuestras obligaciones?

La institución sindicalista dentro del nacionalismo no es un órgano de lucha de clases, sino un portavoz de representación profesional. El Estado nacionalsocialista no distingue «colases» y conoce, en el sentido político, únicamente ciudadanos con derechos absolutamente iguales y consiguientemente con deberes generales iguales; y junto al ciudadano al súbdito que carece por entero de derechos políticos.

El sindicalismo en sí, no es sinónimo de «antagonismo social»; es el marxismo quien ha hecho de él un instrumento para su lucha de clases.

El marxismo creó con ello el arma que emplea el judío internacional para destruir la base económica de los Estados nacionales, libres e independientes, y lograr, de este modo, la devastación de sus industrias y de su comercio nacionales, tendiendo a la postre a esclavizar pueblos autónomos para ponerlos al servicio de la finanza judía que no conoce fronteras entre los Estados.

El sindicalismo nacionalsocialista, por el contrario, tiene, gracias a la concentración organizada de ciertos grupos de elementos que participan en el proceso económico de la nación, el deber de acrecentar la seguridad de la economía nacional y de reforzarla mediante la extirpación correctiva de todas aquellas anomalías que, a fin de cuentas, ejercen una influencia destructora sobre el organismo nacional, dañando la vitalidad del pueblo y con ello, la del Estado mismo, para determinar, por lo tanto, la catástrofe de toda la economía.

El obrero nacionalsocialista debe saber que la prosperidad de la economía nacional, significa su propia felicidad material. Por su parte, el patrón nacionalsocialista debe estar persuadido de que la felicidad y el contento de sus obreros son condición previa para la existencia y el incremento de su propia capacidad económica. Ambos, patronos y obreros nacionalsocialistas, son los representantes y administradores del conjunto de la comunidad nacional.

Para el sindicalismo nacionalsocialista, la huelga es un recurso que puede y que ha de emplearse sólo mientras no exista un Estado racial nacionalsocialista, encargado de velar por la protección y el bienestar de todos, en lugar de fomentar la lucha entre los dos grandes grupos — patronos y obreros— y cuya consecuencia, en forma de la disminución de la producción, perjudica siempre los intereses de la comunidad. Incumbe a las cámaras de economía la obligación de garantizar el ininterrumpido funcionamiento de la actividad económica nacional, subsanando necesidades y corrigiendo anomalías. Lo que hoy implica una lucha de millones mañana encontrará solución en las cámaras profesionales y en un parlamento económico central. Dejarán de estrellarse los unos contra los otros —obreros y patronos— en la lucha de salarios y tarifas, que daña a ambos, y de común acuerdo, arreglarán sus divergencias ante una instancia superior imbuida en la luminosa divisa del bien de la comunidad y del Estado.

El objetivo del sindicalismo nacionalsocialista, reside en la educación y preparación hacia ese fin, que puede definirse así: El trabajo común de todos en pro de la conservación y seguridad de nuestro pueblo y de su Estado, conforme a las aptitudes y energías de cada uno, desarrolladas en el seno de la comunidad nacional.

IV) ¿Cómo llegaremos a organizar los sindicatos obreros?

Generalmente es más fácil edificar en terreno nuevo que en uno antiguo donde ya existe una obra similar. Desde luego, sería absurdo suponer un sindicato obrero nacionalsocialista, junto a otros sindicatos obreros de índole diferente. Tampoco existe la posibilidad de un entendimiento o de un compromiso hermanando tendencias parecidas, sino únicamente el imperio del derecho absoluto y exclusivo.

Había dos procedimientos para lograr esta afinidad:

a) Se podía fundar una institución sindicalista propia para luego hincar la lucha contra el sindicalismo internacional marxista, o…

b) Penetrar en el seno de los sindicatos marxistas y tratar de saturarlos del nuevo espíritu y transformarlos en instrumentos de la nueva ideología.

Aquí imponíase aplicar la experiencia de que, en la vida, resulta preferible dejar de lado una cosa, antes de hacerla mal o a medias por falta de elementos apropiados.

Rechacé de plano todos aquellos experimentos que tenían por descontado el fracaso. Habría considerado un crimen restarle al obrero, de su miserable salario, una cierta suma destinada al fomento de una institución de cuya utilidad, en provecho de sus miembros, yo no estaba persuadido.

En 1922, procedimos de acuerdo con este criterio. Otros partidos creyeron solucionar el problema fundando sindicatos obreros. A nosotros se nos echaba en cara, como el signo más claro de nuestra concepción errónea y limitada, el hecho de que no tuviésemos una tal organización. Pero estas agrupaciones sindicalistas no tardaron en desaparecer de modo que, el resultado final, fue el mismo que en nuestro caso, sólo, con la diferencia de que nosotros no habíamos defraudado a nadie ni nos habíamos engañado a nosotros mismos.

La política aliancista de Alemania después de la guerra

El desconcierto reinante en el manejo de los asuntos exteriores del Reich, debido a la falta de directivas fundamentales para una política aliancista conveniente, no sólo continuó después de la guerra, sino que llegó a alcanzar caracteres peores. Si antes de 1914 podía considerarse en primer término como origen de nuestros errores de política externa, la confusión de conceptos políticos, en la posguerra la causa residía en la ausencia de un sincero propósito. Era natural que aquellos círculos que habían logrado con la revolución su objetivo destructor no tuviesen interés en realizar una política aliancista que tendiera a restablecer la autonomía del Estado alemán.

Mientras el partido obrero alemán nacionalsocialista no pasó de ser una agrupación pequeña y poco conocida, los problemas de la política exterior podían parecerles de importancia secundaria a muchos de nuestros correligionarios.

Debíase esto sobre todo al hecho de que justamente nuestro movimiento sostuvo y sostiene siempre, en principio, la convicción de que la libertad exterior no viene del cielo ni menos es el resultado de fenómenos naturales, sino más bien, eternamente, el fruto del desarrollo de fuerzas interiores propias. Únicamente la eliminación de las causas del desastre de 1918 y la anulación de los que con ella se beneficiaron, podrá establecer la base de nuestra lucha libertaria.

Pero tan pronto como el marco de ese pequeño e insignificante círculo cobró amplitud y la joven institución adquirió la importancia de una asociación, debió surgir lógicamente la necesidad de definir posiciones frente a los problemas de la política exterior del Reich. Había que fijar directivas que no solamente no resultasen contrarias a las concepciones fundamentales de nuestra ideología, sino que fuesen la expresión de ésta.

El principio básico y esencial que siempre debemos tener presente al tratar esta cuestión es el de que también la política exterior no es más que un medio hacia un fin, pero un fin al servicio de nuestra propia nacionalidad. Ninguna consideración de política externa podrá hacerse desde otro punto de vista que no sea la reflexión siguiente: ¿La acción propuesta beneficiaría a nuestro pueblo, ahora o en el porvenir, o bien le será perjudicial?

He aquí la única opinión preconcebida que debe ponerse en juego cuando d esta cuestión se trata. Puntos de vista de política partidista, de orden religioso, humano y, en general, de cualquier otra índole, quedan totalmente fuera de lugar.

***

Si antes de la guerra fue objetivo de la política exterior de Alemania asegurar el sustento de nuestro pueblo y de sus hijos, preparando los caminos que conducían a este fin, así como ganando el concurso de aliados convenientes, hoy el problema es el mismo con una sola diferencia: En la anteguerra el lema era la conservación del acervo nacional alemán a base del poderío que encarnaba el estado existente. Ahora se trata de restituirle previamente a la nación, en forma de un Estado libre, la fuerza que necesita como condición esencial hacia la realización posterior de una política externa práctica en el sentido de garantizar la conservación, el desarrollo y el sustento de nuestro pueblo en el futuro.

En otros términos: La finalidad de una política exterior alemana en el presente, tiene que tender a recobrar la libertad para el mañana.

La cuestión de la reintegración de los territorios que perdió un estado será siempre, en primer término, la cuestión del restablecimiento del poder político y de la autonomía de la madre patria. Por eso en un caso dado, los intereses de tales territorios tienen que ser relegados sin miramiento frente al interés único de recobrar la libertad del territorio central.

No por virtud de ardorosas protestas, sino por la acción de una espada de golpe contundente, vuelven al seno de la patria común los países oprimidos.

Forjar esta espada es obra de la política interior del gobierno de una nación: garantizar ese proceso y buscar aliados, es tarea que incumbe a la política exterior.

En la primera parte de este libro he impugnado la deficiencia de nuestra política aliancista de la anteguerra. De las cuatro posibilidades de entonces, que tendían a la conservación y el sustento del pueblo alemán, se había elegido la última que era la peor de todas. En lugar de una sana política colonial y comercial, que fue tanto más descabellada por haberse creído que así se podía esquivar un conflicto armado. Se quiso simultáneamente tomar asiento en todas las sillas y el resultado no pudo ser otro que el de caer al suelo entre dos de ellas. El estallido de la guerra vino a constituir el último testimonio de la errada política internacional del Reich.

El buen camino hubiera sido en aquel tiempo, el que ofrecía la tercera posibilidad: Consolidación continental del Reich mediante la adquisición de nuevos territorios en Europa.

***

Como no se quería saber nada en absoluto de una preparación sistemática para la guerra se renunció a la expansión territorial en Europa y se sacrificó —dedicándose a la política colonial y comercial— la posibilidad de aliarse con Inglaterra, sin buscar tampoco, como era lógico el apoyo de Rusia, y es así cómo Alemania acabó por caer en la guerra mundial abandonada de todos salvo de la decadente monarquía de los Habsburgo.

Un sereno examen de las condiciones actuales del poderío político europeo, conduce a la siguiente conclusión: Desde hace trescientos años la historia de nuestro continente ha sido notablemente influenciada por las miras políticas de Inglaterra, dirigidas a asegurarse indirectamente, mediante la relación de fuerzas de compensación recíproca, entre los Estados europeos, el apoyo conveniente para el logro de los grandes fines de su política mundial.

La tendencia tradicional de la diplomacia británica, comparable, en Alemania, únicamente con la tradición del ejército prusiano, obró sistemáticamente desde la época del gobierno de la reina Elisabeth, en el sentido de impedir por todos los medios, y si era necesario también por las armas, que una potencia europea sobrepasase del marco general de las demás naciones. Los medios de fuerza que Inglaterra solía emplear en tales casos, variaban según la situación y el cometido propuesto, en tanto que su decisión y su entereza permanecían siempre inalterables. Producida la independencia política de sus dominios coloniales en Norte América, Inglaterra redobló sus esfuerzos a fin de consolidar la garantía de su seguridad en Europa. Fue así como después del aniquilamiento de España y los Países Bajos, como potencias marítimas, el Estado inglés concentró todas sus energías contra Francia ávida de supremacía, hasta que con la caída de Napoleón I pudo considerarse descartado el peligro de la hegemonía de esta potencia militar tan temible para Inglaterra.

El cambio de frente de la política inglesa en contra de Alemania se operó paulatinamente debido, por una parte, a la circunstancia de que faltando una unidad nacional alemana, no existía desde luego un peligro evidente para Inglaterra, y por otra, al hecho de que la opinión pública de un país, convenientemente influenciada hacia un determinante propósito, sólo puede adaptarse poco a poco a los fines de una nueva política.

Ya el resultado de la guerra franco-prusiana de 1870-1871, había definido la posición de Inglaterra. Sencillamente Alemania no supo aprovecharse de las fluctuaciones que en varias oportunidades sufriera la orientación inglesa a causa de la importancia económica que adquirían los Estados Unidos y el desarrollo del poderío ruso en Europa; y así fue acrecentándose cada vez más la tendencia primitiva de la política británica.

Inglaterra veía en Alemania una potencia cuya significación comercial y con ella su posición en la política mundial debido ante todo a su enorme industrialización-había aumentado en una medida tal, que ya podía nivelarse el poderío político y comercial de ambas naciones. La conquista «pacífico-económica» del mundo, considerada por nuestros gobernantes como la última palabra de la suprema sabiduría, fue para la política inglesa el punto de partida de la resistencia organizada en contra. El que esa resistencia se manifestara en forma de una acción amplia y sistemática, respondía plenamente al carácter de una política cuya finalidad no consistía en el mantenimiento de una paz mundial dudosa, sino en la consolidación de la hegemonía británica en el orbe. Asimismo respondía a su prudencia tradicional en el modo de apreciar la capacidad del adversario y el justo cálculo de la propia momentánea impotencia, el hecho de que Inglaterra buscara el concurso de todos los Estados que desde el punto de vista militar, podían ser convenientes a su política. Pero no es posible calificar de «inescrupulosa» esta conducta ya que el vasto preparativo que requiere una guerra no se juzga por aspectos contemplativos, sino por los de orden utilitario. Obra de la diplomacia de un pueblo es velar por que éste no sucumba por mero heroísmo, sino que sea conservado prácticamente. Todo medio que conduzca a esta finalidad ha de ser apropiado, y el no emplearlo deberá considerarse como una criminal omisión en el cumplimiento del deber.

La revolución alemana de 1918, fue, para la política inglesa, el desahogo de la preocupación que la amenaza de una hegemonía germánica en el mundo, había creado contra la tranquilidad de la Gran Bretaña.

A partir de ese momento Inglaterra tampoco tuvo ya interés en que Alemania desapareciese del mapa de Europa; por el contrario, el tremendo desastre alemán de aquellos días de noviembre de 1918 colocó a la diplomacia inglesa frente a una nueva situación inesperada:

¡Alemania vencida y Francia elevada a la categoría de la primera potencia continental de Europa!

El aniquilamiento del poderío alemán no debía sino refluir en provecho de los enemigos de Inglaterra. Sin embargo, en el trascurso de noviembre de 1918 al verano de 1919 ya no era posible un nuevo cambio de frente de la política inglesa que en el curso de la larga guerra, pusiera tantas veces a prueba el fanatismo y las energías de la gran masa de su pueblo. Francia se había atribuido el derecho de obrar y podía imponer su voluntad. La única nación que en aquellos meses de negociaciones y de regateos hubiese podido determinar un cambio en aquel estado de cosas, era Alemania misma que sufría las convulsiones de la guerra civil y que por boca de sus pseudoestadistas, proclamaba una y mil veces hallarse dispuesta a aceptar cualquier dictado.

La única forma posible de actuar que le quedaba a Inglaterra, como medio de impedir que el poderío francés creciese demasiado, era participar de la rapacidad de Francia.

Realmente, Inglaterra no alcanzó la finalidad que había perseguido con la guerra; pues, no solamente no logró poner atajo a la preponderancia de una potencia europea sobre las demás del continente, sino que más bien la fomentó en grado superlativo.

La Francia de hoy es, como potencia militar, la primera del continente y no tiene serio rival alguno. Hacia el Sur, sus fronteras con España e Italia son poco menos que infranqueables; hacia Alemania, están garantizadas por la impotencia de nuestra patria y, por último, sus costas se extienden ampliamente frente a los nervios vitales del Imperio británico. Aparte de que esos centros de la vida inglesa son blancos fáciles para aviones y artillería de largo alcance, las grandes vías del comercio inglés estarían a merced de la guerra submarina.

El deseo perpetuo de Inglaterra es el mantenimiento de cierto equilibrio de fuerzas entre los Estados europeos, como una condición primordial para la hegemonía británica en el mundo.

El deseo perpetuo de Francia, no es otro que el de evitar la formación de una potencia homogénea alemana; el mantenimiento en Alemania de un sistema de pequeños Estados de fuerzas compensadas, no sometidos a un gobierno central, y, finalmente, llegar a apoderarse de la ribera izquierda del Rin, como medio de crear y de asegurar su supremacía en Europa.

La máxima aspiración de la diplomacia francesa será eternamente contraria a la máxima tendencia de la política británica.

***

No hay estadista que siendo inglés, americano o italiano, hubiese pensado jamás en «pro» de Alemania. Todo ingles, como hombre de Estado, será naturalmente inglés ante todo, el americano, americano, y tampoco encontraremos a un italiano dispuesto a hacer otra política que no fuese italianófila. Por eso, quien crea que se pueden cimentar alianzas con naciones extranjeras a base de la sola simpatía que los gobernantes de éstas tengan por Alemania o es un asno o un insincero. La habilidad de un estadista dirigente se revela justamente en el hecho de encontrar siempre para la realización de las necesidades de su país, en un determinado momento, aquellos aliados que, velando también por sus propios intereses, tienen que seguir el mismo camino.

¿Cuáles son pues los Estados que actualmente carecen de un interés vital en que el poderío económico militar de Francia llegue a una situación de absoluta hegemonía, como consecuencia de la completa anulación de una Europa central alemana? ¿Y cuáles los que, debido a las condiciones inherentes a su propia existencia, y siguiendo la orientación tradicional de su política, vislumbran en el desarrollo de una situación tal, una amenaza para el porvenir?

Desde luego, conviene deslindar claramente un hecho: La clave de la política exterior francesa residirá siempre en el propósito de apoderarse de la frontera del Rin y consolidar el dominio de este río a favor de Francia al precio de una Alemania en escombros[13].

Si Inglaterra no admite a Alemania como potencia mundial, Francia, en cambio, no tolera potencia alguna que se llame Alemania. ¡Que diferencia esencial! Nosotros no luchamos hoy por una posición de poderío mundial; luchamos simplemente por la existencia de nuestra patria, por la unidad de nuestra nación y por el pan cotidiano para nuestros hijos. Si partiendo de este punto de vista, tratamos de buscar aliados en Europa, sólo dos Estados deberán tomarse en cuenta: Inglaterra e Italia.

Inglaterra no quiere una Francia cuyo puño militar, libre de todo estorbo en Europa, se constituya en árbitro de una política que por A o por B tendrá que chocar con intereses ingleses. Es comprensible que Inglaterra jamás desee que Francia, adueñándose de las enormes minas de hierro y de carbón de la Europa occidental, adquiera elementos básicos para una situación de predominio económico en el mundo.

Tampoco Italia puede ni podrá ver con simpatía la consolidación de la supremacía francesa en Europa. El porvenir de Italia dependerá siempre de un desenvolvimiento político que territorialmente gire en torno de los intereses del Mediterráneo. Lo que a Italia indujera a entrar en la guerra, no fue de ningún modo el propósito de contribuir al engrandecimiento de Francia, sino únicamente la intención de asestarle un golpe mortal a Austria —su odiada rival en el Adriático—. Todo nuevo afianzamiento del poderío francés en el continente significa para Italia un obstáculo para el porvenir; y no se olvide que entre las naciones, las afinidades raciales no son capaces de borrar trivialidades.

***

¿Pero es que podrá convenirles a otros Estados aliarse con la Alemania actual? ¡Seguramente que no! Una potencia que cuida su reputación y que de una alianza espera algo más que simples comisiones de dinero para ávidos parlamentarios, no pactará con la Alemania de hoy ni podría hacerlo. En nuestra incapacidad aliancista del presente radica, en último análisis, la causa profunda de la solidaridad que une a nuestros enemigos rapaces.

Mayor atención merece todavía otro hecho de importancia fundamental para la conformación de las alianzas europeas: Si consideramos el problema desde puntos de vista políticos netamente británicos, resulta mínimo el interés de Inglaterra en el aniquilamiento creciente de Alemania, tanto más grande es en cambio la expectativa que cifra en tal desarrollo el judaísmo internacional de la Bolsa. La contradicción existente entre la política oficial o mejor dicho, tradicional, de la Gran Bretaña y la tendencia que encarnan las fuerzas judías preponderantes en la Bolsa, tiene su más clara expresión en la actitud divergente de ambas frente a los problemas de la política exterior. Contrariamente a los intereses del Estado británico, la finanza judía quiere no sólo la total destrucción económica de Alemania, sino también su completa esclavización política.

Así es como el judío se ha constituido actualmente en el más grande instigador de la devastación alemana. Todo lo que leemos por doquier en el mundo en contra de Alemania procede de inspiración judía, del mismo modo que antes y durante la guerra, fue la prensa judía de la Bolsa y del marxismo la que fomentó sistemáticamente el odio contra nosotros hasta lograr que Estado tras Estado, abandonasen la neutralidad y, sacrificando el interés verdadero de los pueblos, se pusieran al servicio de la coalición bélica mundial fraguada contra Alemania.

Saltan a la vista los razonamientos del proceder judío. La bolchevización de Alemania, esto es, el exterminio de la clase pensante nacionalracista, logrando con ello la posibilidad de someter al yugo internacional de la finanza judía las fuentes de producción alemana, no es más que el preludio de la propagación de la tendencia judía de conquista mundial. Como tantas veces en la Historia, Alemania constituye también en este caso, el punto central de una lucha gigantesca. Si nuestro pueblo y nuestro Estado sucumben bajo la presión de esos tiranos, ávidos de sangre y de dinero, el orbe entero será presa de sus tentáculos de pulpo; más, si Alemania alcanza a liberarse de ese atenazamiento, podrá decirse que para todo el mundo quedó anulado uno de los mayores peligros.

Por lo general, el judaísmo incrustado en el organismo nacional de los diferentes pueblos, sabe emplear siempre aquellas armas que, teniendo en cuenta la mentalidad de las respectivas naciones, parecen ser las más eficaces y las que mayor éxito prometen. En Alemania, son las ideas más o menos «cosmopolitas» o pacifistas, en una palabra, las tendencias internacionales, las que utiliza el judío en su lucha por el poder; en Francia, explota el chovinismo con bien medido cálculo; en Inglaterra, opera desde puntos de vista económicos y de política mundial.

Sólo en Francia, existe, hoy más que nunca, una íntima convivencia entre los propósitos de la Bolsa, manejada por judíos, y las aspiraciones de una política nacional-chovinista. Y es justamente esta identidad la que encierra un inmenso peligro para Alemania, haciendo de Francia nuestro más temible enemigo. El pueblo francés que cada vez va siendo en mayor escala presa de la bastardización negroide, entraña, debido a su conexión con los fines de la dominación judía en el mundo, una amenaza inminente para la raza blanca en Europa. La contaminación de sangre negra en el Rin[14], en el corazón mismo de Europa, responde a la sádica sed de venganza del chovinista francés, enemigo secular de nuestro pueblo, y no menos, al frío cálculo del judío que, de este modo, quiso dar comienzo a la bastardización del continente europeo en su núcleo central y al infestar la raza blanca con una humanidad inferior, despojarla de los fundamentos de su soberana existencia.

Aquello que Francia comete hoy en Europa, estimulada por su sed de venganza y sistemáticamente guiada por el judío, constituye un pecado contra la existencia de la humanidad blanca, y un día caerá sobre este pueblo la maldición de una generación entera que habrá reconocido, en la deshonra de la raza, el pecado original de la humanidad.

***

Es natural que también para nosotros los nacionalsocialistas, resulte difícil en nuestras propias filas, proclamar a Inglaterra como un posible aliado de Alemania en el futuro. La prensa judía, en nuestro país, supo concentrar siempre la animadversión sobre Inglaterra y más de un buen ingenuo alemán cayó en el ardid judío. La cháchara de esta prensa giraba en torno de un supuesto resurgimiento de nuestro poderío marítimo, protestaba contra el robo de nuestras colonias y no omitía recomendar la necesidad de reconquistarlas. Con todo esto no hacía otra cosa que suministrar el material que luego el judío bellaco se encargaba de remitir a sus compinches en Inglaterra, con fines de práctico aprovechamiento, en su propaganda germanófoba. Que hoy no estamos para luchar por poderíos marítimos ni cosas parecidas, es una persuasión que ya debe ir infiltrándose en las huecas cabezas de nuestros políticos burgueses.

Orientar en este sentido las fuerzas de la nación sin tener asegurada previamente nuestra posición en Europa, constituyó, ya antes de la guerra, una locura. En la actualidad, una idea semejante se cuenta entre aquellas torpezas que, políticamente consideradas, merecen calificarse con la palabra crimen.

Cuántas veces podrá llegarse al límite de la desesperación, viendo cómo los instigadores judíos sabían entretener a nuestro pueblo con motivos hoy por hoy completamente secundarios; promoviendo demostraciones y protestas mientras, en aquellos mismos días, Francia desgarraba el tronco alemán pedazo a pedazo, despojándonos sistemáticamente de los fundamentos de nuestra autonomía.

Aquí debo mencionar particularmente un tema del cual el judío sabía servirse en aquellos años con extraordinaria habilidad: la cuestión del Tirol sur.

¡Sí, la cuestión del Tirol!

Quisiera subrayar que yo, personalmente, me cuento entre aquellos que desde agosto de 1914 a noviembre de 1918 cuando se definía la suerte de Alemania y, con ella, la suerte del Tirol sur actuaron allí donde, realmente, tuvo lugar la defensa de este territorio: en el ejército. Yo también había combatido en aquellos años, no para que este territorio fuese, como los otros del suelo alemán, nuestro.

No cabe dudar de que la reintegración de territorios perdidos no se realiza por la sola virtud de invocaciones solemnes al Todopoderoso o por esperanzas piadosas en la justicia de una liga de naciones, sino únicamente con las armas.

Si Alemania quiere poner fin al peligro de exterminio que la amenaza en Europa, deberá tener cuidado de no reincidir en los errores de la anteguerra, haciéndose enemiga del mundo entero.

Fue la fantástica concepción de una alianza nibelunguesca con el cadavérico Estado de los Habsburgo, la que precipitó a Alemania a la ruina. Dejarse llevar de sentimentalismos, frente a las posibilidades de nuestra actual política exterior, será el mejor medio de impedir para siempre el resurgimiento alemán.

***

Nadie pretenderá afirmar que el oprobio de la época que vivimos es expresión típica del carácter de nuestro pueblo.

Lo que hoy vemos en torno nuestro y experimentamos íntimamente, no es más que el resultado horripilante de la influencia devastadora del perjurio cometido el 9 de noviembre de 1918. Tampoco en estos tiempos han desaparecido completamente los buenos elementos fundamentales de nuestro pueblo: sólo que yacen inertes en el fondo. Más de una vez, aparecieron cual relámpagos en el oscuro firmamento, virtudes luminosas de las cuales la Alemania del porvenir, se acordará un día como de los primeros signos reveladores de una incipiente convalecencia.

Al lamentar el estado actual de nuestra patria debemos preguntarnos: ¿Y qué hicieron nuestros gobernantes para que renaciese en este pueblo el espíritu del orgullo nacional, de la entereza varonil y del odio sagrado?

Cuando en 1919 se le impuso a la nación alemana el tratado de Versalles, con justa razón habría podido esperarse que, precisamente ese instrumento de opresión sin límites, estimularía hondamente el grito libertario de Alemania. Los tratados de paz, cuyas imposiciones flagelan a los pueblos, constituyen no raras veces el primer redoble de tambor que anuncia el levantamiento futuro.

¡Que enorme partido se habría podido sacar del tratado de Versalles! En manos de un gobierno dispuesto a la acción, habría podido convertirse este instrumento de exacción inaudita y de la humillación más vergonzosa, en un medio de aguijonear hasta el grado máximo los sentimientos nacionales. Cómo se habría podido imprimir en el cerebro y en el alma de nuestro pueblo cada uno de los puntos de aquel tratado hasta que en la concicncia dc sesenta millones de hombres y mujeres estallase el sentimiento del oprobio y del odio comunes, en una única inmensa

310

llamarada, para que, luego, de sus ascuas surgiera, dura como el acero, una voluntad y con ella el clamor:

¡Queremos de nuevo, armas!

Todo se omitió y nada se hizo. ¿Quién ha de sorprenderse ahora de que nuestro pueblo no sea lo que debió ni lo que pudo ser? ¿Si el resto del mundo no ve en nosotros más que al alguacil, al perro sumiso que lame reconocido las manos que acabaron de fustigarle?

Seguramente la posibilidad de que en el presente se busque la alianza de Alemania, está gravemente comprometida por los errores de nuestro propio pueblo, pero aún mucho más, por la culpa de nuestros gobiernos.

***

La psicosis antialemana general, sembrada y fomentada por la propaganda de guerra en los demás países, subsistirá lógicamente mientras el Reich no recobre, mediante un evidente resurgimiento del espíritu de la conservación nacional, las características de un Estado capaz de jugar su rol sobre el tablero de la política europea y ser digno de consideración.

Una nación, en situación análoga a la nuestra, será tomada en cuanta como aliado posible, solo, cuando el gobierno y la opinión pública de la misma, proclamen y sostengan fanáticamente la voluntad de iniciar su cruzada libertaria. Tal es pues la condición que, previamente, ha de llenarse para provocar un cambio favorable en la opinión pública de los otros Estados.

Pero hay otro aspecto que considerar todavía:

La modificación de un determinado criterio, arraigado en un pueblo, representa por sí misma, una difícil labor y serán muchos los que, al principio, no comprendan el nuevo objetivo. De ahí que sea un crimen y un absurdo a la vez, proporcionar, con nuestros propios errores, a esos elementos adversos, armas para su contra-acción. Pues, nadie que reflexione tranquilamente podrá negar que la algazara que tiende a adquirir una nueva flota, la restitución de nuestras colonias, etc., no es realmente más que una tonta vonciglería sin valor práctico alguno, además, la forma en que se explotan políticamente en Inglaterra, estos desopinados brotes de protestadores sistemáticos, ora inofensivos, ora desorbitados, pero siempre, indirectamente, al servicio de los que son nuestros irreductibles enemigos, no puede calificarse de favorable a Alemania.

También aquí tiene el nacionalismo una misión que cumplir: enseñar a nuestro pueblo a saber desechar cuestiones secundarias y concretarse sólo a lo más importante, sin olvidar que el objetivo por el cual debemos luchar hoy, es la existencia de este pueblo nuestro y que el único enemigo al que debemos herir de muerte es y será aquel que nos rapte el derecho a esa existencia.

Por duros que hubiesen sido los golpes recibidos, no pueden constituir motivo suficiente para sustraerse a la razón y, en insensato resentimiento, querellarse contra el mundo entero, en lugar de hacer frente con fuerzas concentradas, al enemigo más peligroso.

Fuera de esto, el pueblo alemán carece de un derecho moral para reprobar la conducta del mundo adverso a Alemania, mientras no haya sentado en el banquillo de los acusados a aquellos alemanes criminales que vendieron y traicionaron su propia patria.

¿Sería imaginable que los representantes de los verdaderos intereses de aquellas naciones que están en situación de pactar una alianza con Alemania, logren imponer su criterio frente a la voluntad del judío que es el enemigo mortal de los Estados nacionales y autónomos?

La guerra que la ITALIA FASCISTA sostiene, quizás inconscientemente (aunque yo no lo creo), contra las tres principales armas del judaísmo, es la mejor prueba de la forma en que —aunque sólo sea por procedimientos indirectos— se han de romper los dientes ponzoñosos a esa potencia que se extiende por encima de los Estados. La prohibición de las sociedades masónicas secretas, la persecución puesta en práctica contra la prensa internacionalizada del país, así como la progresiva destrucción del marxismo, frente a la consolidación creciente de la concepción fascista del Estado, harán, en el curso de los años, que el gobierno italiano pueda consagrarse más y más a los intereses de su propio pueblo, sin dejarse influenciar por el silbido de la hidra judaica universal.

Más difícil se presenta el problema en Inglaterra. En este país de la «democracia liberal» por excelencia, ejerce el judío una dictadura casi absoluta, valiéndose de la opinión pública. Pero no por eso es menos evidente la lucha constante que allá se libra entre los representantes de los intereses del Estado británico y los defensores de la dictadura internacional del judaísmo. La violencia con que a menudo chocan ambas corrientes, pudo observarse claramente, por primera vez después de la guerra, en la divergente actitud que, con respecto al problema japonés, adoptaron en Inglaterra el gobierno y la prensa.

Concluida la guerra mundial, comenzó a recrudecer la recíproca quisquillosidad existente entre los Estados Unidos y el Japón, y era natural que las grandes potencias europeas no quedasen indiferentes ante el peligro inminente de un nuevo conflicto. Los vínculos de afinidad racial no son obstáculo para impedir que Inglaterra vea siempre con cierto sentimiento —mezcla de temor y envidia— el acrecer del poderío internacional de la Unión Norteamericana en todos los dominios de la actividad económica y política. Parece que la colonia de antaño —hija de la gran metrópoli— va camino de convertirse en una nueva soberana del mundo. Comprensible es, pues, que Inglaterra revise hoy, llena de dudas, sus antiguos pactos de alianza y comience a vislumbrar con inquietud el álgido momento en que ya no se dirá: »Gran Bretaña, la reina de los mares» sino «Los mares de la Unión».

Inglaterra recurre por esto, ansiosa, al concurso del puño amarillo.

Mientras el gobierno inglés —pese al hecho del frente común que la Gran Bretaña y América formaron en los campos de guerra europea— no se resolvía a alojar sus vínculos con el aliado de allende el Asia, toda la prensa judía atacaba pérfidamente aquel pacto.

En los Estados europeos de hoy, el judío no ve más que instrumentos suyos a quienes sojuzgar, sea por el medio indirecto de la llamada democracia occidental o, directamente la dominación del bolchevismo ruso. Pero no solamente el viejo mundo ha caído en las garras del judío, sino que también al nuevo le amenaza igual destino: Judíos son los árbitros de la potencialidad económica de los Estados Unidos.

Demasiado bien sabe el judío que, gracias a sus milenaria adaptación puede socavar pueblos europeos y bastardizarlos, pero comprende, al propio tiempo, que nunca llegaría a someter a la misma suerte a un Estado nacional asiático de la índole del Japón. Finge ser alemán, inglés, americano, francés, más para convertirse en amarillo asiático tendría que salvar un abismo. Y he aquí porqué, sirviéndose del concurso de otros Estados de constitución semejante, intenta romper el bloque del Estado nacional Japonés para librarse de tan peligroso adversario.

Como antaño contra Alemania, instiga hoy a los pueblos contra el Japón y no será raro que, llegado el momento, mientras la diplomacia británica crea apoyarse todavía en la alianza japonesa, la prensa judía de Inglaterra exija por su parte, romper lanzas con el aliado y preparar contra éste la guerra de devastación bajo el pretexto de la democracia y con el grito de batalla de: ¡Abajo el militarismo y el imperialismo japonés!

El judío, en Inglaterra, se ha vuelto pues insubordinado. ¡En consecuencia, también allí comenzará la lucha contra el peligro mundial del judaísmo!

El movimiento nacionalsocialista en Alemania, deberá velar para que, por lo menos en nuestra propia patria, se defina al enemigo mortal y para que la lucha contra él, sirva también a los demás pueblos de guía luminosa hacia un porvenir más risueño en pro de la humanidad aria.

Orientación política hacia el este

Dos razones me inducen analizar de modo especial las relaciones entre Alemania y Rusia: primeramente, por tratarse quizás de la cuestión más importante de toda la política exterior alemana, y en segundo lugar, por constituir la piedra de toque que d la medida de la capacidad política del pensar clarividente y del justo modo de obrar del joven movimiento nacionalsocialista.

En términos generales haré todavía la consideración siguiente:

La política exterior del Estado racista, tiene que asegurar a la raza que abarca ese Estado, los medios de subsistencia sobre este planeta, estableciendo una relación natural, vital y sana, entre la densidad y el aumento de la población, por un lado, y la extensión y la calidad del suelo en que se habita, por otro.

Sólo un territorio suficientemente amplio, puede garantizar a un pueblo la libertad de su vida. Además, no hay que perder de vista que, a la significación que tiene el territorio de un Estado como fuente directa de subsistencia, se añade la importancia que debe reunir desde el punto de vista político-militar. Aún cuando un pueblo tenga asegurada la subsistencia gracias al suelo que posee, será necesario todavía, pensar en la mane ra de garantizar la seguridad de este suelo; seguridad, que reside en el poder político general de un Estado, el cual depende, a su vez, en gran parte, de la posición geográfico militar del país.

Bajo tales circunstancias, sólo como potencia mundial, podrá el pueblo alemán defender su futuro. Casi por espacio de dos mil años, ha sido historia universal la defensa de los intereses de nuestro pueblo, que es como propiamente deberíamos llamar a nuestra actividad, más o menos acertada, de política exterior. Nosotros mismos hemos sido testigos de ello: pues la gigantesca conflagración de los pueblos, en los años de 1914 a 1918 —denominada la Guerra Mundial— no fue otra cosa que la lucha del pueblo alemán por su existencia sobre la tierra.

El pueblo alemán entró en aquella lucha como una pseudo-potencia mundial y digo pseudo, porque, en realidad, no era una potencia. Si en 1914, hubiese sido otra en Alemania, la relación entre la superficie de su territorio y la densidad de su población, la nación alemana hubiese podido considerarse efectivamente como una potencia mundial y la guerra, prescindiendo de un sinnúmero de otros factores, hubiera podido concluir favorablemente.

Alemania no es, en el presente, una potencia mundial. Aun cuando nuestra actual importancia militar, fuese superada un día, ya no tendríamos derecho a pretender tal título. Considerando la cuestión desde el punto de vista netamente territorial, el área de Alemania aparece insignificante en comparación con la de las llamadas potencias mundiales. No tomemos el caso de Inglaterra como prueba de lo contrario, pues el territorio de la metrópoli en Europa no es, a decir verdad, más que la gran capital del imperio británico mundial que abarca casi una cuarta parte de la superficie del globo.

Luego debemos considerar por orden de magnitud como naciones gigantescas: la Unión Norteamericana, Rusia y China; todas ellas, circunscripciones territoriales diez veces mayores al área del Reich actual. Francia mismo, debería contarse entre estos Estados. No sólo engrosa su ejército, en proporción cada vez más grande con elementos de las reservas de color que pueblan sus enormes colonias, sino que también la bastardización negroide de su raza, hace progresos tan rápidos, que ya casi se puede hablar de la génesis de un Estado africano sobre suelo Europeo. La política colonial de Francia no es susceptible de compararse con la de la antigua Alemania. Si esta revolución de Francia, continuase por espacio de tres siglos llegaría a desaparecer hasta el último resto de la sangre de los francos, absorbida por un Estado de mulatos europeo-africanos, en formación.

La antigua política colonial alemana, ni aumentó la zona de población de raza alemana, ni menos hizo el criminal intento de reforzar el poderío

317

del Reich con el aporte de sangre negra. La organización militar de los ascarios en el África Oriental Alemana, estaba en realidad destinada solamente a la defensa de la colonia misma. Jamás —aun prescindiendo de la circunstancia de que, durante la conflagración mundial, era cosa prácticamente imposible— abrigó Alemania la idea de traer tropas de color a un teatro de guerra europeo, y tampoco habría pensado hacerlo, bajo condiciones más favorables, en tanto que los franceses, consideraron siempre esta idea como uno de los motivos determinantes de su actividad colonial.

En la actualidad, vemos una serie de potencias que superan notablemente el poderío de Alemania, no sólo en la cifra de su población sino, sobre todo haciendo residir su potencia política en el dominio territorial que poseen.

Nos hallamos fuera de todo concurso en relación a los grandes Estados del mundo y esto es debido a la fatal orientación de la política exterior de nuestro pueblo.

El movimiento nacionalsocialista tienen que imponerse la misión de subsanar la desproporción existente entre la densidad de nuestra población y la extensión de nuestra superficie territorial, —superficie territorial que debe ser considerada desde el doble punto de vista de fuente de subsistencia y de apoyo del poder político— y también, la de hacer que desaparezca la desproporción que reina entre nuestro gran pasado histórico y la triste perspectiva de nuestra impotencia, en el presente.

***

La potencialidad de una nación, no puede apreciarse en sí misma, sino, únicamente, valiéndose de la comparación con otros Estados. Pero es justamente esta comparación la que demuestra que el acrecentamiento del poderío de otras naciones, no sólo fue más regular, sino que, en su efecto final, alcanzó, también, resultados mucho más considerables que en Alemania. Considerando que, en cuanto a espíritu heroico, ningún pueblo ha superado al nuestro, que es, seguramente, el que, en conjunto, hizo mayores sacrificios de sangre en la lucha por su existencia, habrá que admitir que el fracaso de sus esfuerzos, puede sólo atribuirse a la forma errónea de su aplicación.

Si en conexión con estos antecedentes, examinamos los acontecimientos políticos de nuestro pueblo durante los últimos mil años, rememoramos las numerosas guerras y luchas libertarias y, por último, analizamos el resultado de toda esta historia, tendremos que confesar que de este mar de sangre, emergieron, propiamente, sólo tres realidades culminantes que bien merecen considerarse como los frutos perdurables de sucesos perfectamente definidos de la política exterior y de la política alemana en general:

I) La colonización de la Marca Oriental llevada a cabo principalmente, por los Bayuwares.

II) La conquista y la penetración del territorio al Este del Elba.

El tercer suceso trascendental de nuestra actividad política, fue la formación del Estado de Prusia y, con ello, el fomento sistemático de un especial concepto político y del instinto de la propia conservación y defensa del ejército alemán, a base de organización y de acuerdo con las necesidades de la época. Fue, precisamente, gracias al régimen de disciplina de la institución militar prusiana por lo que el pueblo alemán —disociado y superindividualizado por la diversidad de sus componentes—, pudo recobrar, por lo menos, una parte de su casi perdida capacidad de organización.

Merece subrayarse, que la importancia de los éxitos políticos, realmente tales, que alcanzó nuestro pueblo en sus luchas milenarias, la comprenden y aprecian muchísimo mejor nuestros adversarios que nosotros mismos. Para nuestro modo de obrar del presente y del futuro, tiene una máxima significación el saber distinguir entre los éxitos políticos efectivos de nuestro pueblo y lo que fue la sangre nacional sacrificada en vano.

Nosotros, los nacionalsocialistas, jamás debemos asociarnos al patrioterismo corriente de nuestro actual mundo burgués. Sobre todo, entraña un gravísimo peligro el que nos consideremos ligados, ni aun en lo más mínimo, a la última etapa de la evolución de la anteguerra. La única conclusión que debemos sacar del pasado, es la de orientar nuestra acción política en un doble sentido: el suelo como objetivo de nuestra política exterior y un nuevo fundamento unitario ideológicamente consolidado, como finalidad de política interna.

***

La pretensión de restablecer las fronteras de 1914, constituye una insensatez política de proporciones y consecuencias tales, que la revelan como un crimen, y esto, aun sin considerar en absoluto el hecho de que entonces las fronteras del Reich, podían serlo todo menos lógicas. En efecto, no eran ni perfectas en lo tocante a abarcar el conjunto territorial habitado por elementos de nacionalidad alemana, ni menos razonables desde el punto de vista de su conveniencia estratégico-militar. No habían sido, pues, el resultado de una acción de política meditada, sino simplemente, fronteras provisorias fijadas en el curso de una evolución totalmente inconclusa o, si se quiere, fronteras resultantes en parte de la pura casualidad.

Esta pretensión responde enteramente al criterio de nuestro mundo burgués, que tampoco, en esto, posee ni una sola idea de orientación política para el futuro, sino que vive en el pasado, esto es, en lo más inmediato. Por lo tanto, es comprensible que la visión política de esta gente, no vaya más allá de 1914. Al proclamar ellos la reivindicación de aquellas fronteras como objetivo de su política, no hacen otra cosa que fomentar la solidaridad decadente de nuestros adversarios, y sólo así se explica que, ocho años después de una guerra en la cual tomaron parte Estados de las miras más heterogéneas pueda mantenerse todavía, más o menos firme, la coalición de los vencedores de entonces[15].

Todos estos Estados, sacaron provechos del desastre alemán. El temor a nuestro poderío, relegó a segundo plano la ambición y la envidia de las grandes potencias entre sí. Vislumbraban en una repartición común, en lo posible, de las heredades de nuestro Reich, la mejor garantía contra un futuro levantamiento alemán. El malestar de conciencia y el miedo que sienten ante la vitalidad de nuestro pueblo, constituyen el cemento más duradero para mantener, aun hoy, cohesionados a los miembros de esta coalición. Sólo los espíritus infantiles pueden entregarse a pensar que una reconsideración del dictado de Versalles sea factible por obra de imploraciones o de artimañas, aparte de que una tentativa tal, supondría la intervención de un Talleyrand que no poseemos. Además, los tiempos han cambiado desde el Congreso de Viena: ya no son los príncipes y sus «maîtresses» los que hoy regatean fronteras: es el inexorable judío cosmopolita el que ahora lucha para imponer su hegemonía sobre los pueblos.

Las fronteras del año 1914 no tienen valor alguno para el futuro de la nación alemana. No fueron una garantía en el pasado, ni tampoco constituirían una fuerza para el porvenir. A base de ellas, el pueblo alemán no podrá recobrar su unidad interior y menos todavía asegurar sus subsistencia; fuera de esto, aquellas fronteras, consideradas desde el punto de vista militar, no aparecen convenientes ni siquiera satisfactorias y no lograrían, finalmente, mejorar la situación en que actualmente nos encontramos frente a las demás potencias, es decir, las verdaderas potencias mundiales. La ventaja que nos lleva Inglaterra no disminuiría, tampoco llegaríamos a la potencialidad de los Estados Unidos, ni sufriría menoscabo notable la importancia política de Francia en el mundo.

Sólo una cosa sería evidente: El intento de restaurar las fronteras de 1914 conduciría —aun en caso favorable— a un desangramiento tal de nuestro pueblo, que en el momento preciso de adoptar resoluciones y realizar hechos que tendiesen a asegurar realmente la vida y el porvenir de la nación, ya no se dispondría de ninguna reserva valiosa. Por el contrario, en medio de la embriaguez de un éxito superficial, se renunciaría a toda finalidad posterior ante la satisfacción de haber reparado el honor nacional y abierto algunas puertas al desarrollo comercial, por lo menos durante cierto tiempo.

Frente a todo esto, nosotros, los nacionalsocialistas, tenemos que sostener inquebrantablemente nuestro objetivo de política exterior, que es asegurar al pueblo alemán el suelo que en el mundo le corresponde. Y esta es la única acción que ante Dios y nuestra posteridad alemana puede justificar un sacrificio de sangre; ante Dios, porque sobre la tierra hemos sido puestos con la misión de la lucha eterna por el pan cotidiano; ante nuestra posteridad, porque no se vertirá la sangre de un solo ciudadano sin que este sacrificio signifique la vida de otros mil ciudadanos de la Alemania futura.

Ningún pueblo sobre la tierra, posee ni un solo metro cuadrado de terreno en virtud de una voluntad o de un derecho superior. Las fronteras de los Estados las crean los hombres y son ellos mismos los que las modifican.

El hecho de que un pueblo llegue a apoderarse de una extensión territorial excesiva, no supone el reconocimiento perpetuo sobre la misma. Ello pone, a lo sumo, en evidencia la fuerza de los conquistadores y la impotencia de los conquistados. Y solo en esta fuerza reside el derecho de posesión. Del mismo modo que nuestros antepasados no recibieron como don del cielo el suelo sobre el cual vivimos, sino que lo ganaron con riesgo de su vida, así también no será por concesión graciosa por lo que nuestro pueblo obtenga, en el futuro, el suelo y con él, la seguridad de su subsistencia; sino únicamente por obra de una espada victoriosa.

A pesar de que también nosotros reconocemos la necesidad de llegar a un arreglo con Francia, todo sería inútil, en principio, si el objetivo de nuestra política exterior debiese quedar colmado con esa avenencia. Ella tendrá su razón de ser, solamente si ofrece un apoyo para el ensanchamiento territorial de la nación alemana en Europa. Pues no es en la posesión de dominios coloniales en lo que debemos ver la solución de este problema, sino exclusivamente en la adquisición de una zona de territorio que aumente la extensión de la madre patria, proporcionando, de este modo, a los nuevos pobladores, no sólo la posibilidad de mantener una comunidad íntima con esta patria de origen, sino también de asegurar al conjunto, las ventajas resultantes de la fusión territorial.

***

Nosotros, los nacionalsocialistas, hemos puesto deliberadamente punto final a la orientación de la política exterior alemana de la anteguerra. Comenzaremos ahora allí donde hace seis siglos se había quedado esta política.

Detendremos el eterno éxodo germánico hacia el Sur y el Oeste de Europa y dirigiremos la mirada hacia las tierras del Este. Cerraremos al fin la era de la política colonial y comercial de la anteguerra y pasaremos a orientar la política territorial alemana del porvenir.

El destino mismo, parece querer mostrarnos el derrotero. El haber abandonado a Rusia en manos del bolchevismo, despojó al pueblo ruso de aquella clase pensante que, hasta entonces, había creado y garantizado su existencia como Estado. Más de una vez, pueblos inferiores, guiados por soberanos y organizadores de origen germánico, llegaron a constituir poderosas naciones que subsistieron mientras pudo conservarse el núcleo racial dirigente. Hacía siglos que Rusia se había mantenido gracias al núcleo germánico de sus esferas superiores, núcleo del cual se puede decir que hoy está exterminado completamente. En su lugar, se ha impuesto el judío; pero así como es imposible que el pueblo ruso sacuda por sí solo el yugo israelita, no es menos imposible que los judíos logren sostener, a la larga, bajo su poder el gigantesco organismo ruso. El judío mismo no es elemento de organización, sino fermento de descomposición. El coloso del Este está maduro para el derrumbamiento. Y el fin de la dominación judaica en Rusia, será al mismo tiempo, el fin de Rusia como Estado. Estamos predestinados a ser testigos de una catástrofe que constituirá la prueba más formidable para la verdad de nuestra teoría racista.

Nuestro cometido —la misión del movimiento nacionalsocialista— ha de ser llevar nuestro pueblo a la persecución política de que no debe esperar ver colmado su objetivo futuro en el delirio de una nueva campaña triunfal de Alejandro, sino más bien en la faena laboriosa del arado alemán, al cual la espada tiene que proporcionar únicamente el suelo.

***

Es natural que el judaísmo oponga tenaz resistencia a una tal política alemana. El judío se da cuenta mejor que nadie de la trascendencia de este proceder, para su futuro. Y es este hecho, justamente, el que debería inducir hacia la nueva orientación a los hombres de verdadero sentir nacional. Pero por desgracia son también círculos nacionalistas y hasta «nacionalracistas» los que se declaran en abierta oposición a la idea de una tal política orientada hacia el Este, haciendo en su apoyo la consabida invocación de una consagrada figura de nuestra historia. Se cita a Bismarck para cohonestar una política absurda y al propio tiempo perjudicial a los intereses del pueblo alemán. Afírmase que: Bismarck dio siempre importancia a mantener buenas relaciones con Rusia. En efecto fue así, pero sólo condicionalmente, pues, a bismarck jamás se le habría ocurrido querer fijar como definitiva, en principio, la táctica de un determinado camino político.

En consecuencia, la pregunta no debe ser: ¿Qué es lo que Bismarck quiso? Sino más bien: ¿Qué es lo que Bismarck haría en las actuales circunstancias? Jus tamente esta interrogación es la más fácil de responder. Guiado por su habilidad política, jamás habría pactado alianza con un Estado predestinado a la ruina.

Además, ya Bismarck vio en su época con recelos la política colonial y comercial alemana, debido a que, por el momento, le preocupaba solamente la manera más segura de facilitar la consolidación del Imperio creado por él. Esta fue también la única razón la cual él celebraba la existencia del apoyo ruso que le permitía operar libremente hacia el Oeste. Pero aquello que entonces fue provechoso para Alemania, hoy le sería perjudicial.

Ya en los años 1920-1921, cuando el joven movimiento nacionalsocialista comenzaba a perfilarse lentamente en el horizonte político, y cuando acá y acullá se le saludaba ya como el movimiento libertario de la nación alemana, se intentó, desde diferentes sectores, establecer una cierta conexión entre éste y las corrientes libertarias de otros países.

Esto respondía a la orientación de la «liga de naciones oprimidas», propagada por muchos. Se trataba ante todo, de representantes de algunos Estados balcánicos y luego el Egipto y la India, que a mí me dieron siempre la impresión de charlatanes pretenciosos, huérfanos de toda base real. Y no pocos fueron los alemanes, particularmente en los círculos nacionalistas, que se dejaron seducir por semejantes fatuos orientales ya que creían ver, sin más ni más, en cualquier simple estudiante hindú o egipcio, un «representante» de la India o de Egipto. Jamás pudieron comprender esas gentes que se trataba en la mayoría de los casos de individuos sin solvencia y, sobre todo, no autorizados por nadie para celebrar ningún acuerdo con persona alguna, de modo que el resultado práctico de mantener relaciones con tales sujetos, no podía ser más que nulo.

Era ya de suyo grave, que la política aliancista del Reich en la época de la anteguerra, hubiese acabado —debido a la falta de un propósito propio de acción ofensiva— por constituir una «sociedad defensiva» con Estados veteranos ha tiempo relegados por la historia mundial. Tanto la alianza con Austria, como la pactada con Turquía, tenían muy poco de satisfactorio. Mientras las más grandes potencias militares e industriales del orbe se asociaban en torno a un plan activo de agresión, nosotros nos empeñábamos en reunir unos cuantos Estados viejos y ya impotentes, para tratar de afrontar con aquellas ruinas, la acción de la coalición mundial. Alemania pagó muy caro el error de su política exterior; sin embargo, esta experiencia no parece haber sido lo suficientemente amarga para prevenir que nuestros eternos ilusionistas caigan en el error de siempre. Ya se trate de una liga de pueblos oprimidos, de una sociedad de naciones o de cualquiera otra nueva quimérica intervención, siempre se hallarán a pesar de todo, miles de espíritus crédulos.

Conservo fresco el recuerdo de las expectativas pueriles y no menos incomprensibles que surgieron, bruscamente en los círculos nacionalracistas allá por los años 1920-1921; decíase que Inglaterra hallábase en la India al borde de la catástrofe. Unos cuantos titiriteros asiáticos o, si se quiere, también, verdaderos «campeones de la libertad» hindú, que por entonces pululaban en Europa, habían logrado convencer incluso a gente sensata de la absurda idea de que el imperio británico estaba efectivamente frente a la ruina inminente en la India, que es el gozne —por decirlo así— de su poderío colonial.

Es realmente infantil suponer que en Inglaterra no se hubiese sabido apreciar en su justo valor la significación que tiene la India para la unión británica mundial. Y sólo demuestra no haber aprendido nada de las enseñanzas de la guerra, ni menos llegado a comprender y reconocer la entereza anglosajona, el imaginar que Inglaterra pudiese resignarse a perder la India sin antes arriesgarlo todo. Por otra parte, constituye una prueba de la completa ignorancia que manifiesta el alemán respecto a la manera cómo el inglés sabe penetrar y administrar ese enorme dominio.

Inglaterra perdería la India, sólo cuando en su mecanismo administrativo resultase ella misma víctima de un proceso de descomposición racial (eventualidad que para la India queda por el momento fuera de toda discusión) o bien si fuese vencida por un enemigo poderoso. Pero los agitadores hindúes no lo conseguirán jamás. ¡Por propia experiencia sabemos nosotros hasta la saciedad, cuán difícil es llegar a reducir a Inglaterra! Aun prescindiendo de esto, yo como germano preferiré siempre, a pesar de todo, ver la India bajo la dominación inglesa que bajo otra cualquiera.

No menos insignificantes son las esperanzas cifradas en el mitológico levantamiento del Egipto contra Inglaterra.

Como nacionalista que aprecia el valor humano conforme a principios raciales y sabe de la inferioridad de esas llamadas «naciones oprimidas», no puedo, desde luego, identificar la suerte de mi pueblo con la de esos países.

Exactamente el mismo criterio tenemos que mantener con respecto a Rusia. La Rusia actual despojada de su clase dirigente de origen germano, no puede —aparte de lo que en sí persiguen sus nuevos soberanos— servir jamás de aliado en la lucha libertaria del pueblo alemán. Desde el punto de vista militar serían realmente catastróficas las circunstancias, en el caso de una guerra de Alemania y Rusia, coaligadas contra la Europa occidental y, probablemente, contra todo el resto del mundo. La lucha se desarrollaría sobre territorio alemán sin que Alemania recibiese de Rusia ni el más mínimo concurso eficaz. Además, en el caso de una tal guerra, Rusia tendría que arrollar previamente a Polonia para poder llevar el primer soldado ruso a un frente de batalla germánico. Pero, propiamente, no se trataría, en primer término, de recibir soldados del aliado ruso, sino ante todo, material bélico. El rol de Rusia sería totalmente nulo como factor técnico y habría de repetirse lo que pasó en la guerra mundial, en la que la industria alemana fue esquilmada para atender a nuestros gloriosos aliados, de modo que la guerra técnica tuvo que sostenerla Alemania casi sola. A la motorización general del mundo, que caracterizará la guerra del futuro en una medida asombrosa, casi nada podríamos oponer nosotros. Es un hecho que en este tan importante ramo, Alemania manifiesta un vergonzoso atraso y que de lo poco que posee, tendría que proveer todavía a Rusia, país que, hoy mismo, no cuenta con una fábrica propia capaz de producir un automóvil en forma.

Fuera de todo esto, no debe olvidarse jamás que el judío internacional, soberano absoluto de la Rusia de hoy, no ve en Alemania un aliado posible, sino sólo un Estado predestinado a la misma suerte política.

Alemania constituye para el bolchevismo el gran objetivo inmediato de su lucha. Se requiere todo el vigor de una idea nueva, encarnando una misión, para arrancar una vez más a nuestro pueblo de la estrangulación de esta serpiente internacional y poner atajo a la contaminación de nuestra sangre, a fin de que las energías de la nación, de este modo libertadas, puedan ser dedicadas a garantizar la seguridad de la patria alemana, previniendo hasta en el más lejano futuro, catástrofes como las últimas. Y si se persigue esta finalidad sería una locura aliarse con un Estado que tiene por soberano al enemigo mortal de nuestro porvenir.

Confieso francamente, que ya en la época de la anteguerra, me habría parecido más conveniente que Alemania, renunciando a su insensata política colonial y, consiguientemente, al incremento de su flota mercante y de guerra, hubiese pactado con Inglaterra en contra de Rusia y pasado así de su trivial política cosmopolita, a una política europea resuelta, de tendencia territorial en el continente.

No olvido la amenaza constante y provocativa que la Rusia paneslavista de entonces, osara hacer a Alemania; no olvido los frecuentes ensayos de movilización, cuyo objeto no era otro que provocarnos; tampoco puedo olvidar el estado de ánimo de la opinión pública rusa, que ya antes de la guerra, exageraba sus ataques llenos de odio contra nuestro pueblo y el Imperio, y menos aún puedo olvidar la actitud de la gran prensa que en Rusia, deliraba por Francia.

Pero no obstante todo esto, habría existido antes de la guerra todavía una segunda posibilidad: la de tratar de apoyarse en Rusia para hacer frente a Inglaterra. Hoy son otras las circunstancias. El proceso de consolidación en el que al presente, se encuentran empeñadas las grandes potencias, es para nosotros el último toque de alarma instándonos a reaccionar, a fin de que nuestro pueblo vuelva del sueño a la dura realidad, y nos muestre el único camino del porvenir capaz de conducir el Reich a una época de nueva prosperidad.

Si el movimiento nacionalsocialista, haciendo conciencia de la magnitud y de la importancia de esta misión, se desembaraza de ilusiones y deja prevalecer solamente la razón, es posible entonces que un día, la catástrofe de 1918 se convierta en una infinita bendición para el futuro de nuestro pueblo. Del desastre puede llegar la nación alemana a una orientación totalmente nueva de su política exterior y luego, interiormente consolidada por una nueva ideología, alcanzar una definitiva estabilización de política internacional. Entonces podrá por fin Alemania tener aquello que Inglaterra tiene y que la misma Rusia poseyó y que a Francia le permitió adoptar decisiones siempre análogas y siempre convenientes en el fondo a la defensa de sus intereses: un testamento político.

El testamento político de la nación alemana, para su conducta de política externa, ha de rezar lógicamente como sigue:

No tolerar jamás la formación de dos potencias continentales en Europa. Ver siempre el peligro de una agresión contra Alemania en cualquier tentativa de organizar ante las fronteras alemanas una segunda potencia militar, aunque sólo fuese en forma de un Estado capaz de llegar a serlo, y ver también en ello, no sólo el derecho, sino también el deber de impedir por todos los medios y hasta valiéndose del recurso de las armas, la creación de tal Estado, y si éste ya existiese, destruirlo sencillamente. Velar por que la potencialidad de nuestro pueblo no resida en dominios coloniales, sino en el suelo patrio del continente mismo. No considerar jamás asegurado el Reich, mientras éste no sea capaz de darle a cada nuevo descendiente de nuestro pueblo, a través de los siglos, la parcela que le corresponde. Finalmente, no olvidar nunca que el más sagrado de los derechos sobre la tierra, es el derecho al suelo que se quiere labrar con el propio esfuerzo, y el más sagrado de los sacrificios la sangre que por ese suelo se vierte.

***

En el capítulo anterior he señalado a Inglaterra e Italia como los dos únicos Estados de Europa hacia los cuales podría ser deseable y promisorio el acercamiento de Alemania. Brevemente delinearé ahora la importancia militar de una alianza tal.

Las consecuencias resultantes de este pacto, significarían en todo orden, militarmente hablando, lo diametralmente opuesto de lo que sería en el caso de una alianza con Rusia. Lo primordial es el hecho de que un acercamiento a Inglaterra e Italia, no implica en sí el peligro de una guerra. Francia que sería la única potencia interesada en asumir una actitud opuesta al pacto, prácticamente no estaría en condiciones de hacerlo; pues, ya no tendría la iniciativa de obrar porque estaría en manos de la nueva liga europea anglo-alemán-italiana.

Pero tal vez tendría una significación mayor el hecho de que la nueva coalición, agruparía países dotados de una capacidad técnica susceptible hasta cierto punto de una recíproca complementación.

Seguramente, son grandes las dificultades que se oponen a la realización de una liga semejante; mas, cabría preguntar si la formación de la Entente fue obra menos difícil. Aquello que el fue posible a un

Eduardo VII, contrariando en parte intereses naturales, podremos lograrlo también nosotros si es que, convencidos de la necesidad de una tal evolución, adaptamos a ella nuestro proceder inteligentemente concebido.

Naturalmente que hoy por hoy estamos a merced del ladrido furioso de los enemigos interiores de nuestro pueblo.

Nosotros, los nacionalsocialistas, jamás hemos de dejar que se nos impida proclamar aquello que, de acuerdo con nuestra más íntima convicción, sea indispensable. Ciertamente, que la actualidad, tenemos que ir contra la corriente de la opinión pública sugestionada por el ardid judío, que, sabe explotar la ingenuidad alemana, y es cierto también, que, muchas veces, el oleaje se estrella terriblemente contra nosotros; mas, es sabido, que quien va con la corriente pasará menos apercibido que aquel que se lanza contra ella. Hoy por hoy, somos un simple escollo, pero, en contados años, el destino podrá convertirnos en un dique donde se rompa la corriente general, para seguir por un nuevo lecho.

El derecho de la legítima defensa

Depuestas las armas en noviembre de 1918, inicióse una política que según toda previsión humana, debía conducir paulatinamente a un completo sometimiento de Alemania. Ejemplos de la Historia demuestran que los pueblos que depusieron sus armas sin que hubiesen mediado causas máximas para ello, prefieren después aceptar las mayores violencias y humillaciones antes que intentar un cambio de su suerte apelando de nuevo al recurso de la fuerza.

La decadencia de Cartago, es el terrible prototipo de la lenta agonía de un pueblo precipitado por sí mismo a la ruina.

El curso de los acontecimientos, a partir de 1918, nos prueba palmariamente que la esperanza que en Alemania se abrigaba de poder alcanzar la clemencia del vencedor, sometiéndonos voluntariamente a él, ha influenciado del modo más funesto el criterio político y la conducta de las masas. Esto nos permite explicar que el mismo período de siete años que, de 1806 a 1813, bastara para animar con nuevas energías y espíritu de lucha a la Prusia totalmente aniquilada de entonces, no sólo ha transcurrido inútilmente, para la Alemania de hoy, sino que, por el contrario, ha traído consigo un creciente debilitamiento nacional: Siete años después de la revolución de 1918 se firmaba el Tratado de Locarno.

El proceso de lo que ocurrió, no fue otro que el ya mencionado: Una vez acordado el oprobioso armisticio, no se tuvo ni energía ni coraje para oponer de súbita resistencia a las medidas opresoras que nos impusieron sucesivamente los adversarios. ¡Eran demasiado inteligentes para haberlo exigido todo de un golpe!

Alternativamente se sucedieron en Alemania edictos de desarme y de esclavización, inhabilitándonos políticamente y extorsionándonos en lo económico, para engendrar, al fin de cuentas, aquel estado anímico que hacía ver una felicidad en el dictamen de Dawes y un triunfo para Alemania, en el Tratado de Locarno.

A más tardar en el invierno de 1922-1923, todo el mundo debió haber podido darse cuenta de que Francia, aun después del tratado de paz, continuaba persiguiendo, con férrea tenacidad, el objetivo de guerra que se había propuesto desde un principio. Porque nadie admitirá seguramente que Francia, en la lucha más decisiva de su historia, hubiese sacrificado en cuatro años y medio de guerra la cara sangre de su pueblo con la sola expectativa de recibir después el pago de reparaciones por los daños causados. La reconquista misma de Alsacia-Lorena no hubiera bastado para justificar la entereza del comando francés, si en aquella lucha no se hubiese tratado de realizar ya una parte del verdadero gran programa futuro de la política exterior de Francia, consistente en lograr el desmembramiento de Alemania en un bodrio de pequeños Estados. Esta fue la finalidad por la que luchó la Francia chovinista, si bien es verdad, poniendo a su pueblo en manos del judío internacional.

Este objetivo de guerra francés, habría sido factible por la guerra misma, si la lucha —como en París se creyó al principio— se hubiese desarrollado sobre territorio alemán. Imagínese por un momento que las sangrientas batallas de la gran guerra, no hubiesen tenido lugar en el Somme, en Flandes, en Artois, en las inmediaciones de Varsovia, Nishnij, Nowgorod, Kowno, riga y otros lugares más, sino en Alemania, en la cuenca del Ruhr, del Meno, del Elba, en las inmediaciones de Hannover, Leipzig, Nüremberg, etc., y tendrá que convenirse que, en tales circunstancias, habría sido posible la devastación de Alemania. Esta es también la única razón que permite afirmar que nuestros camaradas y hermanos no vertieron su sangre totalmente en vano.

Bien es cierto que en Noviembre de 1918 se produjo con la rapidez del rayo, el desastre de Alemania; sin embargo, mientras la catástrofe cundía en los lares de la patria, los ejércitos alemanes acampaban todavía en pleno territorio enemigo. La primera preocupación de Francia en aquellos días no fue la disolución de Alemania, sino la cuestión de saber cómo se conseguiría desalojar de los territorios ocupados de Francia y de Bélgica a los ejércitos alemanes. De ahí que al concluir la guerra, fuera una tarea primordial para el gobierno francés desarmar a estos ejércitos y procurar se replegasen hacia Alemania cuanto antes; y luego, en segundo término, podía pensarse en el objetivo esencial de la guerra.

***

Inversamente a lo que ocurría con Francia, para Inglaterra la guerra había terminado en realidad victoriosamente a base de la destrucción del poderío colonial y comercial de Alemania y su consiguiente degradación a la categoría de Estado de segunda clase. No sólo no tenía interés en el aniquilamiento total de la nación alemana, sino que, por el contrario, había razón suficiente para que deseara en el futuro la existencia de un rival de Francia en Europa. La política francesa debió pues proseguir mediante una «decidida labor de paz», aquello que la guerra había comenzado y la frase de Clemenceau al decir que para él, «la paz no era más que la continuación de la guerra» cobró entonces máxima actualidad.

Ya en el invierno de 1922 — 1923 debióse saber cuál era el propósito que Francia perseguía.

***

En diciembre de 1922, pareció agudizarse en grado amenazante, la situación entre Francia y Alemania. Francia intentaba poner en práctica nuevas temerarias extorsiones y para ello, necesitaba garantías. Con la ocupación de la cuenca del Ruhr, creíase en Francia romper definitivamente la moral de Alemania y colocarnos, al mismo tiempo, en una situación económica tal, que nos viéramos constreñidos a aceptar hasta las más pesadas cargas.

Con la ocupación del Ruhr, el destino le tendió una vez más la mano al pueblo alemán para que se levantara; pues, aquello que en el primer momento, debió presentársenos como una tremenda calamidad, encerraba, en el fondo, una posibilidad infinitamente promisora para poner fin a los sufrimientos de Alemania.

Desde el punto de vista de la política internacional, la ocupación del Ruhr significó el primer alejamiento entre Inglaterra y Francia, no sólo por parte de la diplomacia británica que había pactado, considerado y mantenido la alianza francesa con el criterio práctico del frío calculador, sino también en vastos sectores del pueblo inglés, dominaba aquel estado de ánimo. Fue, en particular, en los círculos financieros, donde se mostraba indisimulable desagrado por el nuevo formidable incremento del poderío francés en el continente. En efecto, vista la cuestión en el sentido político-militar, Francia asumía en Europa una posición como no la había tenido antes ni la misma Alemania, y en lo económico, adquirió igualmente fundamentos que le asignaban una situación poco menos que de privilegio junto a su posición de poderoso competidor político. Las minas más importantes de hierro y carbón de Europa, se hallaban en manos de una nación que, a diferencia de Alemania, había cuidado hasta entonces sus propios vitales intereses con decisión y dinamismo y que en la guerra puso de relieve ante el mundo entero la seguridad que le ofrecía su ejército.

Con la ocupación de la zona carbonífera del Ruhr, Francia le arrebató a Inglaterra todo el éxito que había obtenido de la guerra, y el dueño de la victoria no fue ya entonces, la sagaz diplomacia inglesa, sino el mariscal Foch y la Francia que él encarnaba.

También en Italia, se trocó en franco odio el estado de ánimo poco favorable que existía allá a partir de la conclusión de la guerra. Presentóse el gran momento histórico en que los aliados de ayer podían ser los enemigos de mañana. Y si esto no ocurrió y los Aliados no se fueron a las manos, como en el caso de la segunda guerra balcánica, fue exclusivamente, debido a la circunstancia de que Alemania no contaba con un Enver Pascha sino con un Wilhelm Cuno, como canciller del Reich.

No sólo en el orden de la política exterior, sino también en el de la política interna, se le presentó a Alemania, con la ocupación del Ruhr por los franceses, una gran posibilidad para el futuro. Un considerable sector de nuestro pueblo que, bajo el influjo constante de los embustes de su propia prensa, seguía viendo en Francia al campeón del progreso y de las libertades, debió quedar repentinamente curado de semejante desvarío. La primavera de 1923 tuvo la misma trascendencia que el año 1914, cuando al declararse la guerra, se esfumaban de los cerebros de nuestros obreros los sueños de solidaridad internacional, para hacer que volviesen al mundo real de la lucha por la existencia donde un ser vive a expensas del otro y donde el exterminio del más débil representa la vida del más fuerte.

No se trató de impedir la ocupación de Ruhr por medio de medidas militares. Sólo un perturbado habría podido aconsejar cosa semejante. Pero, bajo la impresión del atropello que cometía Francia y mientras lo perpetraba se pudieron y debieron asegurar —sin tomar en consideración el tratado de Versalles despedazado por los franceses mismos— aquellos recursos militares que más tarde, habrían servido para respaldar la posición de nuestros delegados; pues, no cabía la menor duda de que el día menos pensado, habría de resolverse ante la mesa de una conferencia internacional cualquiera, la suerte de aquel territorio ocupado por Francia. Y tampoco debía perderse de vista que hasta los más calificados negociadores, pueden contar sólo con escaso éxito si no llevan por escudo la entereza de su pueblo.

¿No era acaso, una calamidad consumada tener que ver la eterna comedia de las conferencias internacionales que, a partir de 1918 solían preceder a la imposición de los respectivos dictados? ¿Y aquel denigrante espectáculo que se ofrecía al mundo entero, invitándosenos, como por ironía, a tomar asiento en la mesa de conferencias, para luego presentarnos resoluciones y programas acordados de antemano y sobre los cuales bien es cierto que podíase discurrir, pero sin admitirse modificación alguna?

Si en la primavera de 1923 se hubiese querido tomar el hecho de la ocupación del Ruhr como un motivo para restablecer nuestra institución armada, previamente habría sido necesario darle a la nación armas morales, incrementando su fuerza de voluntad y eliminando, al propio tiempo, a los destructores de las energías nacionales.

Del mismo modo que en 1918 tuvimos que pagar sangrientamente el error de no haber triturado en los años 1914 y 1915, de una vez para todas, la cabeza de la víbora marxista, así también debió vengarse ahora en la forma más tremenda, el hecho de que en la primavera de 1923 dejásemos pasar inaprovechada la ocasión de acabar definitivamente con la obra de los marxistas traidores a la patria y verdugos del pueblo.

Sólo los elementos burgueses pudieron ser capaces de concebir que el marxismo hubiese cambiado y que los protervos dirigentes revolucionarios de 1918 —aquellos que para poder encaramarse mejor a los diferentes puestos político, pisotearon fríamente la honra de dos millones de hombres caídos por la patria— estuvieran en 1923 dispuestos a ponerse al servicio de la causa nacional. ¡Idea increíble y realmente absurda la de esperar que los traidores de ayer pudieran convertirse repentinamente en los campeones de la lucha libertaria alemana! ¡Muy lejos estaban éstos de pensar así! La traición a la patria es en el marxista lo que, en la hiena, la avidez por la carroña.

Los destinos de los pueblos no se manejan con guantes, y he aquí porqué en 1923 debió obrarse con brutal energía para exterminar los áspides que emponzoñaban nuestro organismo nacional.

Con que frecuencia me esforcé, en aquellos tiempos, tratando de convencer, por lo menos a los llamados círculos nacionales, acerca de la trascendencia del momento; insistí siempre en que se cooperase al movimiento nacionalsocialista, dándole la oportunidad de liquidar cuentas con el marxismo; pero prediqué en el desierto. Todos, incluso el jefe de la Reichswher[16] los sabían todo mejor que yo, para verse, al final, ante la capitulación más humillante que conocen los tiempos.

Ya entonces, pude darme cuenta de que la burguesía alemana había llegado al fin de su misión y que no estaba predestinada a jugar ningún rol más.

En aquella época —lo confieso francamente— sentí profunda admiración por el hombre del sur, allende los Alpes, que poseído de amor ardiente por su pueblo, no hizo causa común con los enemigos interiores de Italia, sino, más bien se empeño en destruirlos por todos los medios. Lo que colocará a Mussolini entre los grandes hombres de la Historia, es su inquebrantable resolución de no haber tolerado el marxismo en Italia y haber salvado a su patria, al destruir el internacionalismo. ¡Cuán diminutos aparecen, en comparación con él, nuestros actuales pseudoestadistas en Alemania!

Con la actitud que adoptó la burguesía y debido a la consideración que gozaba el marxismo, era una utopía la idea de toda resistencia activa en 1923. Querer enfrentarse con Francia, teniendo al enemigo mortal en las propias filas, constituía, desde luego, una locura. Una Alemania liberada de ese fatal enemigo de su existencia y de su futuro, habría sido capaz de energías que nadie en el mundo hubiera podido ahogar. El día en que el marxismo haya sido anulado en Alemania, sus cadenas quedarán rotas para siempre. Jamás —a través de nuestra Historia— fuimos vencidos por nuestros adversarios, sino eternamente por nuestros propios vicios y por enemigos cobijados por nosotros mismos.

En aquella hora trascendental de 1923, el cielo quiso enviarle al pueblo alemán un hombre «providencial»: ¡el señor Cuno! Propiamente, el no era un estadista ni político de profesión y naturalmente aun menos todavía de nacimiento, sino más bien un experto en negocios. Toda una maldición para Alemania, porque aquel comerciante conceptuaba también la política como una empresa económica y obraba de acuerdo con ello.

«Francia ha ocupado el Ruhr. ¿Y qué había allí? Carbón. ¿En consecuencia, Francia ocupaba el ruhr por el carbón?» Pues entonces nada más racional para el señor Cuno, que el recurso de la huelga como medio de impedir que los franceses obtengan carbón, lo cual —según la opinión del mismo señor Cuno— conduciría seguramente a que un día, en vista de la irrentabilidad de la empresa, quedase desocupado el Ruhr.

Para provocar la huelga, requeríase naturalmente, de los agitadores marxistas, por ser los obreros los que en primer lugar debían proceder al paro. Se imponía por lo tanto, constituir un frente unitario entre el obrero (que en la mente del tipo de estadista burgués es siempre sinónimo de marxista) y todos los demás alemanes. Los marxistas respondieron ipso facto al llamamiento, por la sencilla razón de que así como Cuno necesitaba de los agitadores marxistas para formar su «frente unitario», no menos necesario era para éstos el dinero de Cuno. Ambos podían estar satisfechos. Cuno obtuvo su «frente» constituido por charlatanes nacionales y por especuladores antinacionales, y por su parte, los traficantes internacionales, podían gracias a los dineros del fisco, servir su objetivo supremo, es decir, destruir la economía nacional y esta vez a expensas del mismo Estado. ¡Fue una idea genial querer salvar una nación por medio de una huelga pagada!

Si el señor Cuno, en lugar de incitar a una huelga general, subvencionada por el gobierno para formar un frente unitario, hubiese exigido de cada uno de los alemanes dos horas más de trabajo diario, el fraude que significaba ese famoso «frente unitario», habría acabado al tercer día. ¡No se libertan los pueblos por la inacción, sino mediante sacrificios!

Ciertamente que esta llamada «resistencia pasiva» no debió durar largo tiempo, pues, sólo un hombre totalmente ignorante en materia de guerra podía imaginarse que valiéndose de recursos infantiles, fuese factible desalojar un ejército de ocupación. Y la desocupación del ruhr habría sido lo único capaz de justificar un procedimiento cuyo coste llegó a los millares y que contribuyó capitalmente a la total destrucción de la moneda nacional.

Era natural que los franceses pudiesen instalarse cómodamente y con cierto sosiego al ver que la resistencia alemana se servía de tales medios. Sabían que tan pronto como esta resistencia pasiva en el Ruhr, se hiciese realmente peligrosa para Francia, las tropas de ocupación pondrían con admirable facilidad y en menos de ocho días, un fin sangriento a todo aquel juego infantil.

La formación del frente unitario, fue un hecho clásico, que nos obligó a los nacionalsocialistas, a oponernos tenazmente contra semejante propósito llamado nacional. En aquellos meses fui atacado con frecuencia por elementos cuyo sentimiento nacional no era más que una mezcla de estulticia y apariencia. Eran gentes que vociferaban con los demás sólo porque tenían la ocasión de poder revelar su «patriotismo», sin peligro alguno. Yo consideré aquel mísero frente unitario como una de las más risibles manifestaciones políticas, y la historia se encargó de darme la razón.

En el momento en que las organizaciones sindicalistas habían llenado su caja con los dineros procedentes del gobierno de Cuno, y cuando la resistencia pasiva que, hasta entonces, se había apoyado en la huelga, debió pasar a la acción activa, las hienas marxistas escaparon repentinamente del hato nacional de borregos que siempre fueron. Por su parte, el señor Cuno retornó tranquilamente a sus actividades navieras, en tanto que Alemania registraba en sus anales una amarga experiencia más y una gran esperanza menos.

Cuando al producirse el vergonzoso fracaso del Ruhr, después del sacrificio de millares, en bienes materiales, y de la vida de miles de jóvenes alemanes que tuvieron la ingenuidad de dar crédito a los dirigentes del Reich, se capitulara en forma tan depresiva para Alemania, estalló vibrante la indignación del país contra semejante traición hecha a nuestro desgraciado pueblo. En millones de cerebros surgió entonces con claridad meridiana el convencimiento de que sólo una transformación radical de todo el sistema político imperante, sería capaz de salvar Alemania.

Aquel Estado que conculcó todos los preceptos de lealtad y fe, que escarneció los derechos de sus ciudadanos, que defraudó los sacrificios de millones de sus más fieles hijos y que, finalmente, despojó también hasta del último céntimo a otros millones, no podía merecer otra cosa que el odio de sus súbditos. Y este sentimiento de odio contra los corruptores del pueblo y de la patria, estallará un día de todos modos. Aquí debo repetir la frase final de mi última declaración hecha ante los tribunales de Leipzig en el gran proceso de la primavera de 1924[17]:

«Los jueces de este Estado pueden condenarnos tranquilamente por nuestras acciones; más, la Historia que es encarnación de una verdad superior y de un mejor derecho, romperá un día sonriente esta sentencia, para absolvernos a todos nosotros de culpa y pecado»

Pero esa misma Historia emplazará también ante su tribunal a aquellos que, imperando hoy en el mundo, hollan leyes y derechos, precipitan nuestro pueblo en la ruina y que, además, en medio de la desgracia de la patria, colocan sus intereses personales por encima de los de la comunidad.

Omito relatar en este libro aquellos acontecimientos que precedieron al 8 de noviembre de 1923 y las consecuencias resultantes. Deliberadamente no lo hago, porque de ello nada constructivo se puede esperar para el porvenir. Ante la infinita desgracia común que aflige a nuestra patria, tampoco quisiera ahora resentir y con esto quizá alejar, a aquellos que, en el futuro, tendrán que formar el gran frente unitario de los alemanes leales de corazón contra el frente común de los enemigos de nuestro pueblo. Bien sé que llegará el tiempo en que hasta los que ayer estuvieron contra nosotros, recordarán reverentes a los que, como nacionalsocialistas, rindieron por el pueblo alemán el caro tributo de su sangre, y entre los cuales quiero citar también al hombre que, como uno de los mejores, consagró su vida en la poesía, en la idea y por último en la acción, al resurgimiento del pueblo suyo y nuestro:

DIETRICH ECKART